终极求职系列

终极智力测试

1000多个考题练习，
提升你的脑力

［英］ 菲利普·卡特（Philip Carter）
肯·拉塞尔（Ken Russell） 著
张松洁 译

中信出版集团 | 北京

图书在版编目（CIP）数据

终极智力测试：1000 多个考题练习，提升你的脑力 /（英）菲利普·卡特，（英）肯·拉塞尔著；张松洁译. -- 北京：中信出版社，2020.7
（终极求职系列）
书名原文：Ultimate IQ Tests: 1000 Practice Test Questions to Boost Your Brainpower
ISBN 978-7-5217-1868-3

Ⅰ. ①终… Ⅱ. ①菲… ②肯… ③张… Ⅲ. ①智力测验 Ⅳ. ① G449.4

中国版本图书馆 CIP 数据核字（2020）第 078329 号

终极智力测试——1000 多个考题练习，提升你的脑力
（终极求职系列）

著　　者：［英］菲利普·卡特 ［英］肯·拉塞尔
译　　者：张松洁
出版发行：中信出版集团股份有限公司
（北京市朝阳区惠新东街甲 4 号富盛大厦 2 座　邮编　100029）
承 印 者：中国电影出版社印刷厂

开　　本：880mm×1230mm　1/32　　印　　张：12　　字　　数：140 千字
版　　次：2020 年 7 月第 1 版　　印　　次：2020 年 7 月第 1 次印刷
京权图字：01-2020-0044　　广告经营许可证：京朝工商广字第 8087 号
书　　号：ISBN 978-7-5217-1868-3
定　　价：68.00 元

目　录

引　言

在各种测量人类智力的方法中，智力测试是最著名的，它是一种被用来测量人类的先天智力而非后天学识的标准化测试。

智力是一种思维能力或思维敏捷性，智力测试是一种与年龄相关的智力水平测量方式。

通常，智力测试都包含按等级划分的多个系列任务，其中每个系列都经过了大量具有代表性的实践检验并进行了标准化——每项测试都建立了一个智力100的基线。

人们普遍认为，一个人的智力会匀速发育到13岁，在这之后，发育速度将呈现下降趋势，而18岁以后，智力发育就几乎陷入了停滞状态——即使有提高，也是微乎其微。

在测量一个孩子的智力时，被试者要做一项与各个年龄组平均得分进行对照的标准化智力测试。因此，如果一个10岁孩子的得分是一个对照年龄为12岁的孩子才能得到的分数，那么这个10岁孩子的智力就是120，即12/10 × 100：

$$\frac{\text{心理年龄（12）}}{\text{生理年龄（10）}} \times 100 = \text{智力}\,120$$

由于18岁以后的人的智力很难再提高了，所以成年人需要做一项与平均智力水平100进行对照的智力测试，根据测试结果来测算智力水平。

正如自然界中大量存在的诸多分布方式一样，智力分布呈现相当规则的钟形曲线状（见图0–1）。图0–1中的智力平均水平为100，高于和低于平均水平的比例大致相同。

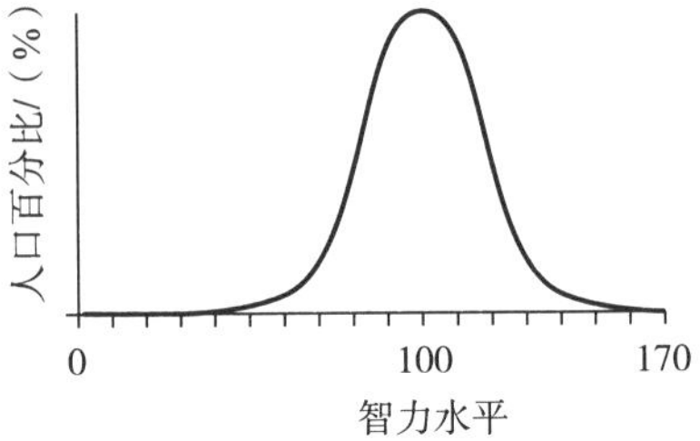

图0–1　钟形曲线

目前，市面上的智力测试种类繁多，比如卡特尔（Cattell）测试、斯坦福–比奈（Stanford-Binet）测试和韦克斯勒（Wechsler）测试，每种测试都有其独特的智力量表。

斯坦福–比奈测试涉及较多的是言语能力的考查，在美国运用广泛。韦克斯勒测试量表则由两个独立的言语分量表和行为分量表组成，每个分量表的智力评分自成体系。在接受斯坦福–比奈测试的人中，50%的受试者智力为90～110，而智力为90～100及100～110的受试者人数基本持平；25%的受试者智力高于110（其中大约14.5%的受试者智力介于120与130之间，大约7%的人智力介于130与140之间，约3.5%的人智力超过140）；该量表另一侧即智力小于90的比例分布与智力高于110的分布类似。

虽然我们在本书中主要关注智力测试，但需要指出的是，智力测试只是通常所说的心理计量测验中的一部分。而心理计量测验的内容几乎可以涉及我们的人格、态度、智力和情感等方方面面。总的来说，心理计量测验是用来测量一个人心智的工具。如果你想进一步阅读并练习心理计量测验的题目，请参考“终极求职系列”中的《终极心理测试》（*Ultimate Psychometric Tests*）。雇主们往往会配合使用两种心理计量测验，即评估一个人能力的能力测试（aptitude tests）和评估一个人性格与人品的人格问卷（personality questionnaires）。

能力测试也被称为认知测试、才能测试或智能测试，这类测试旨在测试你在严格限时的情况下快速理解的能力。能力的广义定义包含理解、知觉和思考，心理学家研究能力是因为它能揭示一个人的思维广度。

能力测试有很多种。不过，一个典型的测试可能包括三个部分，每个部分测试不同的能力，通常包含文字推理、数字能力和图形或空间推理能力。如果你想进一步了解并练习能力测试的题目，请参考“级极求职系列”中的《终极能力测试》（*Ultimate Aptitude Tests*）。为了让你有机会练习你在真正的智力测试中可能遇到的各类题目，本书中的测试汇集了多个学科的内容，包括文字、数字和图形类问题，并涉及逻辑思维测试和一定程度的横向思维测试。

由于雇主需要确保在一开始就把对的人放在对的岗位上，心理计量测验在过去25年中被业界广泛应用。出现这种情况的主要原因之一就在于，如今预算紧张，利润率降低，一旦犯错，成本将十分高昂。要想招到一个新员工，雇主得做宣传，考虑每一份求职申请，尽量缩小最终候选人的范围，再进行面试并对录用的人员进行培训。如果做出的雇佣决定是错误的，雇主就不得不重复进行这个代价不菲的招聘流程。

当然，此类测试要彼此配合进行评估，才是关键所在。一个人在能力测试中得分不错，并不一定说明他就适合这个职位，因为就算他能把一件事做得很好，他也可能强烈厌恶做这件事，而大多数工作能否成功，很大程度上要同时依赖一个人的素质和态度。

尽管在一生中的大部分时间里，智力通常是保持不变的，即智力很难被提升，但是通过练习不同类型的题目，学会识别重复出现的主题，有可能提升你在智力测试中的得分。

除了有助于提升一个人的智力测试得分外，练习本书中包含的各类题目还有锻炼大脑的额外好处。我们的大脑和身体的其他部位一样，需要得到锻炼和照料，例如，我们吃恰当的食物保持心脏健康，我们补水保温以避免皮肤干燥。正如体操运动员通过艰苦的训练和不断磨炼技艺，力求提升其在同级别比赛中的表现一样，也有一些训练或者思想体操，是我们可以用来提升大脑的表现和提高思维敏捷性的。

很多人仍然秉持过时的观念，认为没什么办法可以改善先天的大脑，以及脑细胞会随着年龄的增长不断退化。但是实际上，我们的大脑在不断发育出新的、更强的连接，无论处于什么年龄，成人的大脑都可以长出新的细胞。

最重要的是，我们要不断使用我们的大脑。比如，在言语能力测试上越多加练习，我们越能提高我们理解并有效使用文字的能力；在数学方面越多加练习，我们在处理数字时就会越自信，准确进行数学运算的能力就会越强，进行运算的速度也会越快；越多加练习活动手指和微操作的能力，在涉及这类能力的操作中，我们就会越灵巧，并能越快地进行精准操作。

本书中的测试都是汇编版，因此不是标准化的，不能做出实际的智力评估。不过，表0–1提供了如何评估你在每项测试中的表现以及如何评估你在全部25项测试中总体表现的指南。本书中的测试题具有新颖性和挑战性，因此在完成本书的最后一项测试时，你能对你取得的进步做出准确评估。

每项测试限时90分钟。书后给出了正确答案，每答对一题得一分。在做数字问题时，你可以使用计算器。

表0–1　得分与对应的评级

得分	评级	得分	评级
36 ~ 40	超常	19 ~ 24	较好
31 ~ 35	优秀	14 ~ 18	普通
25 ~ 30	很好		

测试1

1.在以下选项中，哪个可以和给出的图形合成一个完美的正方形？

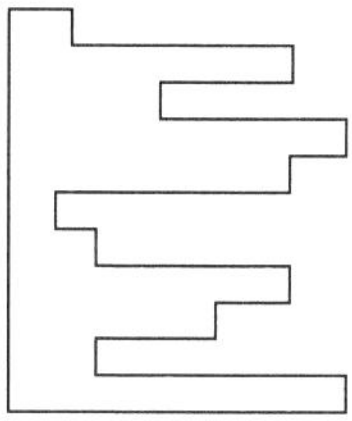

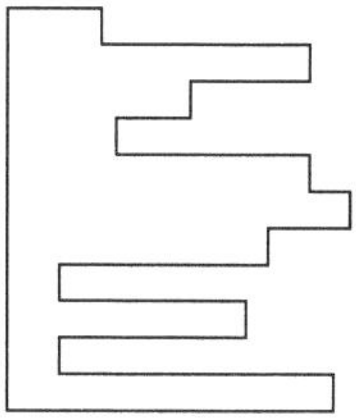

A

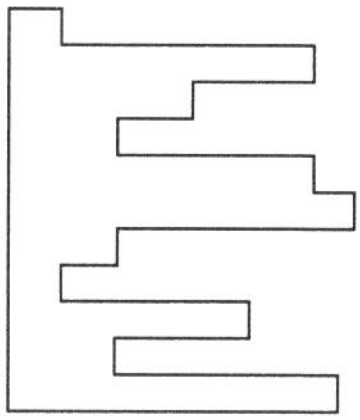

B

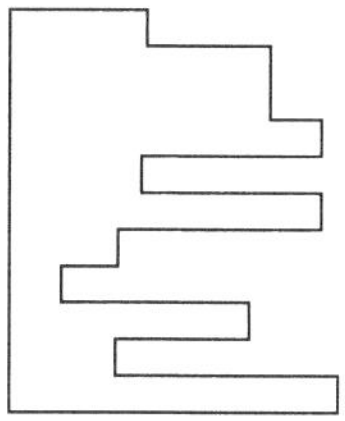

C

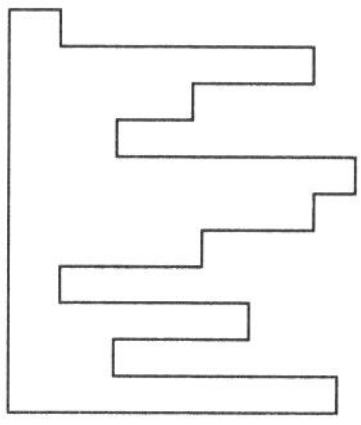

D

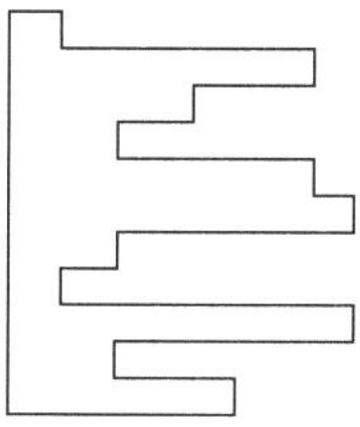

E

2. 下列选项中的哪个词与proscribe（禁止）的意思完全相反？

A. allow　　B. stifle　　C. promote

D. verify　　E. indict

3. 0，1，2，4，6，9，12，16，？

问号处应该填什么数字？

4. 以下哪个数与其他数不同？

9678　4572　5261　5133　3527　6895　7768

5. “等温线”对应“气温”，相当于“等压线”对应________。

A. 大气　　B. 风力　　C. 气压　　D. 纬度　　E. 电流

6. 下图缺失的部分是选项中的哪一项？

1	2	4	7
4	?	7	10
6	?	?	12
7	8	10	?

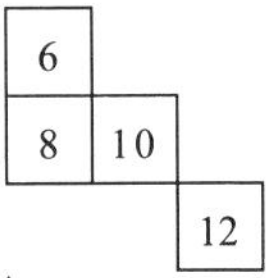

A

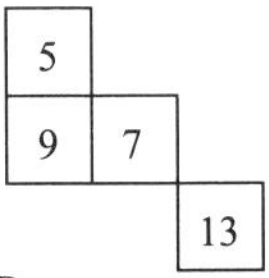

B

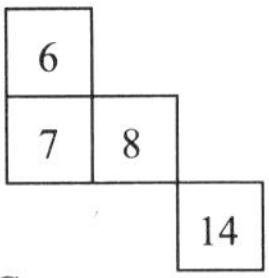

C

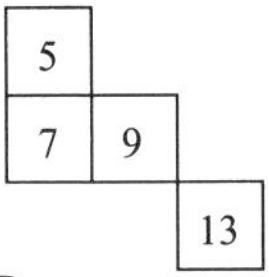

D

7.以下哪个图形与其他图形不同?

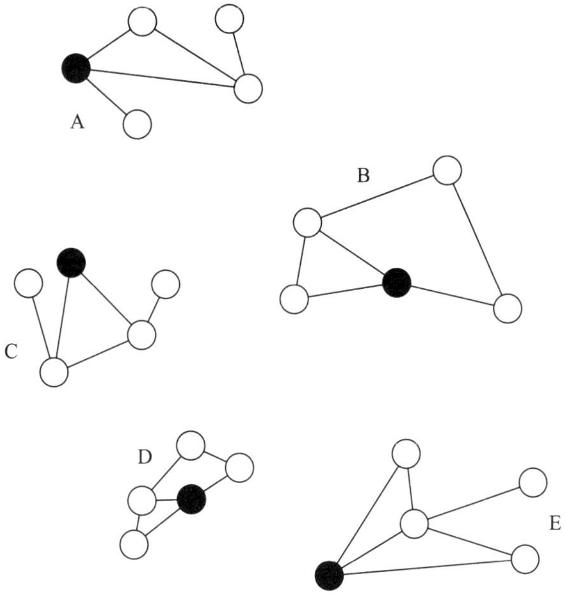

8.请找出相互关联(类比)的两个词(每个括号中找出一个),以相同的方式与加粗的词相关。

克(能量、重量、刻度)

节[1](水、绳子、速度)

9.金字塔中的每个数字为其下紧邻的两个数字之和。请填出金字塔中空格内的数字。

① 节是国际通用的航海速度单位。每小时航行1海里(约1.852千米)称为1节。——译者注

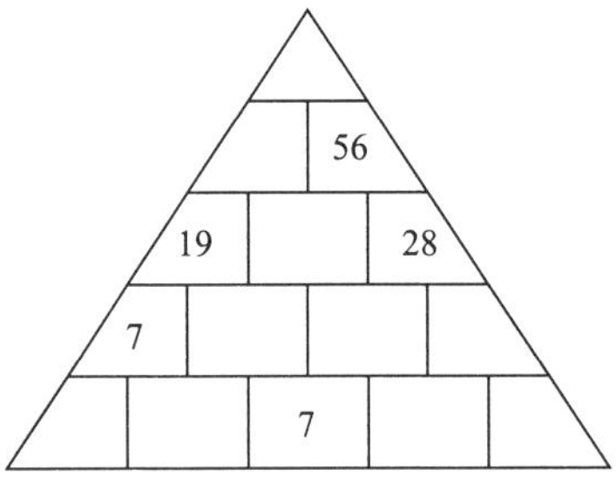

10.以下哪个图形与其他图形不同?

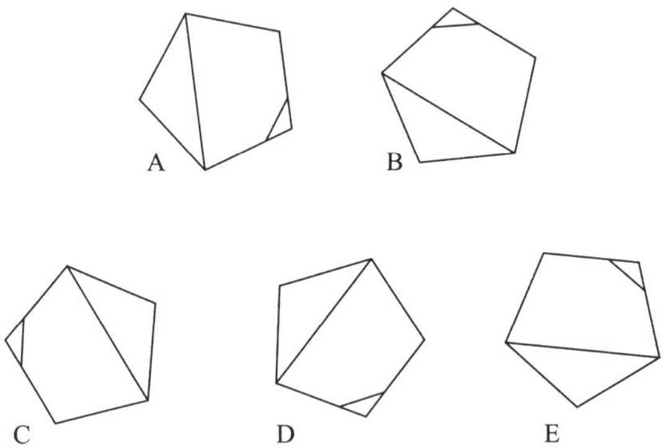

11.如果上午9时和48分钟前这两个时间点之间的分钟数，是现在和中午12时之间的分钟数的两倍，那么现在离中午12时有多少分钟?

12.补齐以下五个英语单词，使第一个单词的最后两个字母也是第二个单词的头两个字母，第二个单词的最后两个字母也是第三个单词的头两个字母。以此类推，直到第五个单词的最后两个字母是第一个单词的头两个字母。

** IV **

** OT **

** IC **

** NG **

** RA **

13. 以下哪一项与其他项不同？

A. 七角形　B. 三角形　C. 六角形　D. 立方体　E. 五角形

14. A开关可以控制灯1和灯2开或关；

B开关可以控制灯2和灯4开或关；

C开关可以控制灯1和灯3开或关。

○ = 开

● = 关

按照C、A、B的顺序拨动开关使图1变成图2。可以判断出哪个开关不管用？

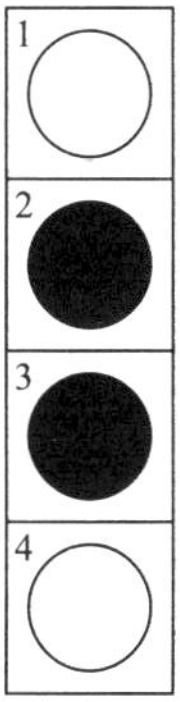

图1

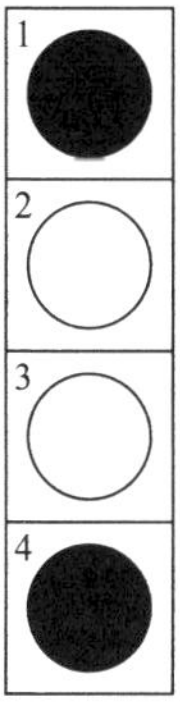

图2

15.下图中缺失的部分是哪一块?

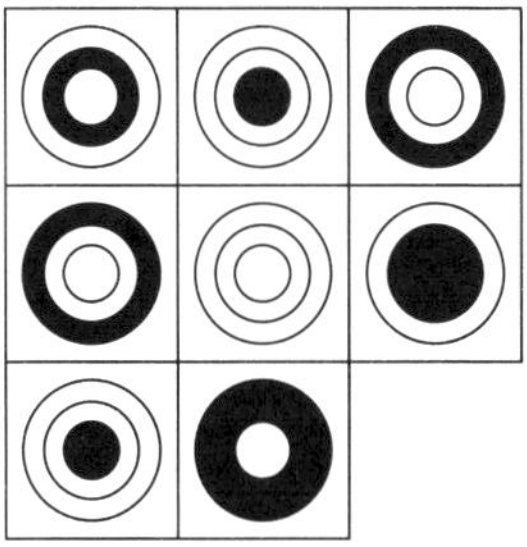

A B C D E

16.下列选项中的哪个词与brunt（冲击）的意思最接近?

A.dull B.edifice C.impact D.tawny E.nonsense

17.以下哪项重排字母顺序后不能组成一种食物名称的英语单词?

A. PAST EIGHT

B. I CAN ROAM

C. WIN BOAR

D. CAN PEAK

E. COOL CHEAT

18.问号处应该填什么数字?

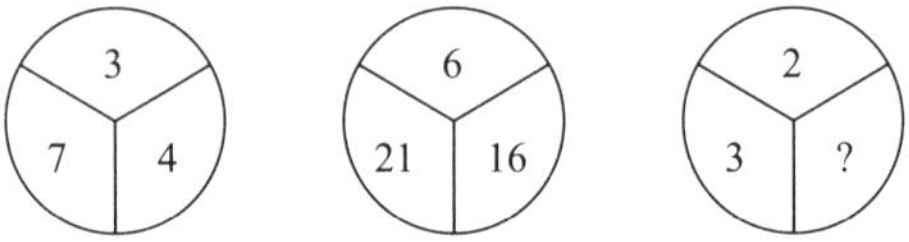

19. 从某个方块开始横向或纵向（但不能斜向）连接相邻的字母，拼出一个包含12个字母的英语单词。请找出起始字母，并填出缺失的字母。

N	O	I	
A	R	O	S
L		F	E

20. 下图中有多少条直线？

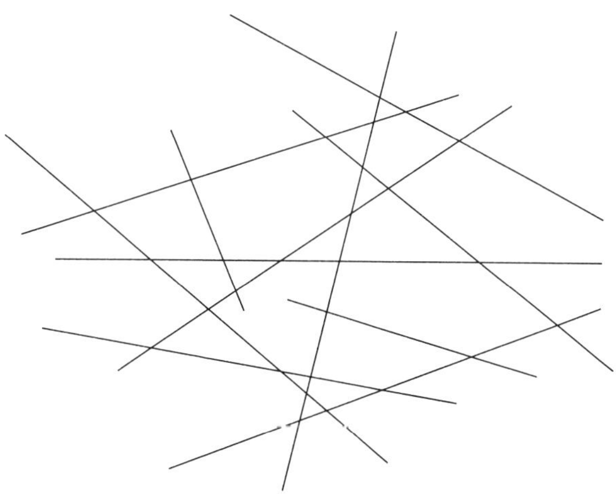

21. 下图中缺失的部分是哪个选项？

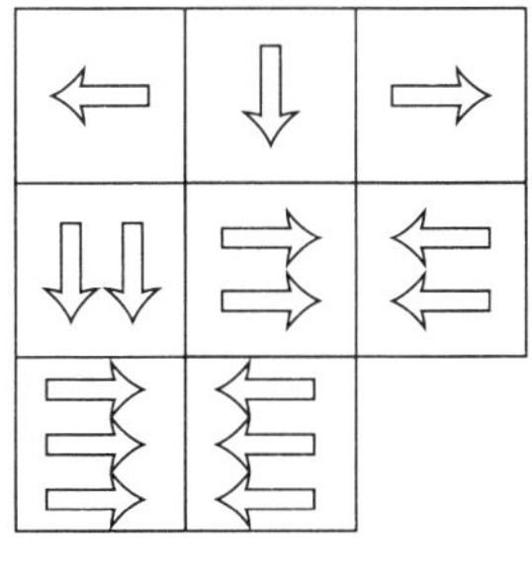

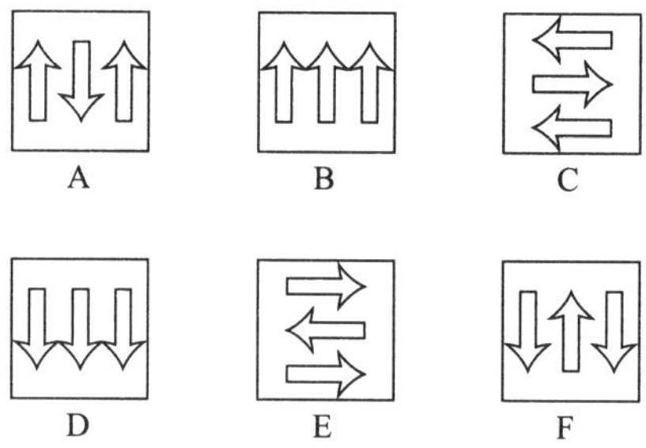

22. $6^{7}/_{8}$，$2^{9}/_{16}$，$5^{5}/_{8}$，$3^{13}/_{16}$，$4^{3}/_{8}$，？

问号处应该填什么数字？

23. 按顺时针方向拼出两个包含8字母的同义英语单词。两个词要从不同的圆圈开始，每个圆圈各取一个字母拼成，请找出每个词的起始字母。每个字母只能使用一次，且组成英语单词的字母要从每个圆圈中连续取出。

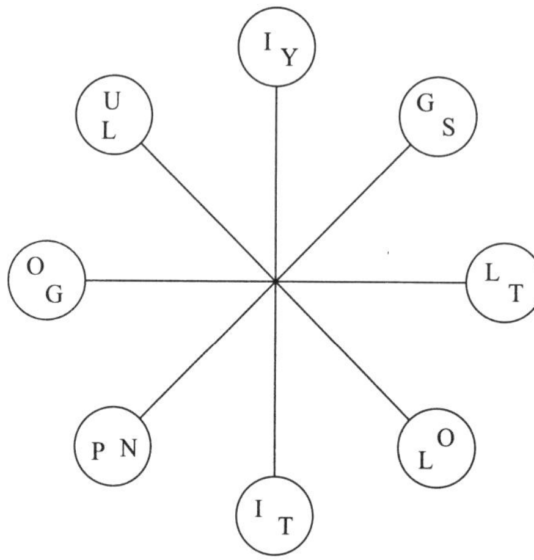

24. 10，30，32，96，98，294，296，？，？

两个问号处应该填什么数字？

25. able，rot，son，king

以下哪个英语单词与以上所有英语单词具有一个共同的特点？（提示：此题答案与英语单词的构成方式有关。）

A. line　　B. sit　　C. take　　D. hope　　E. night

26. 请找出相互关联（类比）的两个词（每个括号中找出一个），以相同的方式与加粗的词相关。

海（湿、游泳者、船）

雪（山、冰、滑雪者）

27. 哪个英语单词有**“位置”**的意思，去掉一个字母又可以变成**“速度”**的意思？

28. A的个数是B的4倍，B的个数是C的3倍。A、B、C三人一共有192个。请问A、B、C每人各有多少个？

29. 以下哪项重排字母顺序后不能组成意为**“棒极了”**的英语单词？

A. flow under

B. sexed utah

C. enviable blue

D. icier blend

30. 一个人的抽屉里有53只袜子，其中有21只完全相同的蓝袜子，15只完全相同的黑袜子和17只完全相同的红袜子。灯灭了，这个人完全处于黑暗中。那么他至少要拿出多少只袜子才能百分之百地拿到一双黑袜子？

31.请按以下图形规律画出缺失的图形。

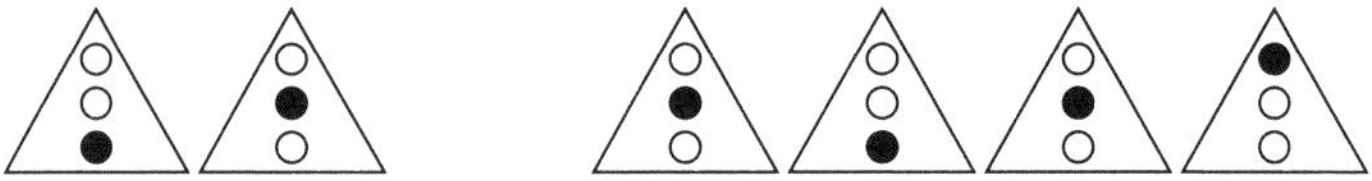

32.如果上午10时和9分钟前这两个时间点之间的分钟数，是现在和中午12时之间的分钟数的两倍，那么现在离中午12时有多少分钟？

33.以下哪两个词的意思最相近？

A.密会　B.混杂物　C.作文　D.混合体　E.论文　F.预兆

34.broke rage prose cute dared ________？

画线处缺失的是以下哪个词？（提示：此题答案与英语单词的构成有关。）

A. palm　B. hymn　C. evil　D. snow　E. take

35.从下面找出五个连续排列且总和为22的数字。

7　3　9　6　4　1　3　7　9　3　5　4　1　7　6　5

36.在以下选项中的哪个六边形中加一个点，可以使该六边形中的两个点满足给出的六边形中两个点的所有条件？

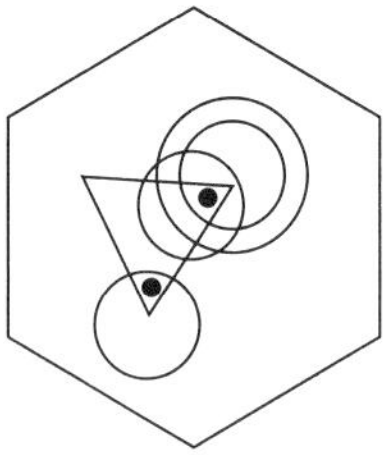

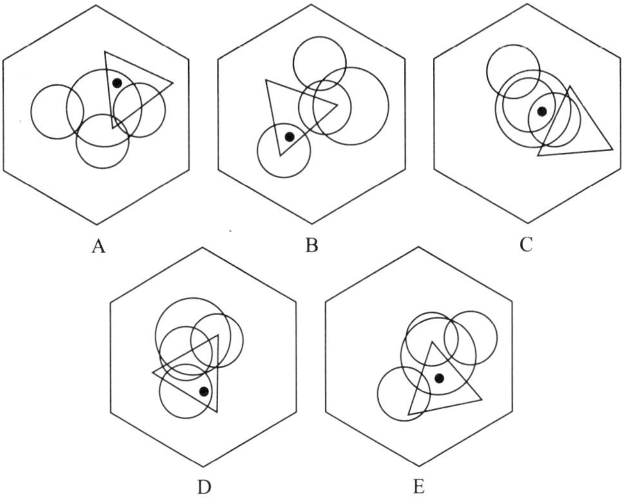

37.在下图中找出两个英语单词（分别由4和6个字母组成）。如果该单词中相邻字母在圆周中的距离少于等于4个字母，则可沿着圆周连接，否则以直线连接。（提示：自由飞行。）

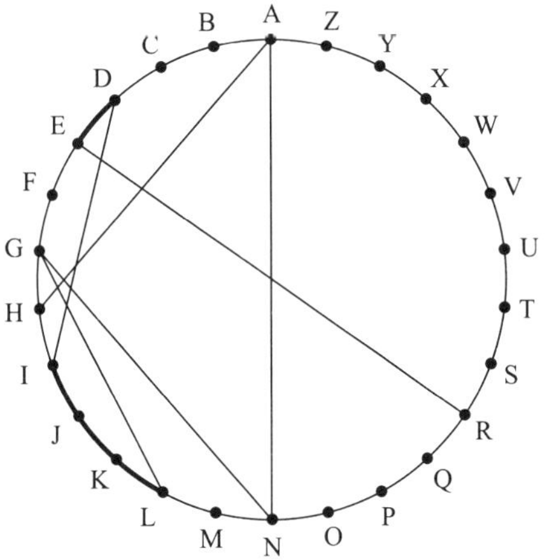

38.字母E对面的字母沿顺时针方向第二个字母对面是什么字母?

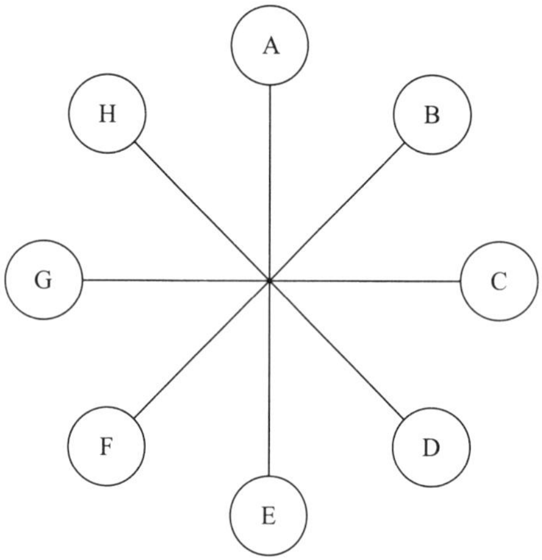

39.问号处应该填什么数字?

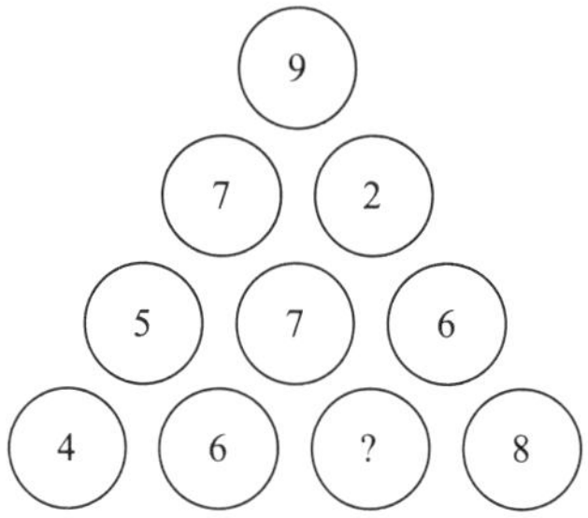

40.图中缺失的部分是哪一项?

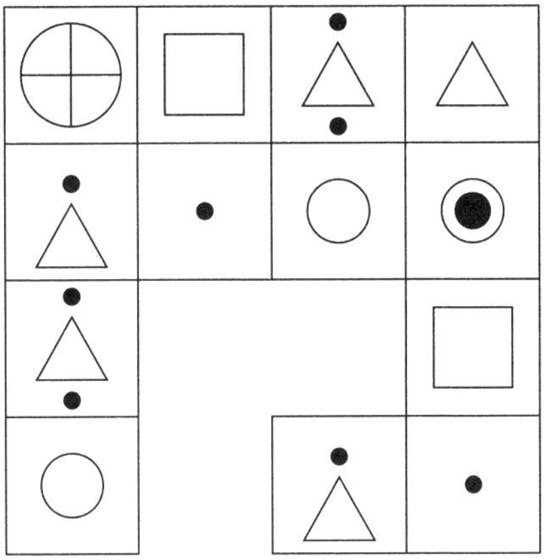

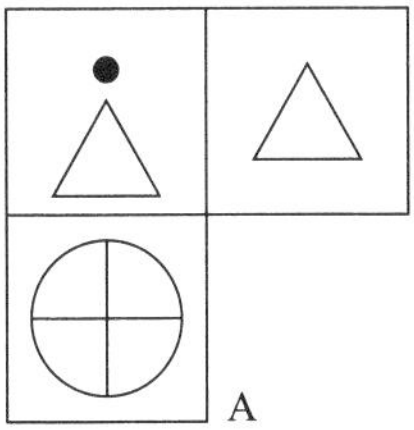
A

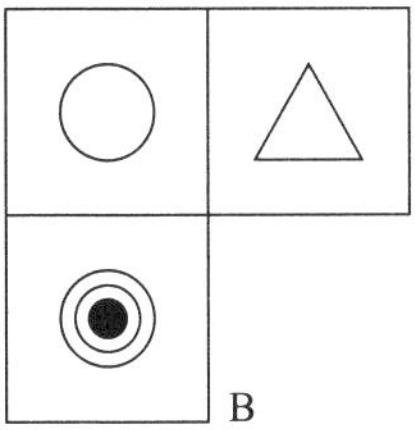
B

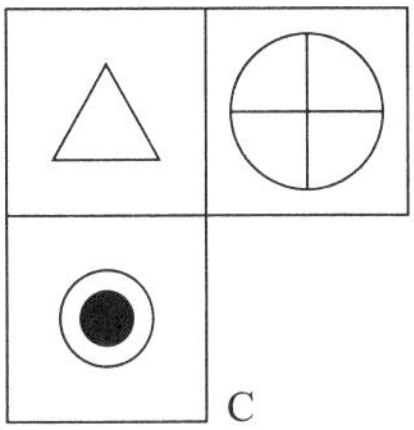
C

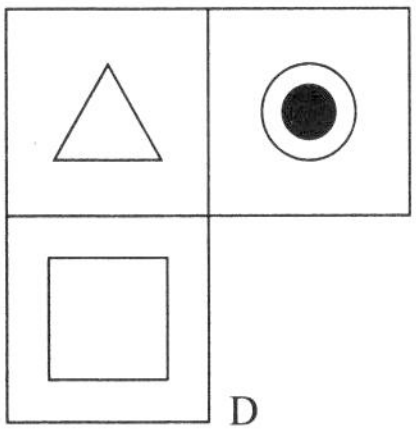
D

测试2

1.给出图形的下一个图形应该是哪个选项？

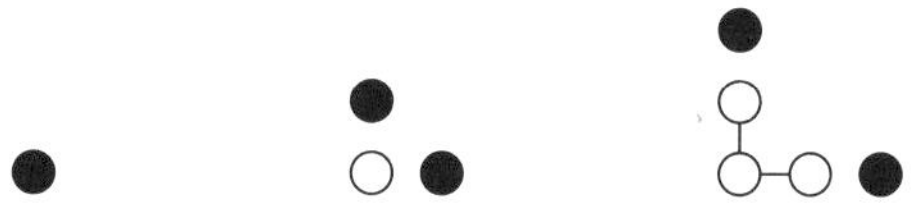

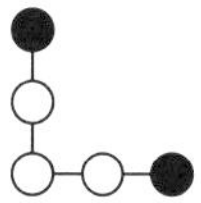

A

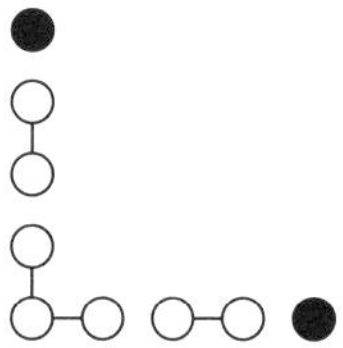

B

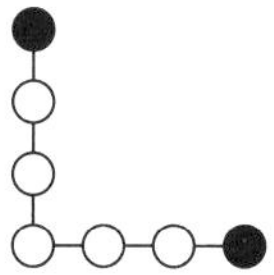

C

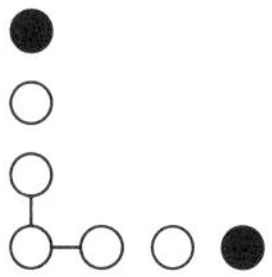

D

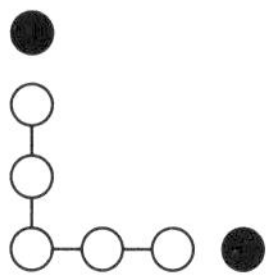

E

2.请在括号中填入一个4字母英语单词，使其与括号左边和右边的字母各组成一个新的英语单词。

RAM（****）RIDGE

3.缺失的部分是哪一项?

20	22	19	21
17	19	16	?
19	21	?	20
16	18	15	?

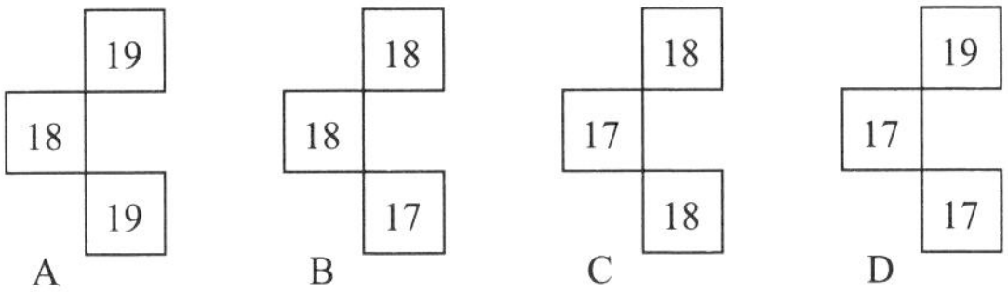

4.“木头”对应“木制品”，相当于“玻璃”对应______。

A.羊毛　　B.玻璃杯　　C.石头　　D.水　　E.纸

5.问号处应该填什么数字?

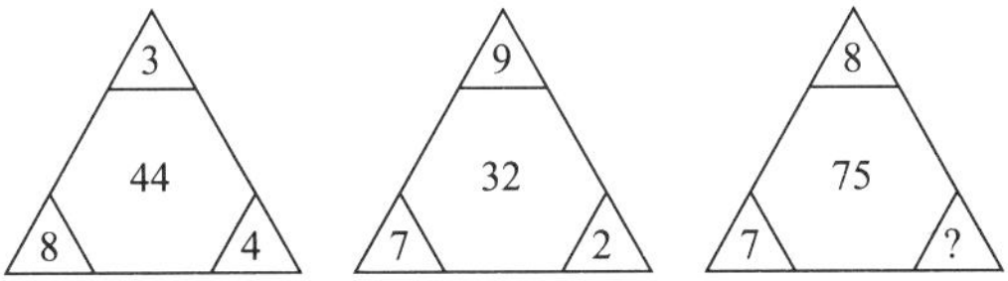

6.将括号中的单词字母重排顺序，使其组成一句众所周知的格言，其单词的字母数以*显示如下。(提示：这句格言的意思是“现实比小说更离奇”。)

(**** ** ********) (**** *******)

(asserting craft) (hint of antic)

7.如果 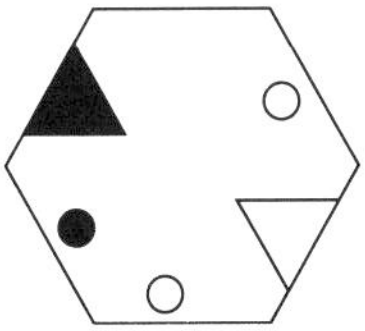 对应 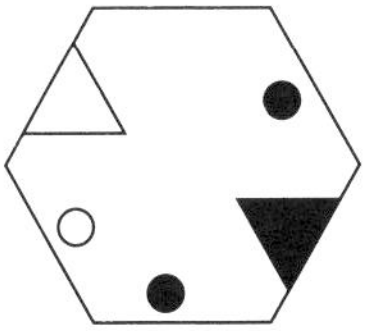，那么

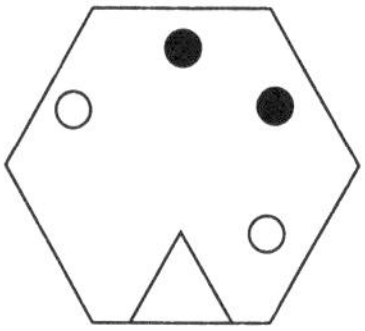

对应下列哪个选项？

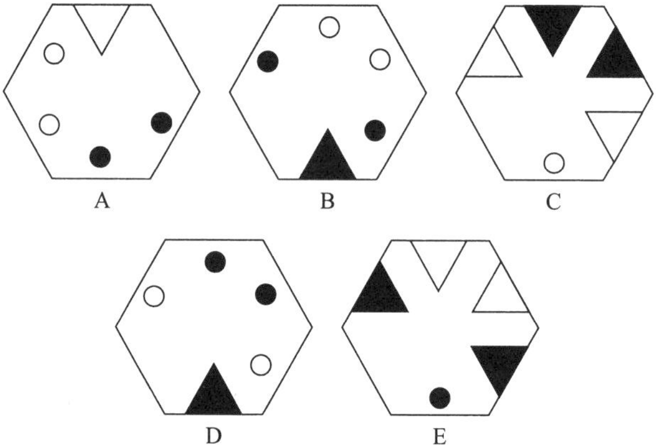

8. 0，4，2，6，3，7，3.5，？

问号处应该填什么数字？

9. 请找出相互关联（类比）的两个词（每个括号中找出一个），以相同的方式与加粗的词相关。

经度（度数、回归线、子午线）

纬度（纬线、线条、二分点）

10. 图中缺失的部分是下列选项中的哪一项？

5	2	3	10
6	4	1	11
1	9	?	12
12	?	6	?

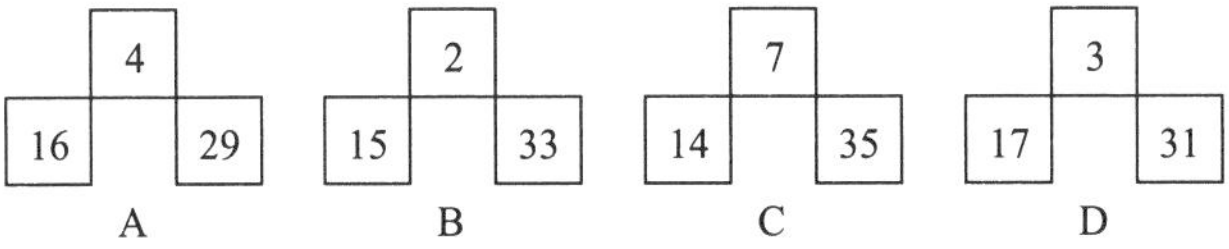

11. 下列选项中的哪个词与monitor（监控）的意思最相近？

A.observe　　B.order　　C.meddle

D.intrude　　E.conclude

12. 观察横向和纵向的图形，如果前两个图形结合成了第三个图形，规则是二者中相同的元素相互抵消，那么以下哪个图形是错误的，并且应该由下列哪个选项的图形来替换？

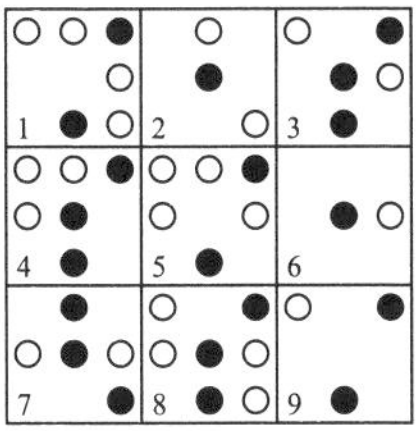

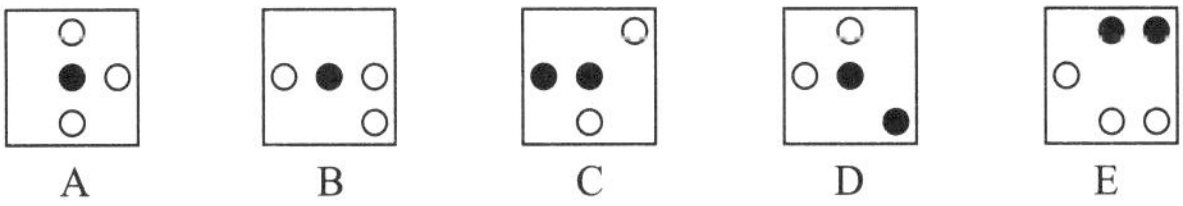

13. 下列选项中的哪两个词的意思完全相反？

A. 放肆　　B. 轻浮　　C. 贞洁

D. 严肃　　E. 荒谬　　F. 极性

14. 请把四个分别为2单位、3单位、4单位和6单位的砝码放到天平上，使之正好平衡。

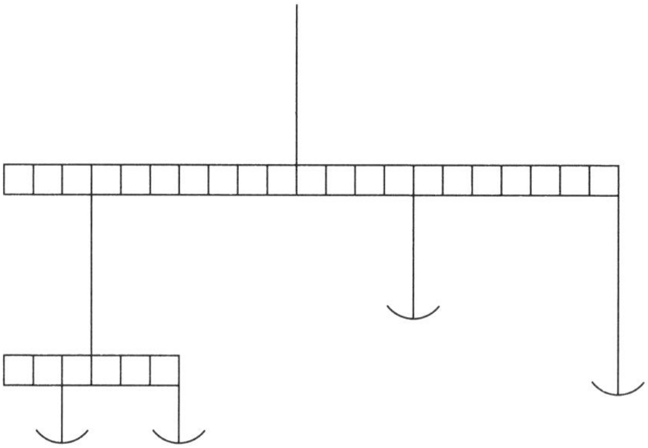

15. 以下提示使人想到哪两个押韵的英文单词？

measure bulk of grass fodder（称量一大堆草料）

16. 如果把以下图形折叠成一个立方体，能够成为以下选项中的哪一个？

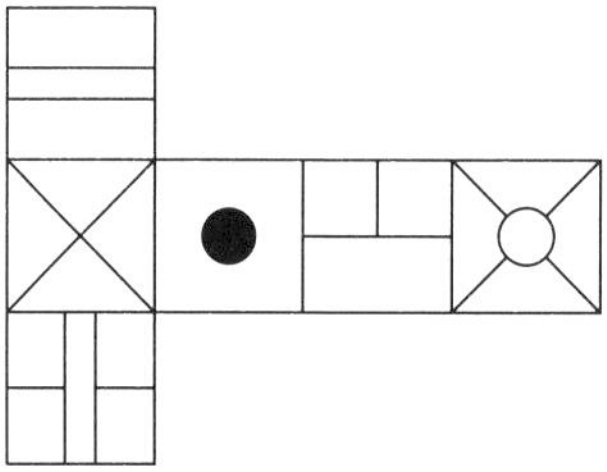

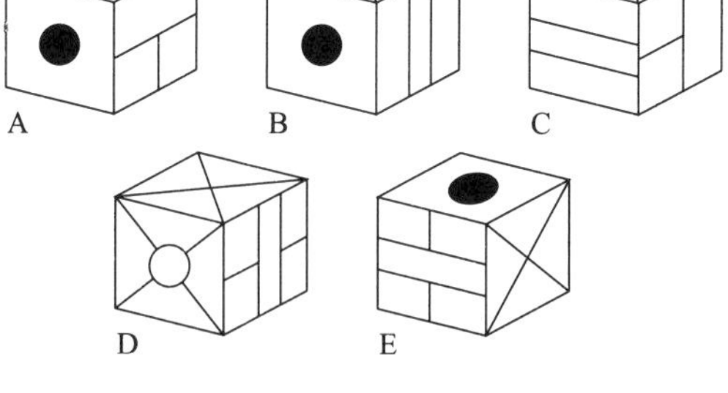

17.下列选项中的哪一项和其他项不同？

A.股骨　　B.下颚　　C.腓骨

D.胫骨　　E.膝盖骨

18.我的表在中午时是准的，之后每小时慢17分钟，直到6个小时前表完全停了。表停的时间是下午2时52分。现在是几点？

19.请把UNSPOILT LOCAL这个短语中的所有字母都填入下图空格中，每个字母只能用一次，生成的两个英语单词能够组成一个短语。（提示：事物并不总是其看上去的样子。）

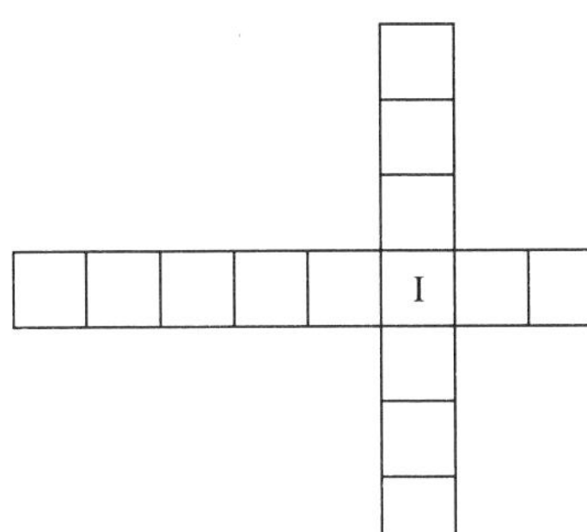

20.缺失的图形是以下哪个选项？

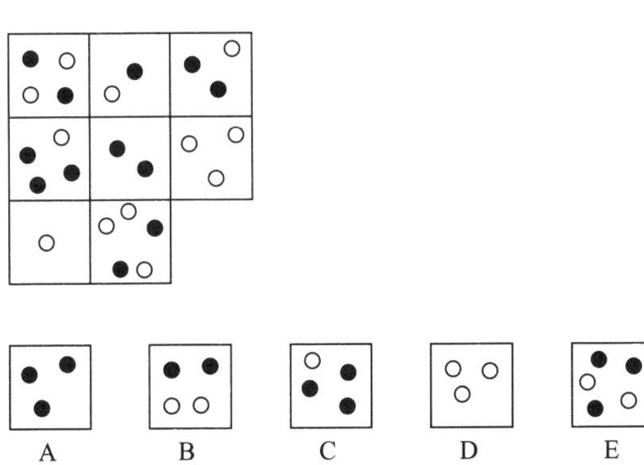

21.给出图形的下一个图形应该是什么？

A　　B　　C　　D　　E

F　　G　　H

22. dopiness，uncloaking，dishwasher

以下哪个英语单词与以上所有单词具有一个共同的特征？（提示：此题答案与英语单词的拼写有关。）

A. gallant　　B. crossfire　　C. whirlwind　　D. assault

23. 1，101，15，4，29，–93，43，–190，？

问号处应该填什么数字？

24.字母Q右边第三个字母上面紧挨着的字母左边第二个字母再往上第二个字母是什么？

A	B	C	D	E	
F	G	H	I	J	
K	L	M	N	O	
P	Q	R	S	T	
U	V	W	X	Y	Z

25. 15，5，8，24，21，7，10，30，？，？，？，36，33

问号处应该填哪三个数字？

26. 以下选项中的哪个盾牌与给出的那个盾牌相同处最多？

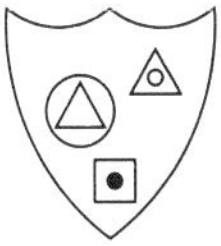

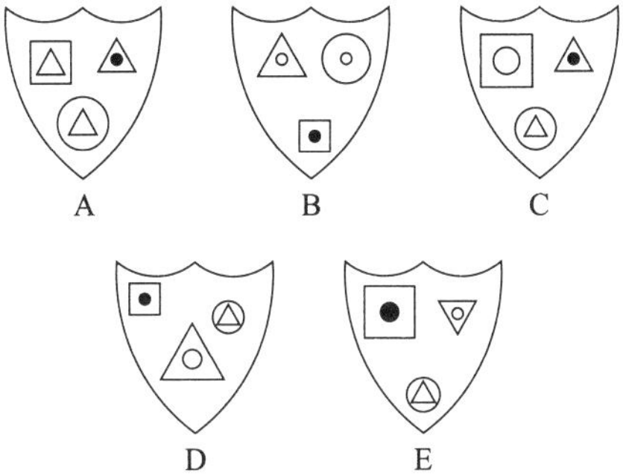

27. 只用umni这4个字母，组成一个包含7个字母的英语单词。

28. 问号处应该填什么数字？

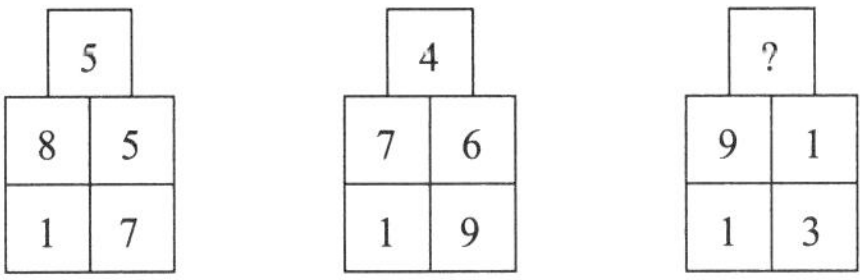

29. A开关可以控制灯1和灯2开或关；

B开关可以控制灯2和灯4开或关；

C开关可以控制灯1和灯3开或关；

D开关可以控制灯3和灯4开或关。

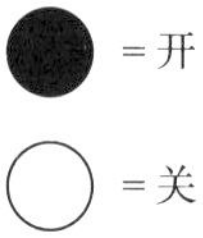

按照D、C、A、B的顺序拨动开关，使图1变成图2。可以判断出哪个开关不管用？

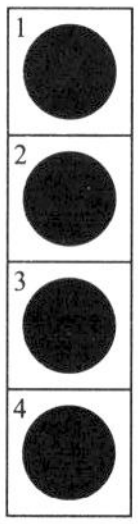

图1

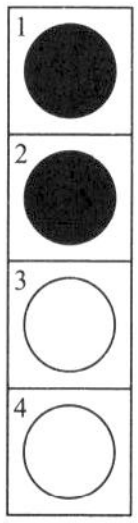

图2

30.下列选项中的哪个词与fuse（融合）的意思最相近？

A.muzzle　B.explode　C.coalesce　D.immobilize　E.tighten

31.问号处应该填什么数字？

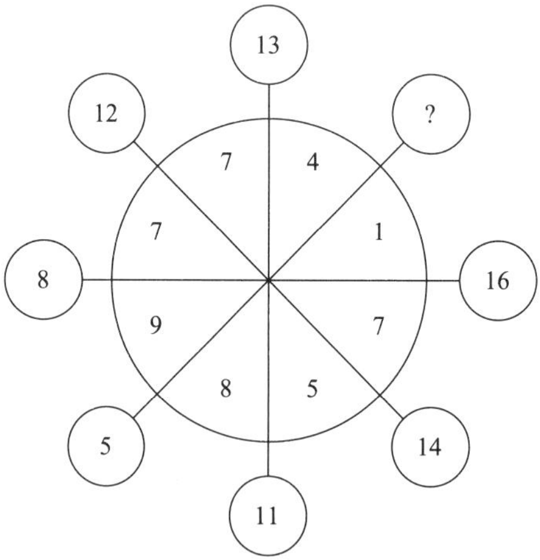

32. 在以下哪个选项中的六边形中加一个点，可以使之与给出的六边形中的点满足相同的条件？

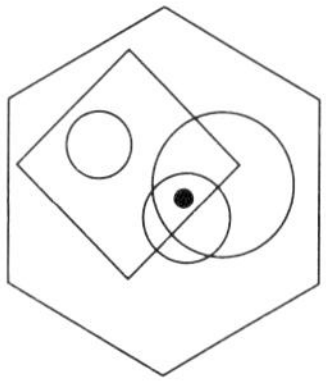

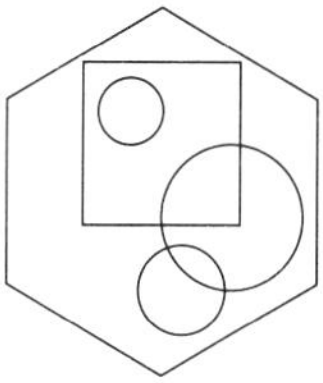

A

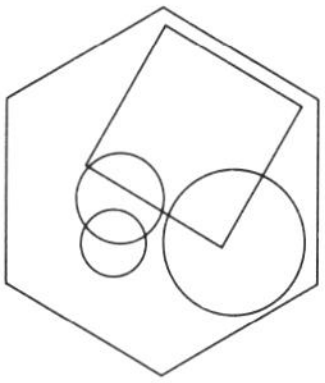

B

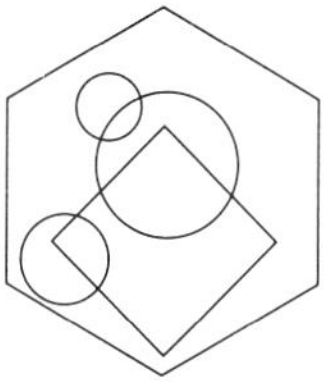

C

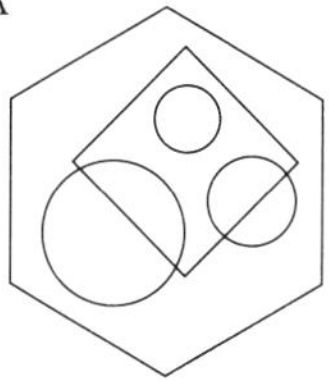

D

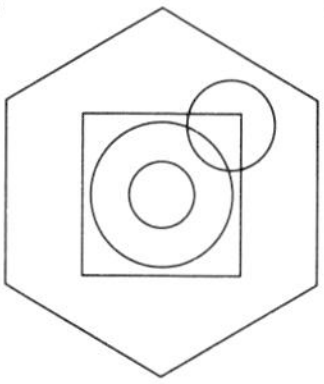

E

33. 你有 59 块立方体积木，最少需要拿走多少块才可以拼成一个大的立方体且一块不剩？

34. 哪个英语单词去掉一个字母后意思从**推导**变成**驱动**？

35. 问号处应该填什么数字？

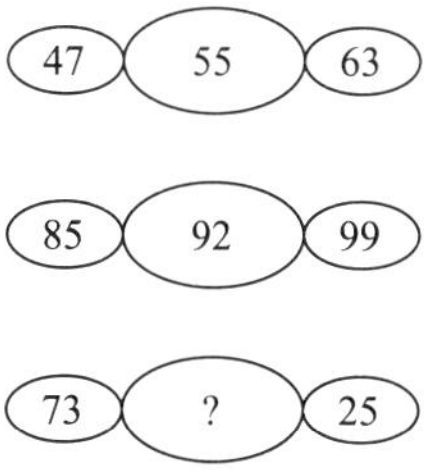

36.用FEUMOPXCTW这些字母可以组成的最长的英语单词是什么？每个字母只能用一次。

37.给出的图形中缺失的部分是哪一项？

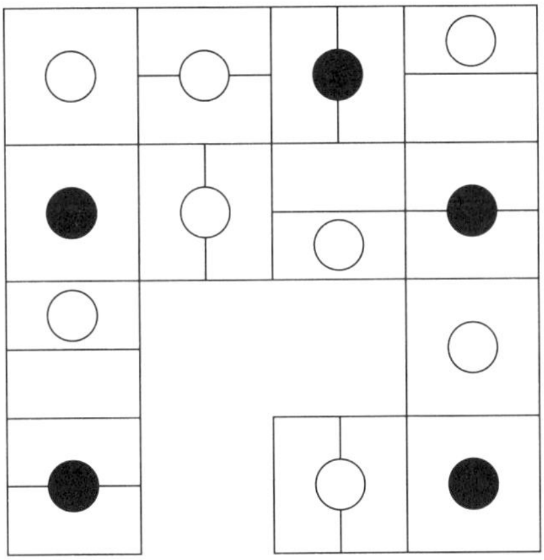

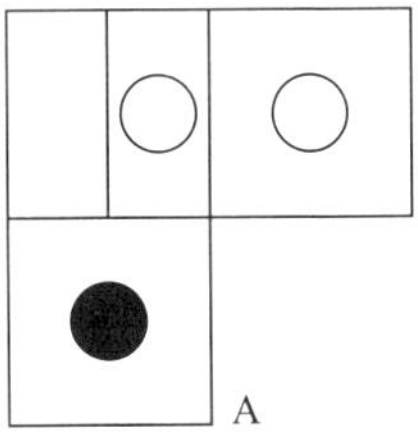
A

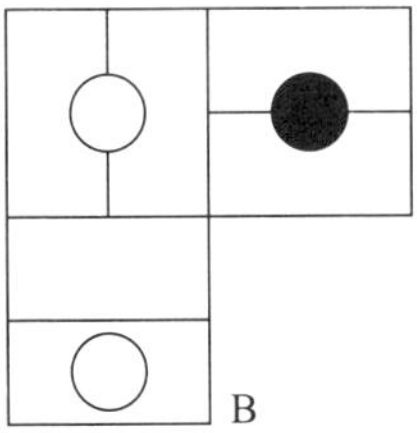
B

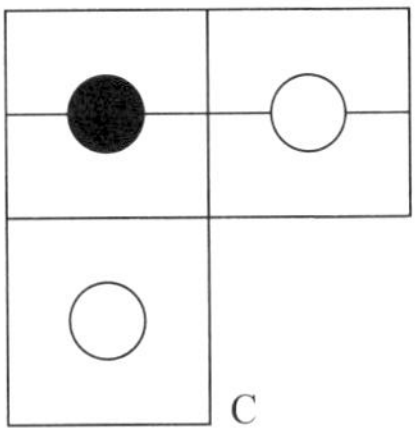
C

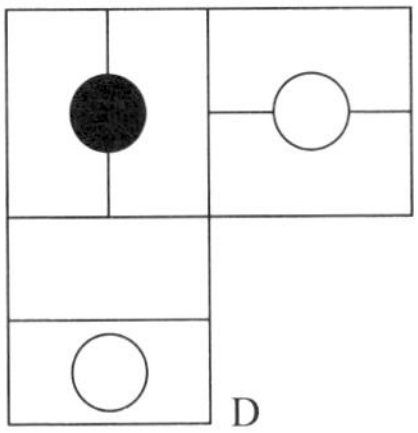
D

38.按顺时针方向拼出两个包含8个字母的反义英语单词。两个词要从不同的圆圈开始，每个圆圈各取一个字母，请找出每个词的起始字母。每个字母只能使用一次，且组成英语单词的字母要从每个圆圈中连续取出。

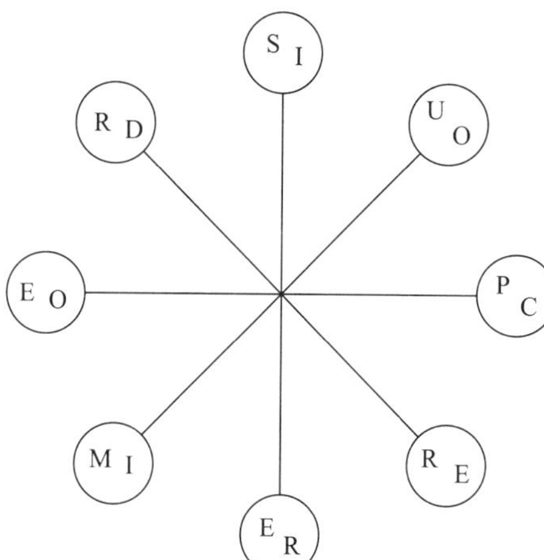

39.问号处应该填什么数字?

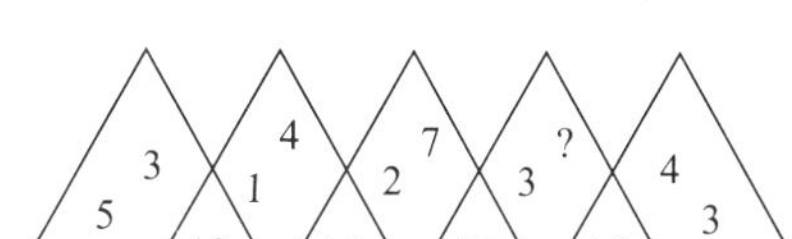

40. 如果把以下图形折叠成一个立方体，能够成为下列选项中的哪一个？

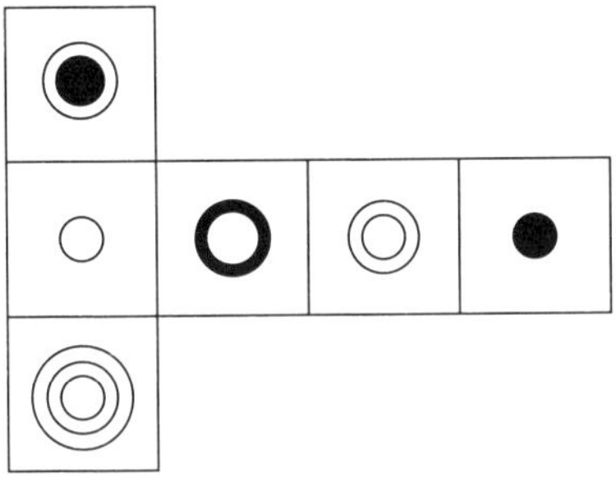

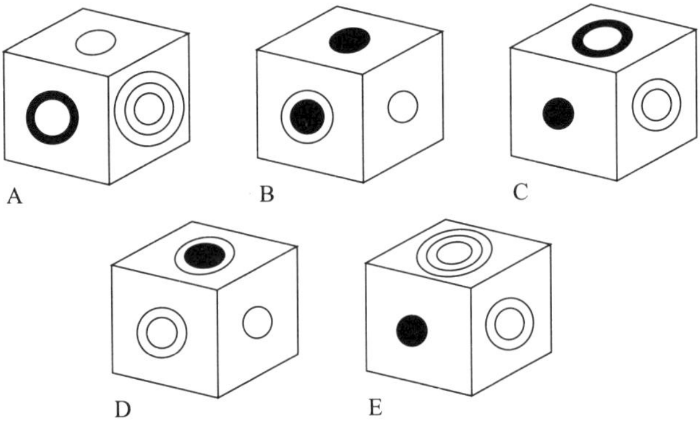

测试3

1.如果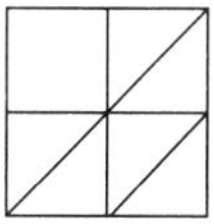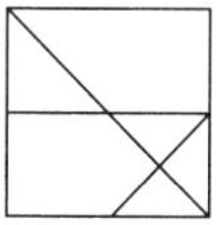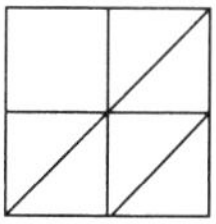对应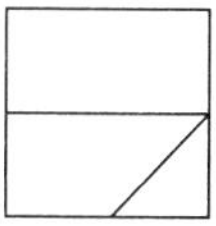，那么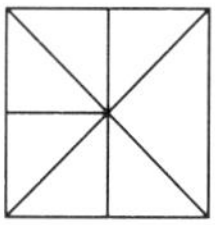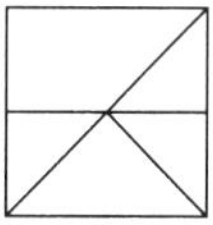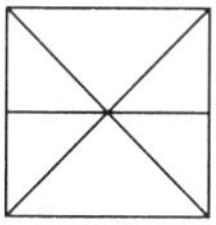对应如下哪幅图？

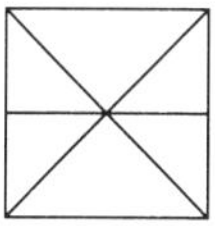
A

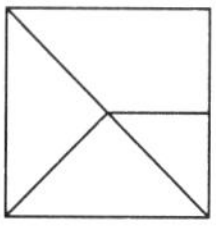
B

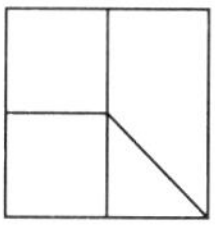
C

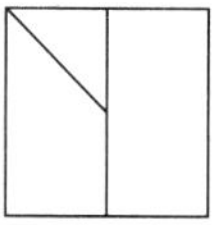
D

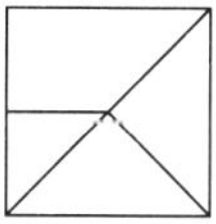
E

2.哪一项与其他项不同？

A.钹　B.木琴　C.电颤琴　D.长号　E.钟琴

3. stationary，less，stationery，principal，fewer，principle

请把以上英语单词匹配到正确的释义旁：

head of school

fundamental truth

standing still

writing materials

smaller in amount

smaller in number

4. 下列选项中的哪个数字与其他数字不同？

A. 462　　B. 683　　C. 385　　D. 198

E. 253　　F. 781　　G. 594

5. 把字母PURE AS TUFT进行重新排序，可以组成哪两个意思相反的英语单词？

6. 如果有个字母在两个字母之间，这两个字母一个是字母G左边的字母向下两个字母，另一个是字母V右边的字母向上三个字母，那么这个字母是什么？

A	B	C	D	E	
F	G	H	I	J	
K	L	M	N	O	
P	Q	R	S	T	
U	V	W	X	Y	Z

7. 如果  对应 ，那么  对应如下哪幅图？

A　B　C　D　E

8.从两个圆中各拼出一个包含8个字母的同义英语单词，且均为顺时针方向拼写。请找出每个词的起始字母，并补出缺失的字母。

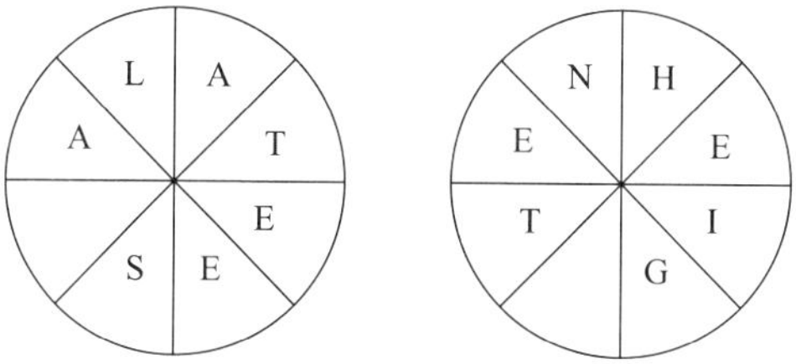

9. 1，50，6，45，11，40，16，35，21，？，？

问号处应该填哪些数字？

10.按照字母顺序将以下单词排序。

acescence，acetamide，acerbated，acetified，acellular，acescency，acetabula，acerbates

11.如果把给出图形折叠成一个立方体，能够成为下列选项中的哪一个？

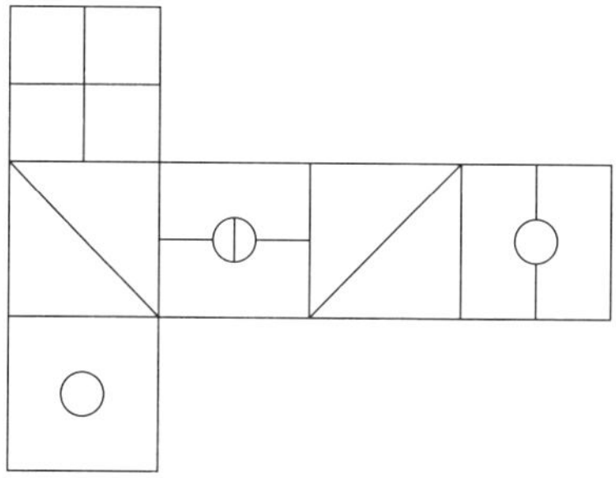

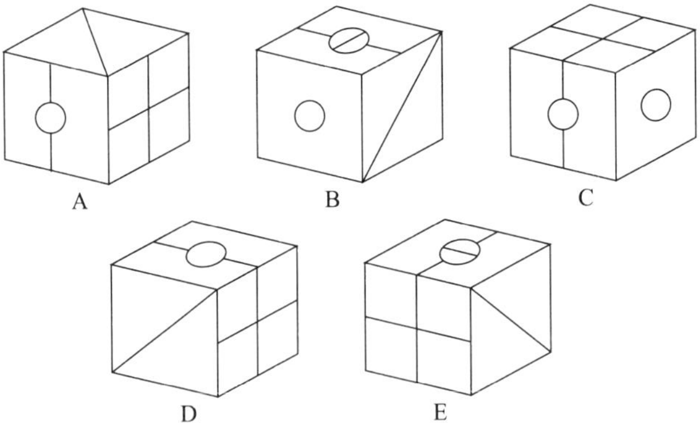

12.给出的图形中缺失的部分是哪一项?

3	9	1	2	8	3
9	?	?	2	1	9
1	?	?	3	9	1
2	1	9	3	8	2
8	3	9	1	2	8
3	8	2	1	9	3

8	3
8	2

A

3	8
2	8

B

8	2
8	3

C

2	8
3	8

D

13.改变括号里英语单词的字母顺序，使之成为一个包含10个字母的英语单词，并能把下面这句话补充完整。(提示：这句话的意思是“执政和打高尔夫的区别在于，打高尔夫时你无法圆谎”。)

The difference between golf and (torn veg men)is that in golf you cannot improve your lie. [乔治·德克梅吉恩(George Deukmejian)]

14.问号处应该是哪块盾牌？

15.依次从每个圆圈中取出一个字母，每个字母只用一次，组成两个包含8个字母的英语单词，且两个词意思相近。两个词都按照顺时针方向组成，且从不同的圆圈起始。

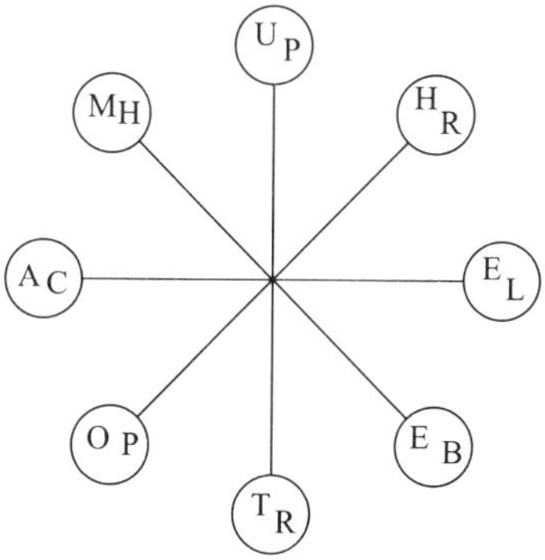

16.问号处应该填什么字母?

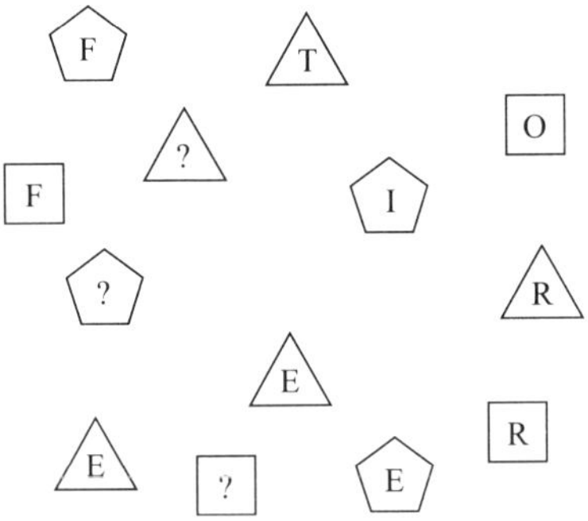

17.问号处应该填什么数字?

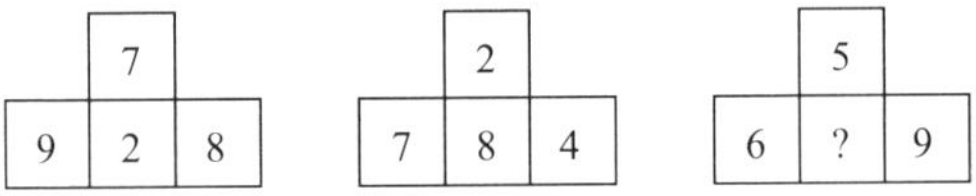

18.“奇特的”对应“奇异的”，相当于“反常的”对应下面哪个词?

A.神秘的　B.异常的　C.深奥的　D.奇特的　E.好奇的

19.在运送库存的鸡蛋时，摊主发现一些鸡蛋碎了，非常生气。事实上，经过清点损失，他发现有72个鸡蛋碎了，这占所有库存的12%。那么原本库存有多少个鸡蛋?

20.缺失的方块是哪一项?

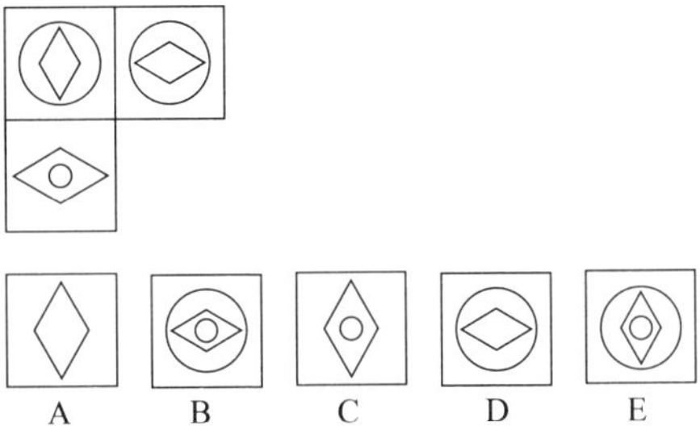

21. 如果字母表中的MTD以某种规律对应PXB，那么FRJ应对应哪三个字母？

22. A　B　C　D　E　F　G　H

字母A右边第三个字母右边紧挨着的字母左边第二个字母是什么？

23. 以下哪个圆圈应该放进给出图形的大圆圈里？

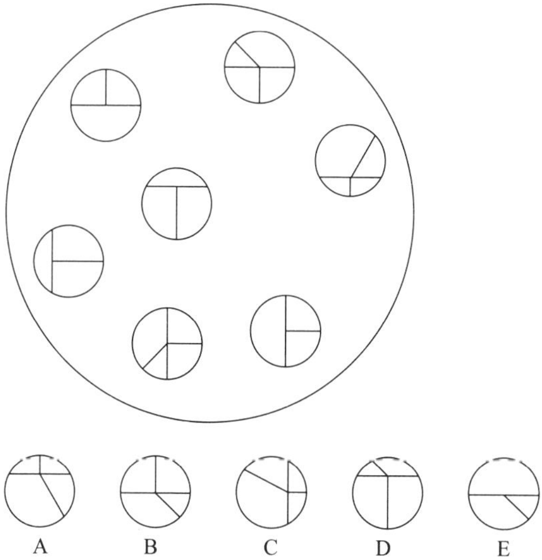

24. 只用LOPER这5个字母，组成一个包含9个字母的英语单词。

25. 16，23，19，19，22，15，25，？

问号处应该填什么数字？

26. 把以下算式化简为最简比：

$$\frac{14}{55} \div \frac{56}{77}$$

27. 缺失的图形是哪一项？

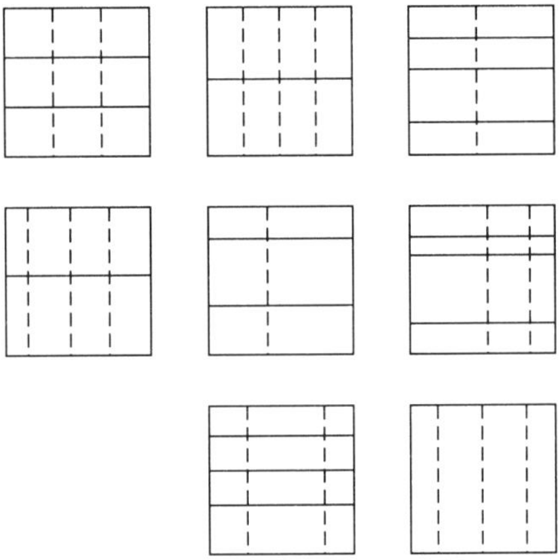

A

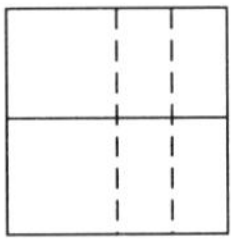

B

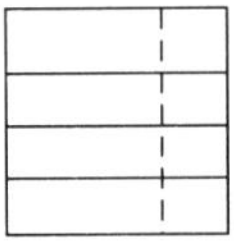

C

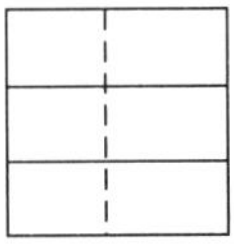

D

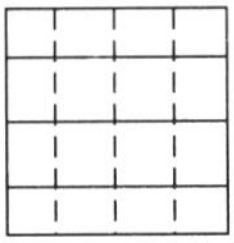

E

F

28. 下列哪个词与plausible（可信的）的意思完全相反？

A. appropriate　　B. improbable　　C. cliched

D. artificial　　E. distasteful

29. 一顿包含前菜、主菜和甜品的四人份午餐价格是56英镑。主菜的价格是甜品的两倍，甜品的价格是前菜的两倍。请问一人份的主菜价格是多少？

30. aplomb, dodge, graph, jerk, ?

问号处应该填以下哪个词？（提示：此题答案与英语单词的拼写有关。）

A. laugh　　B. maroon　　C. link

D. nickel　　E. midnight

31. 下一个图形应该是什么？

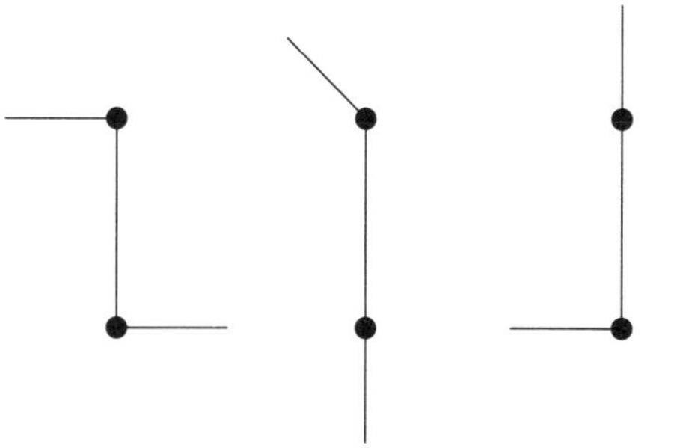

A

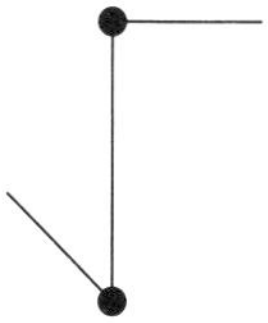

B

C

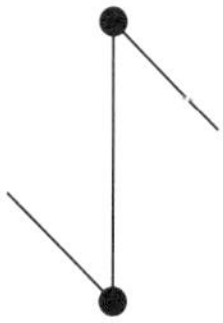

D

E

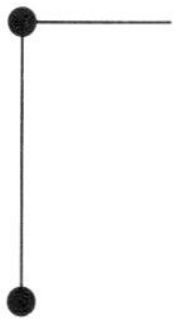

F

32.问号处应该填什么数字?

			14	
	22			
			34	
41				
		53		?

33. OVATE GNOME改变字母顺序可以组成哪个英语常用短语，其中每个英语单词的字母个数分别为3、1、4、2？（提示：这个短语的意思是“赶紧”。）

34.如果 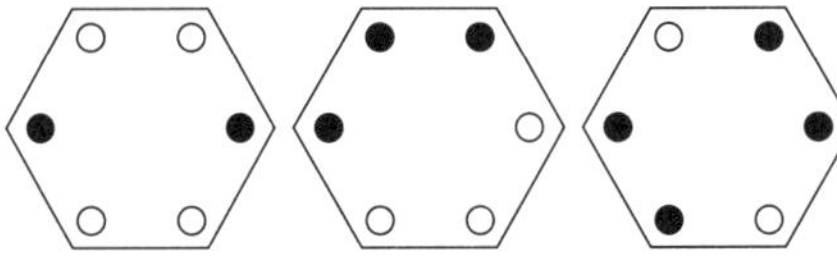 对应 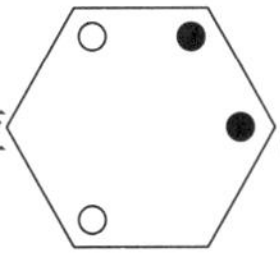，

那么 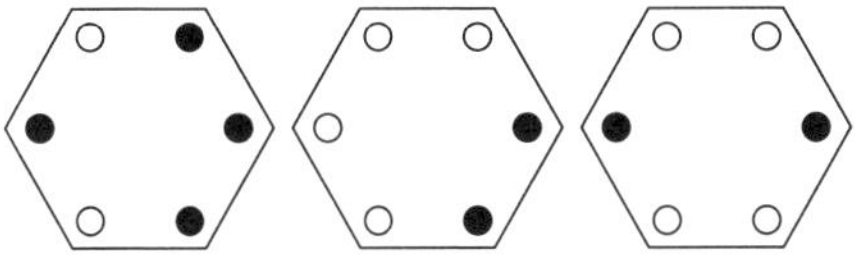 对应如下哪幅图?

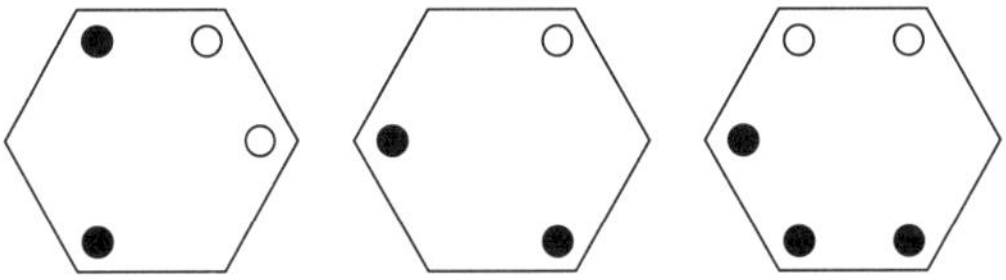

A　　B　　C

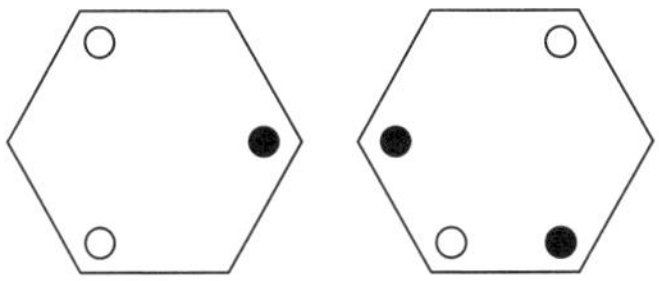

D　　E

35.问号处应该填什么数字?

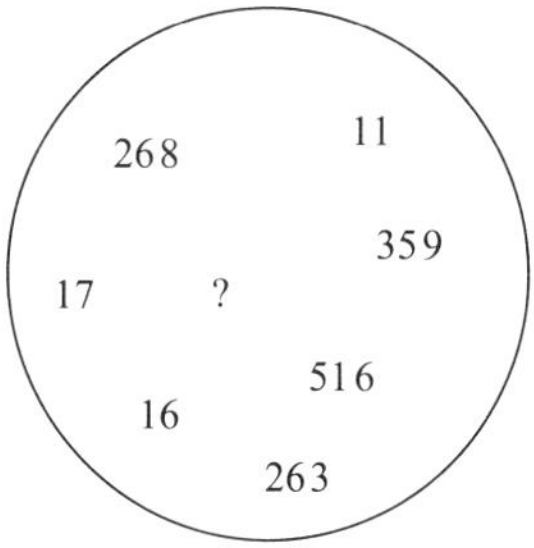

36.找到一个起始点，然后通过横向、纵向和斜向连接相邻的字母拼出一个包含17个字母的英语短语，其中每个单词的字母个数分别为2、7、8。(提示：这个短语的意思为“没有任何附加条件”。)

R	I	N		
T	O	G		
N	S	A	S	D
		A	T	E
		T	C	H

37.缺失的方块是哪一项?

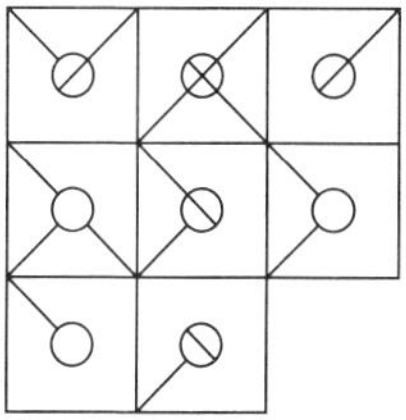

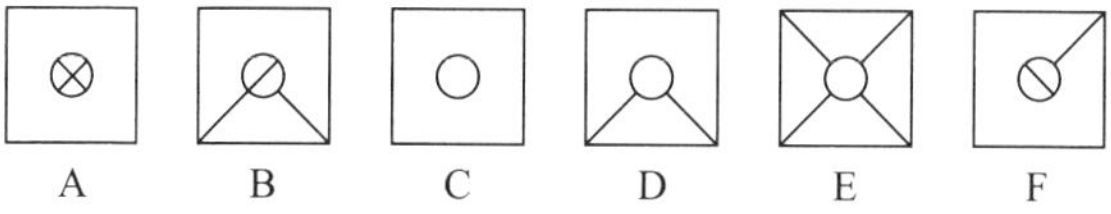

38. 在每一步中把黑色圆点顺时针挪动三个角，同时把白色圆点逆时针挪动四个角。经过多少步，黑色和白色圆点会在同一个角重合？

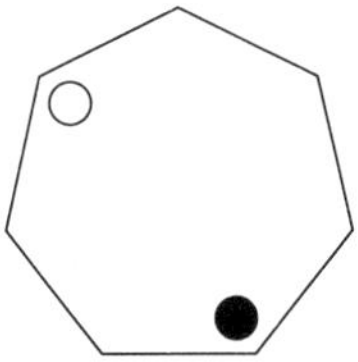

39. A A S G P A H A M

R S E E I I U G A

* * * * * * * * *

哪个爬行动物的英语单词放在最下面一行，能够与上两行字母从上到下组成9个3字母英语单词？

40. 问号处应该填什么数字？

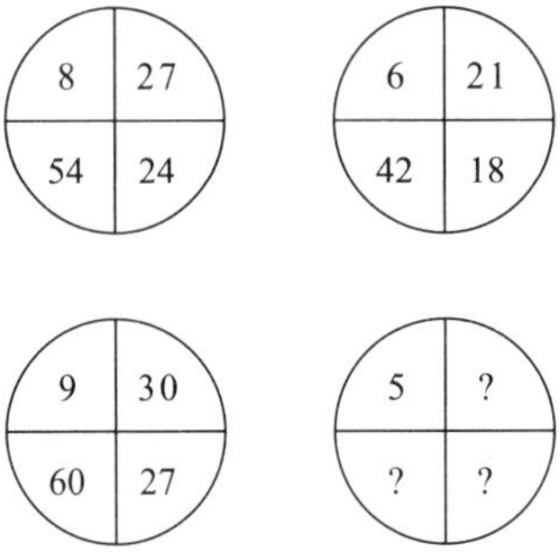

测试4

1. 下一个图形是什么？

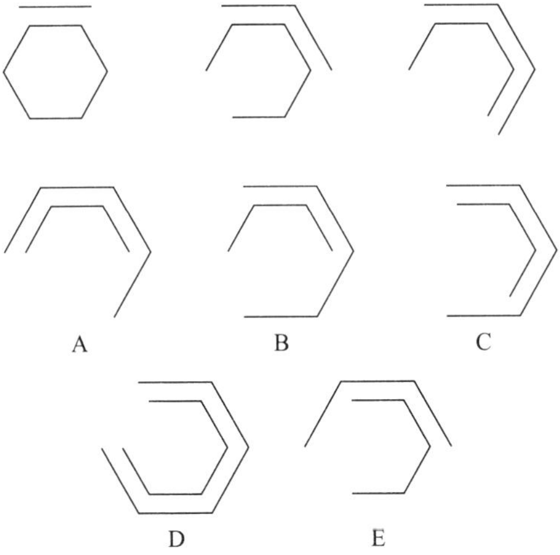

2. 100，97.4，94.8，？，89.6，87

问号处应该填什么数字？

3. 从下图的四角字母之一开始，按顺时针方向沿着九宫格的四条边移动，最后到中心的字母结束，补出空缺处的字母并组成一个包含9个字母的英语单词。

E	A	D
		I
P	A	

4. 以下哪个数字与其他数字不同？

A. 9654　　B. 4832　　C. 5945　　D. 7642

E. 7963　　F. 8216　　G .3649

5. 以下哪两个词意思最接近？

A. 合格的　　B. 现实的　　C. 强大的　　D. 可行的

E. 世俗的　　F. 精致的

6. 找出相互关联（类比）的两个词（每个括号中找出一个词），且以同样的方式与加粗的词相关。

第一个（第二个、下一个、最后一个）

倒数第二（第二个、下一个、最后一个）

7. 在以下数列中找出5个连续排列且和为23的数。

6　2　9　3　4　7　2　9　3　2　6　4　9　1　2

8. 根据规律画出缺失的图形。

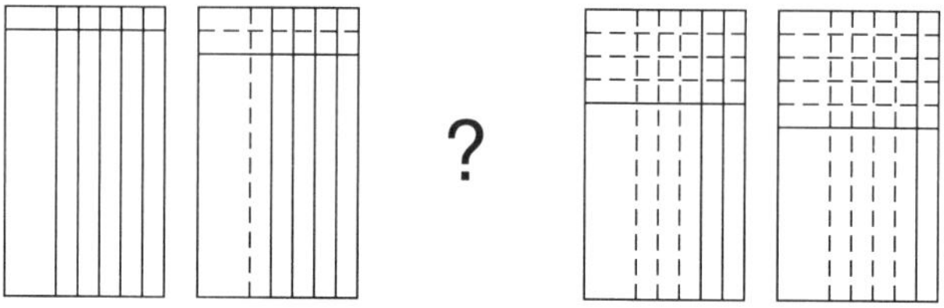

9. 下列哪个词与sleek（柔顺的）的意思完全相反？

A. sordid　　B. unimaginative　　C. disorderly

D. dishevelled　　E. oblique

10. 问号处应该填什么数字？

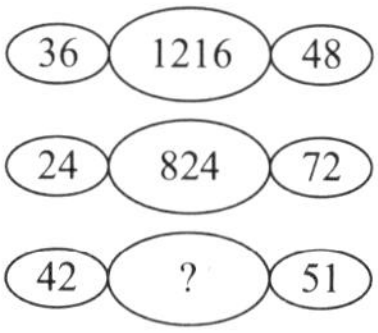

11. 改动以下每个英语单词中的一个字母，使之变成一句英语常用语。（提示：这句常用语的意思为“火上浇油”。）

AND FEEL SO TIE WIRE

12. 下列哪个图形与其他图形不同？

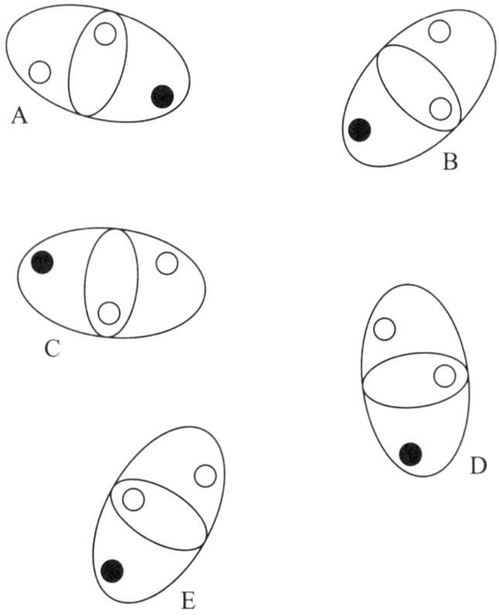

13. 下列哪个英语单词与其他单词不同？（提示：此题答案与英语单词的词义有关。）

A. trivet　B. tributary　C. triptych　D. trident　E. triad

14. 问号处应该填什么数字？

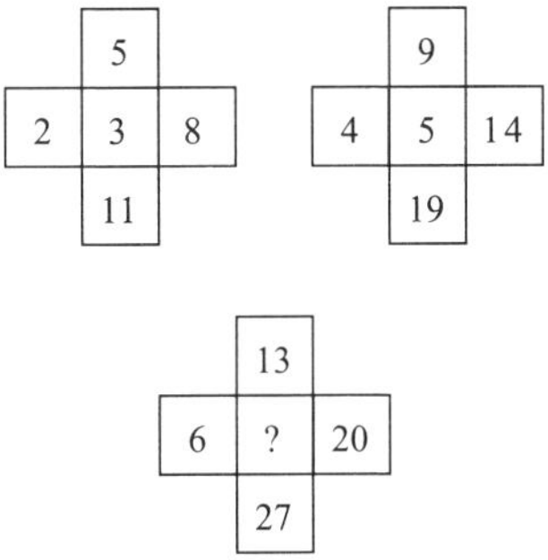

15. 5862对应714，3498对应1113，9516对应156，那么8257对应哪个数?

16. 缺失的方块是哪一项?

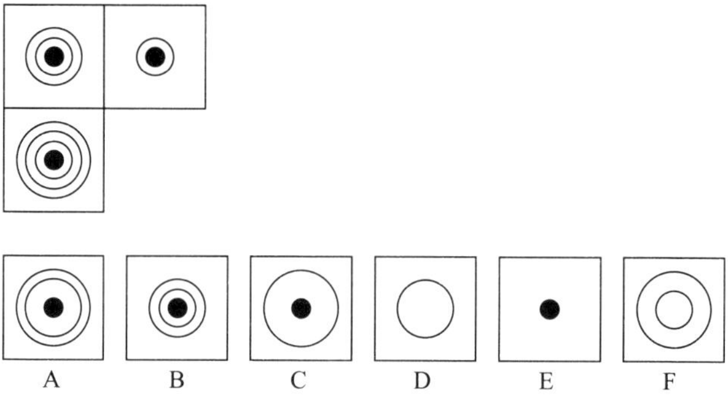

17. “马海毛”对应“羊毛”，相当于“山东绸”对应以下哪个选项?

A. 丝绸　　B. 棉布　　C. 亚麻　　D. 尼龙　　E. 织物

18. 把数字1～6放到圆圈里，每个圆圈放一个数字，使之满足：4和1及其之间的数字总和为12；4和6及其之间的数字总和为21；2和1及其之间的数字总和为8。

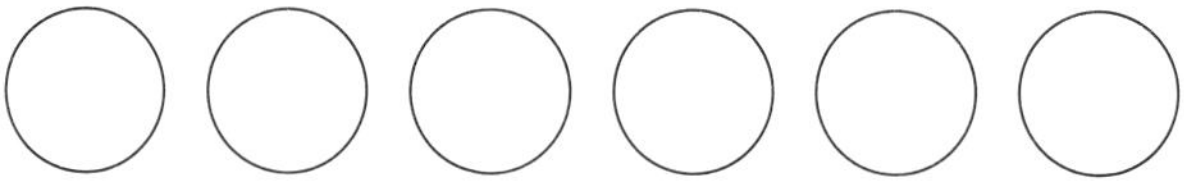

19. 类似于在T（HAM）ES这个表示“河”的英语单词中找到表示“肉”的英语单词（6个字母中的3个字母），你能在一个表示“摩天大楼”的英语单词里找到表示“猿猴”的英语单词吗（10个字母中的3个字母）?

20.按照规律，下一个图形应该是什么?

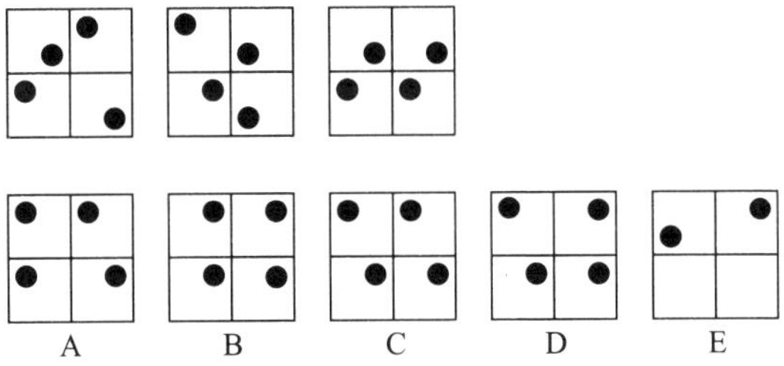

21.缺失的图形是哪个?

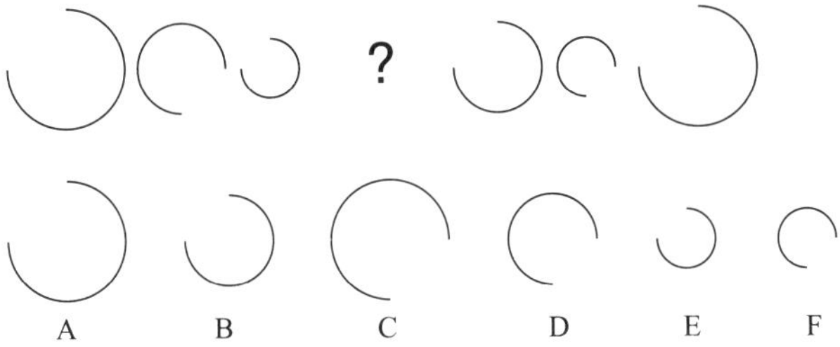

22.从以下部分中选哪4个，可以组成两个意思相反的英语单词?

ERT，UCE，DES，END，EXP，EAR，AND，SIP，RED，GOS

23.缺失的部分是哪一项?

7	10	13	16
9	12	?	18
11	?	?	20
13	16	19	22

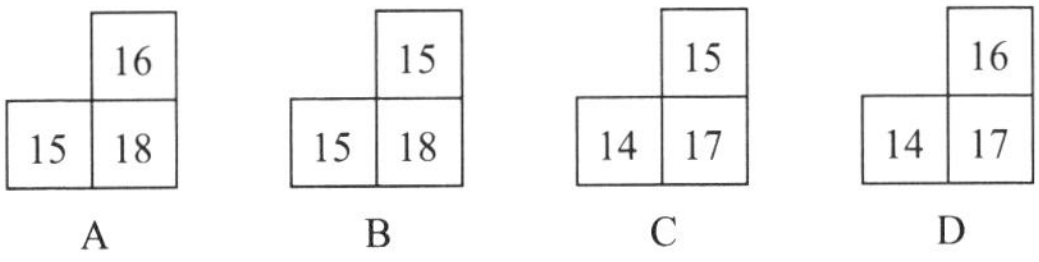

24. 找出两个读音相似但拼写不同的英语单词，意思分别为：连接曲线上两点的直线和绳子。

25. 如果满足以下条件，那么玛丽、乔治、爱丽丝、克莱尔和斯蒂芬的年龄分别是多少？

玛丽的年龄 + 乔治的年龄 = 33 岁；

爱丽丝的年龄 + 克莱尔的年龄 = 95 岁；

斯蒂芬的年龄 + 玛丽的年龄 = 72 岁；

玛丽的年龄 + 克莱尔的年龄 = 87 岁；

斯蒂芬的年龄 + 乔治的年龄 = 73 岁。

26. 缺失的方块是哪一项？

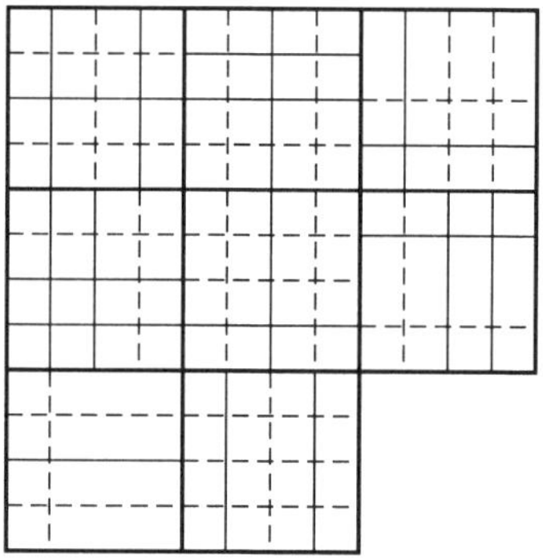

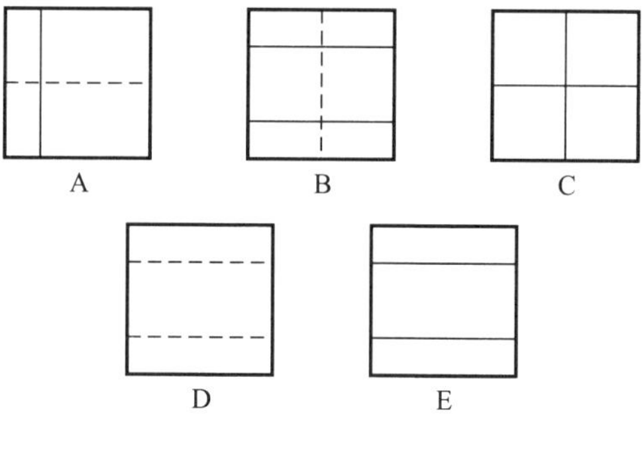

A B C

D E

27. 只用以下4个字母，组成一个包含7个字母的英语单词。

CILT

28. 53（3）59

92（4）98

34（2）38

71（？）79

问号处应该填什么数字？

29. 按顺时针方向拼出两个包含8个字母的同义英语单词。两个词要从不同的圆圈开始，每个圆圈各取一个字母，并找出每个词的起始字母。每个字母只能使用一次，且组成英语单词的字母要从每个圆圈中连续取出。

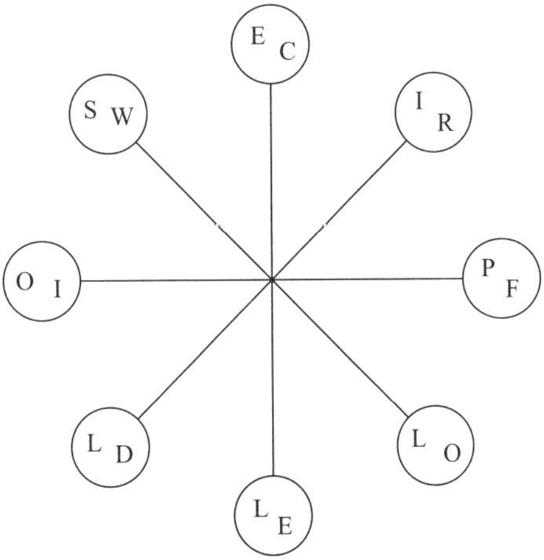

30. 根据规律画出下图中缺失的图形。

31. abashed，derail，little，？

问号处应该填以下哪个英语单词？（提示：此题答案与英语单词的拼写有关。）

A. mellow　B. entail　C. leader　D. elicit　E. status

32. 用以下4字母英语单词中的两个组成一个包含8个字母的英语单词。

cred，agon，lues，once，deva，some，come，pent

33. 下图中有一个数字等于离它三格的数字减3，离它两格的数字除以2，离它两格的数字加4，离它两格的数字乘以3。这个数字是什么？（注：可横向、竖向或斜向计算格数。）

20	14	12	24	33
3	10	16	15	18
17	7	4	8	6
5	1	9	30	36
39	21	13	2	11

34. 下一个图形应该是哪个？

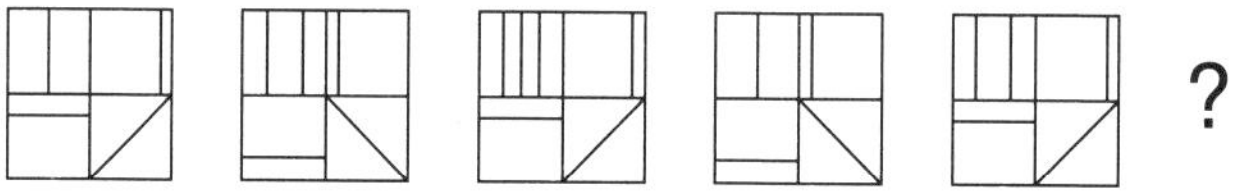

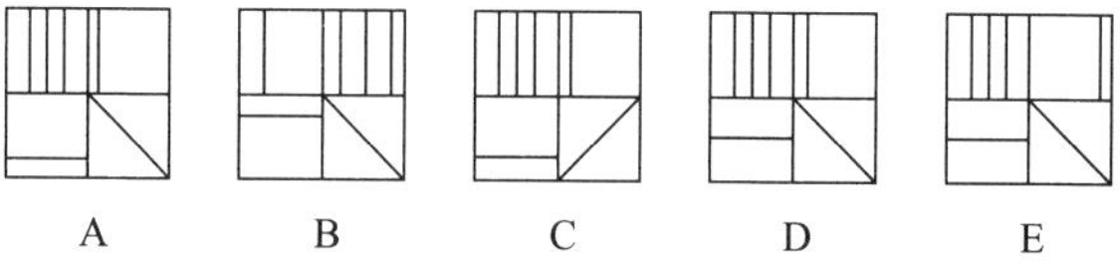

35.阴影部分的面积占整个图形的百分之多少？

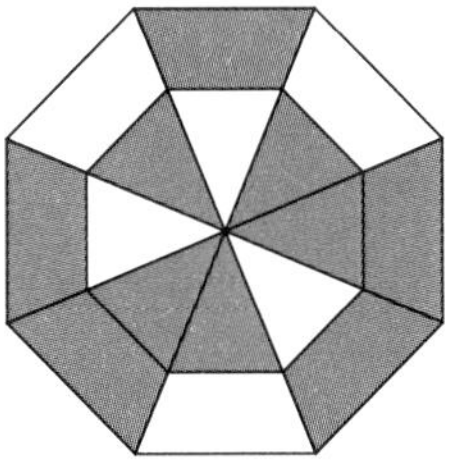

36.字母C沿逆时针方向第三个字母正对面的字母沿顺时针方向的第二个字母是什么？

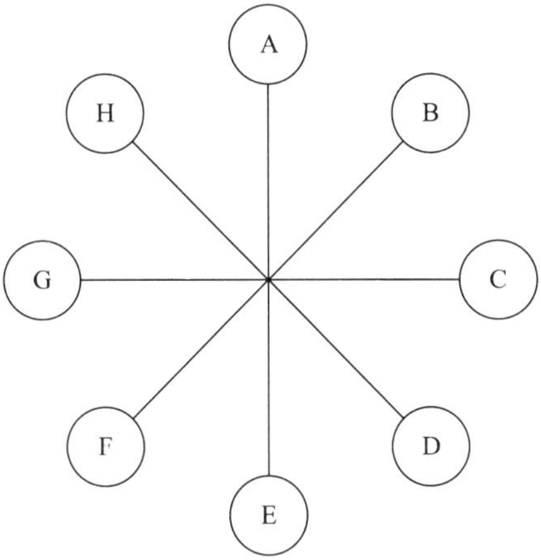

37.从下图的四角字母之一开始，按顺时针方向沿着九宫格的四条边移动，最后到中心的字母结束，补出空缺处的字母并组成一个包含9个字母的英语单词。

B	E	R
I	E	
	T	A

38.120的二分之一的五分之一的四分之一的三分之一是多少？

39.缺失的方块是哪一项？

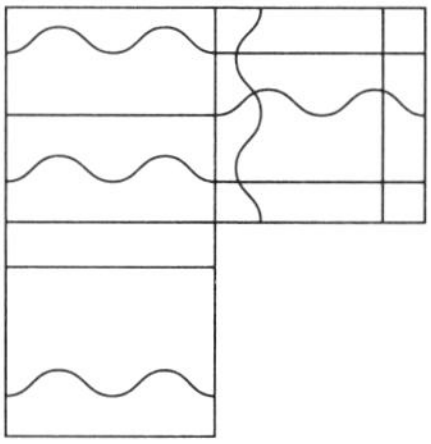

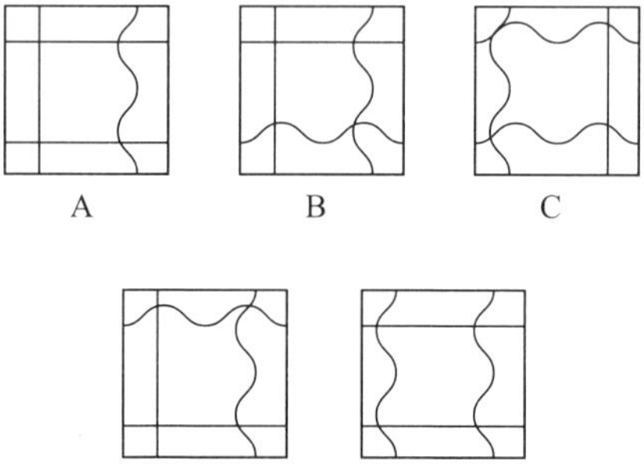

A B C D E

40.问号处应该填什么数字？

1	10	7	16
28	19	22	13
25	34	31	40
?	43	46	37

测试5

1. 下列哪一项与其他项不同？

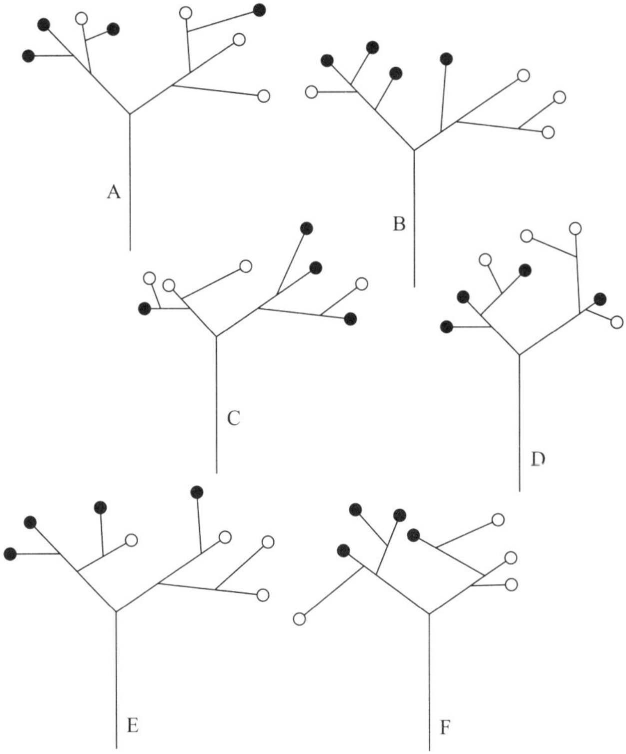

2. 下列哪个词与reverent（恭敬的）的意思完全相反？

A. candid　　B. lucid　　C. cheeky

D. content　　E. culpable

3.请找出相互关联（类比）的两个词（每个括号中找出一个），且以相同的方式与加粗的词相关。

耳蜗（贝壳、耳朵、大脑）

小脑（心脏、鼻子、头脑）

4.哪个数字与其他数字不同？

A. 3647　　B. 2536　　C. 5869　　D. 6957

E. 1425　　F. 4758

5.按顺时针方向拼出一个包含16个字母的英语单词。图中只显示了部分备选字母，请找出起始点并补充缺失的字母。

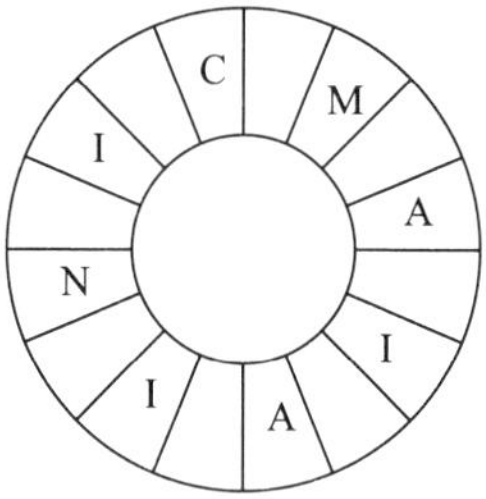

6.下图中出现了多少条直线？

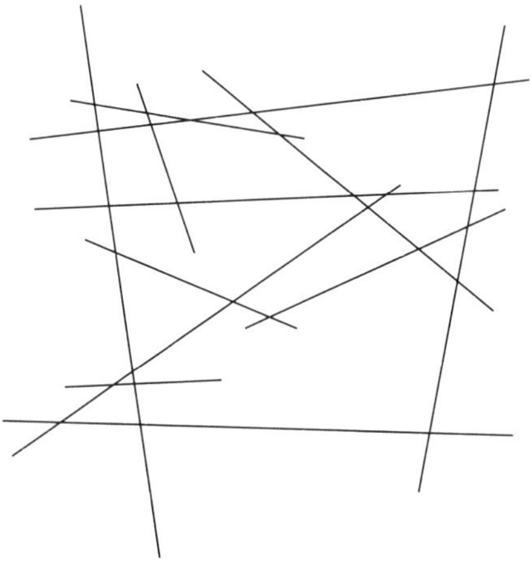

7. 0，1，2，5，20，25，？，？

问号处应该填哪两个数字？

8. 以下哪个词与其他词不同？

A. 加重　　B. 减轻　　C. 增强

D. 升级　　E. 膨胀

9. 问号处应该填什么数字？

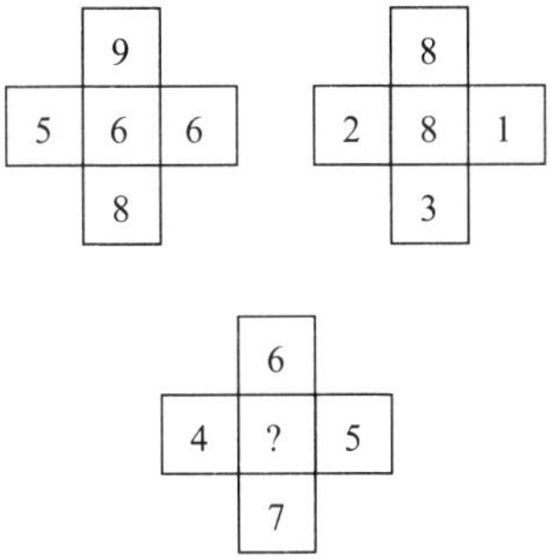

10. 哪种生物名称的英语单词可以放在底部那行，使从上到下组成7个3字母英语单词？

D A S A M Y W

U R A G A O A

* * * * * * *

11. 下一行应该是哪个图形？

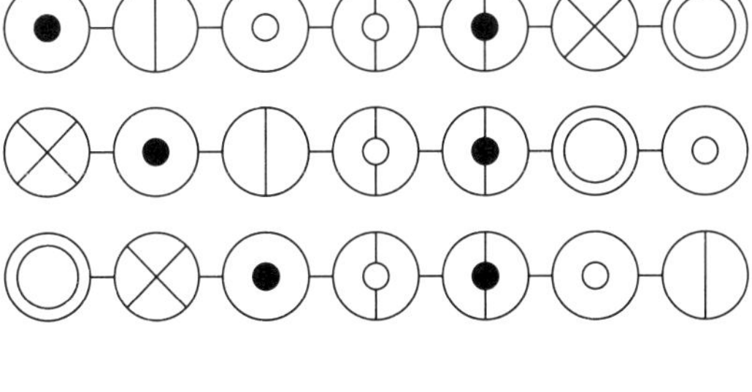

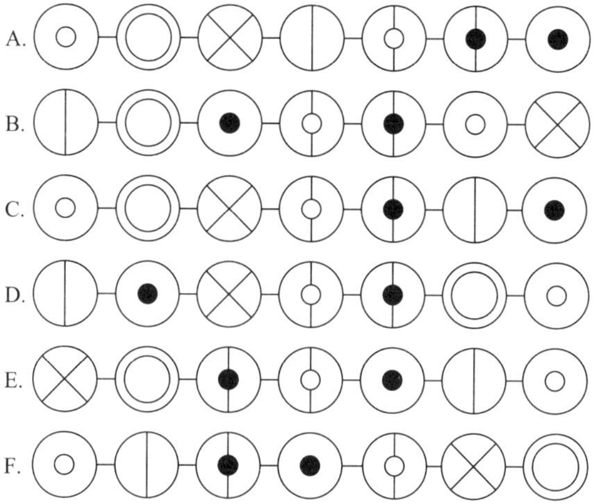

12.问号处应该填什么数字？

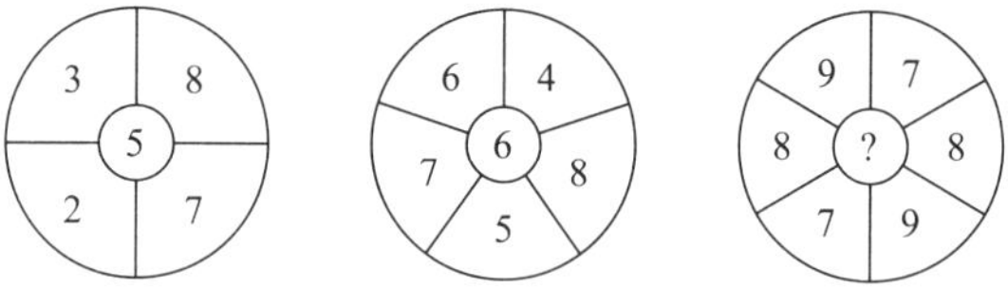

13.从下图的四角字母之一开始，按顺时针方向沿着九宫格的四条边移动，最后到中心的字母结束，补出空缺处的字母并组成一个包含9个字母的英语单词。

	N	E
A	M	T
M		I

14. 8年后我和我两个儿子的年龄之和为124，那5年后我们的年龄总和是多少？

15.以下哪两个词意思最接近？

A.古老的　B.呆板的　C.老练的　D.纯洁的

E.统一的　　　F.成熟的

16.缺失的方块是哪一项?

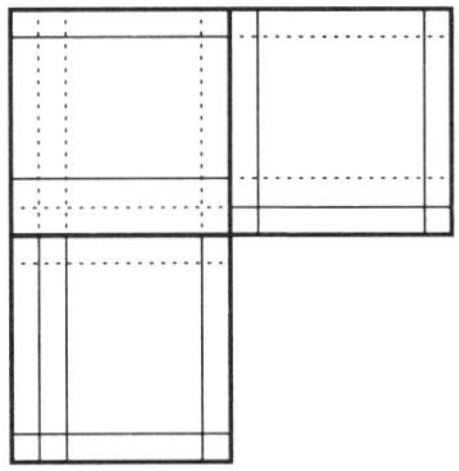

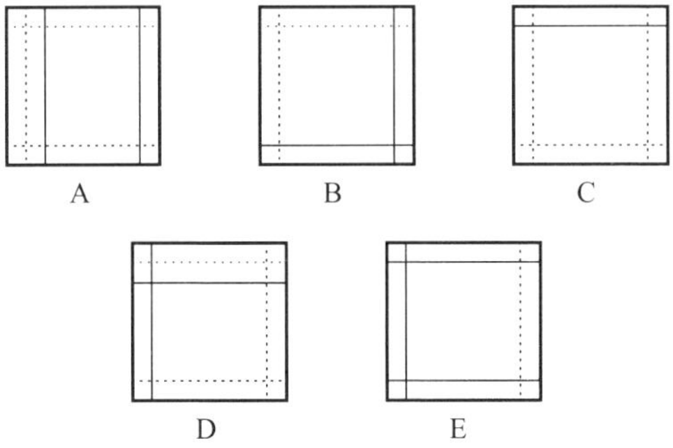

17.“深渊”对应“峡谷”，相当于“裂缝”对应下列哪个选项?

A.裂隙　　B.壁龛　　C.山峡　　D.溪谷　　E.开口

18.杰克的年龄是吉尔的两倍，但是5年后，杰克的年龄只是吉尔的1.5倍。杰克和吉尔现在多大?

19.改变以下每个英语单词中的一个字母，使之成为一个英语常用语。(提示：这个常用语的意思是“复苏”。)

HOME SO LINE

20.根据规律画出图中缺失的图形。

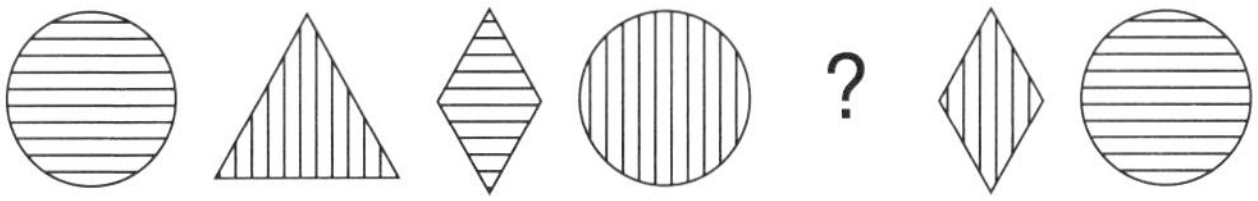

21. 1000，865，？，595，460，325

问号处应该填什么数字？

22. 以下哪个盾牌与给出的盾牌共同点最多？

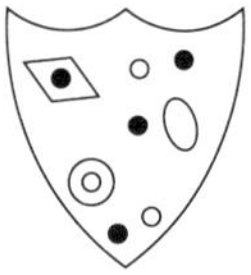

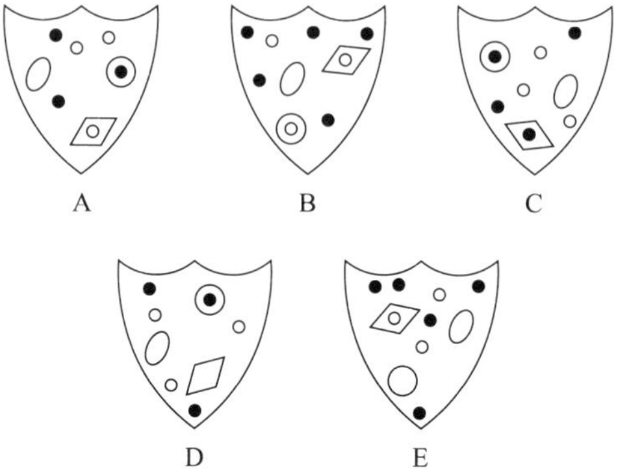

23. 找出两个读音相似但拼写不同的英语单词，意思分别为：威力和小昆虫。

24. 图中最小的偶数和最大的奇数之积是多少？

14	26	28
91	18	89
57	177	22
189	16	7

25. 以下哪个选项同laconic（简洁的）的意义相近？

A. uninspiring

B. tearful

C. using few words

D. emotionally unstable

E. sarcastic

26. 从两个圆中各拼出一个包含8个字母的同义英语单词，且均为顺时针方向拼写。请找出每个词的起始字母，并补出缺失的字母。

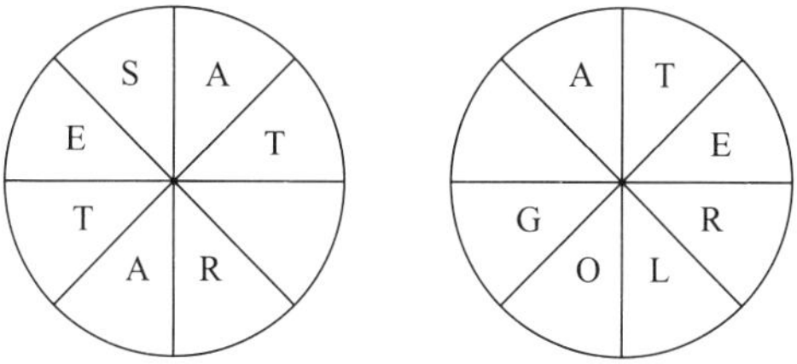

27. 17，4，29，13，41，22，53，31，？

问号处应该填什么数字？

28. 下一个图形应该是下列选项中的哪一个？

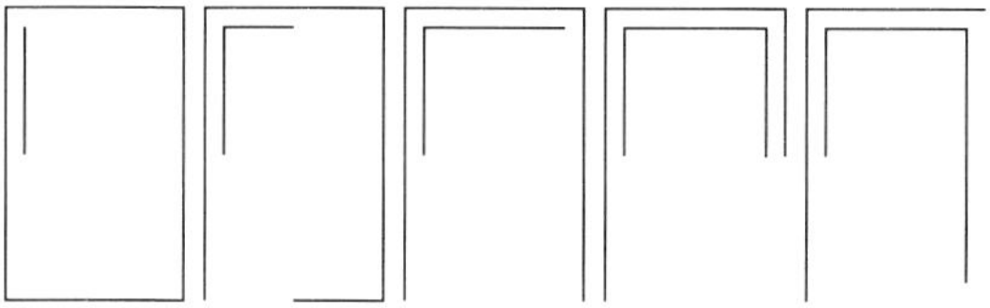

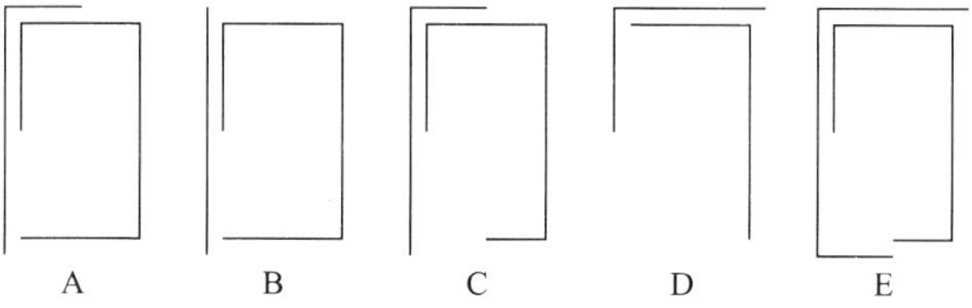

29.从下图的四角字母之一开始，按顺时针方向沿着九宫格的四条边移动，最后到中心字母结束，补出空缺处的字母并组成一个包含9个字母的英语单词。

	T	I
E		M
T	N	O

30.问号处应该填什么数字？

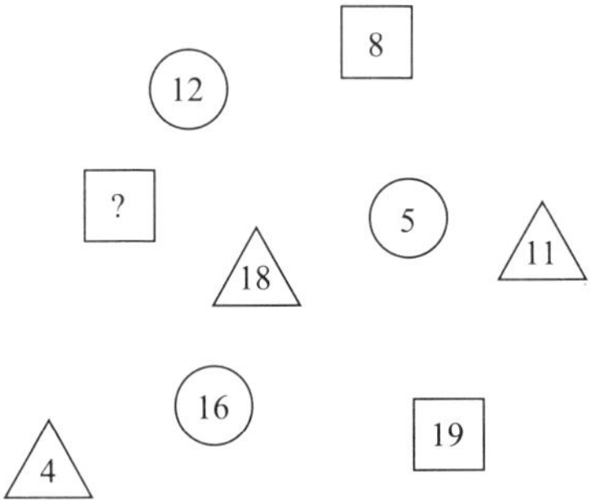

31.在以下哪个六边形中添加一个圆点，可以使那个六边形中的两个圆点都符合给出的六边形中两个圆点满足的条件？

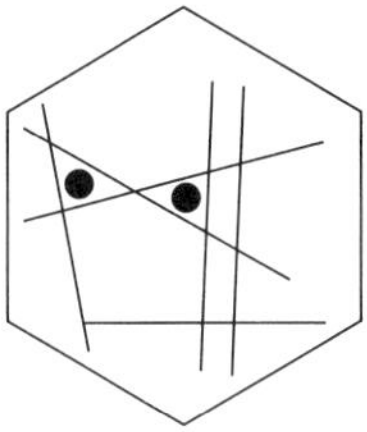

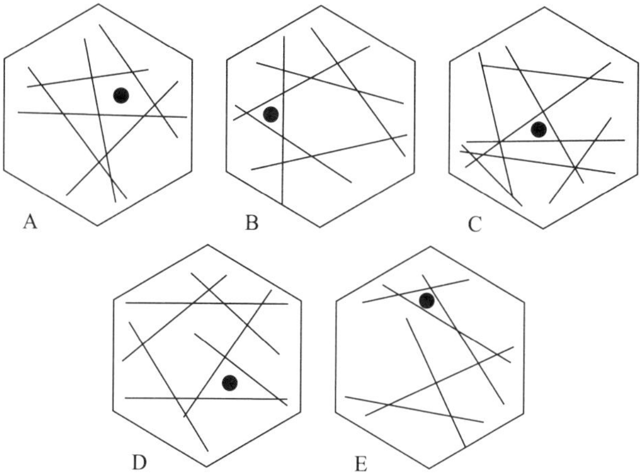

32.

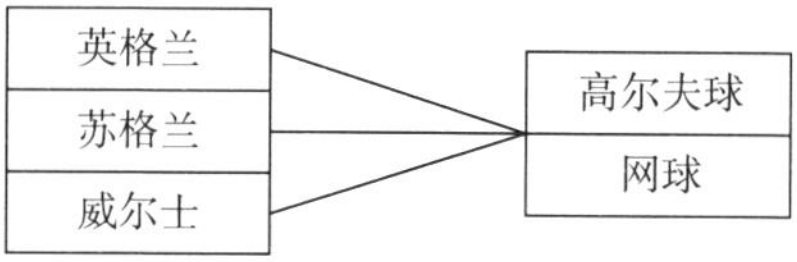

来自英格兰、苏格兰和威尔士的三支队伍要争夺网球和高尔夫球两个项目的奖杯，共可产生多少种结果？ 6、8、9还是12？

33. 以下哪个英语单词与其他词不同？（提示：此题答案与英语单词的拼写有关。）

A. statement　　B. fluster　　C. retirement

D. restful　　E. testament

34. A开关可以控制灯1和灯2开或关；

B开关可以控制灯2和灯4开或关；

C开关可以控制灯1和灯3开或关；

D开关可以控制灯3和灯4开或关。

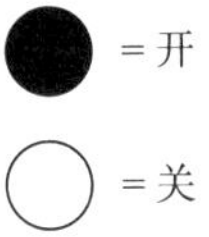

按照B、D、A、C的顺序拨动开关使图1变成图2。可以判断出哪个开关不管用？

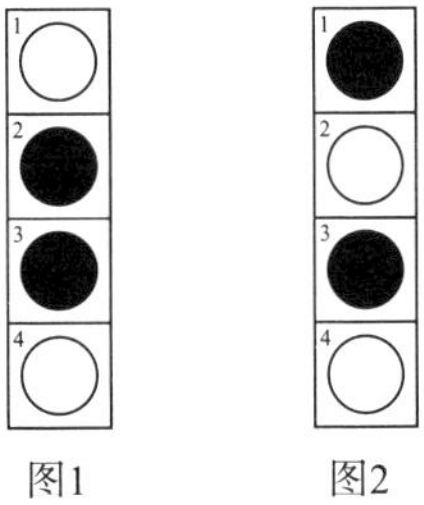

35. 问号处应该填什么数字？

5	7	4	3	1
1	2	2	6	5
6	6	5	?	
1	2			

36. 下一个图形应该是哪一项？

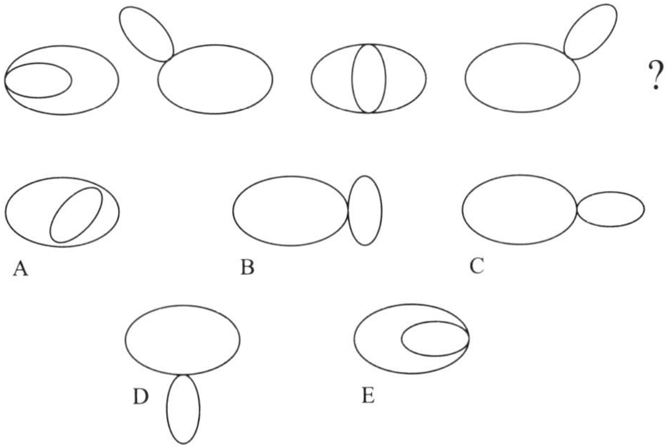

37.在下图中找出两个英语单词（字母个数分别为7和4）。如果该单词中相邻字母在圆圈中的距离少于等于4个字母，则可沿着圆周连接，否则以直线连接。（提示：可能很难游过去。）

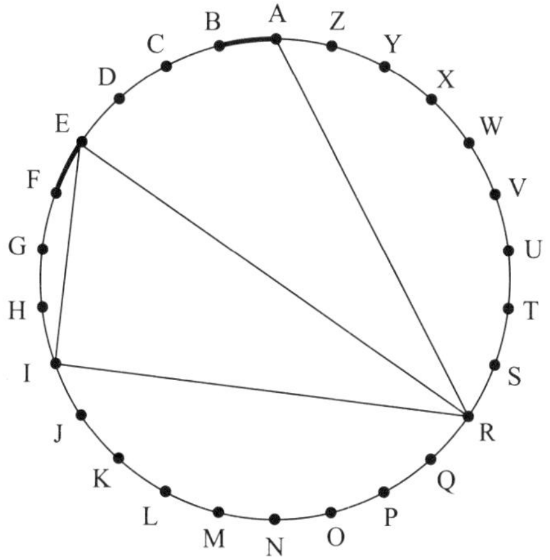

38.字母I左边第二个字母下面紧挨着的字母左边紧挨着的字母是什么？

A	B	C	D	E	
F	G	H	I	J	
K	L	M	N	O	
P	Q	R	S	T	
U	V	W	X	Y	Z

39.哪个数字与其他数字不同？

A. 3861　B. 8712　C. 5247　D. 4356

E. 1485　F. 3645

40. 缺失的方块是哪一项?

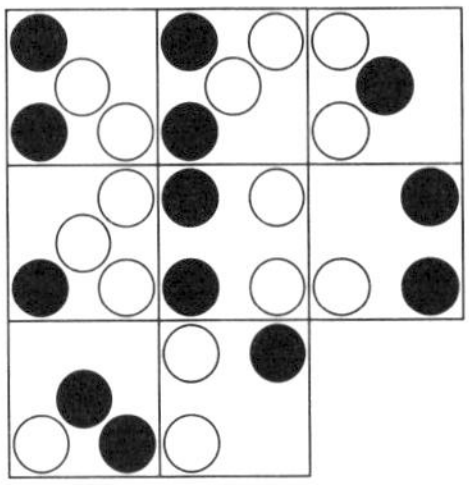

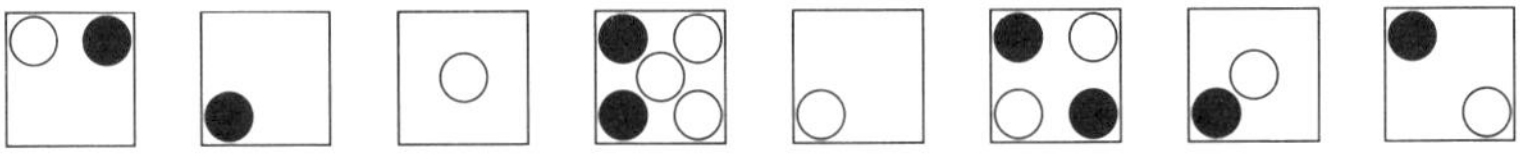

A B C D E F G H

测试6

1.每个九宫格中都包含一个9字母英语单词的全部字母。请找出这两个意思相近的英语单词。

T	S	I		
L	A	E		
O	C	L	E	C
		T	A	F
		U	T	U

2.1，3，4，7，11，18，29，?

问号处应该填什么数字?

3.以下哪四个部分可以组成两个意思相反的英语单词?

ant，ert，uce，ire，ill，and，red，tic，exp

4.如果把以下图形折叠成一个立方体，那么以下选项哪一个是正确的?

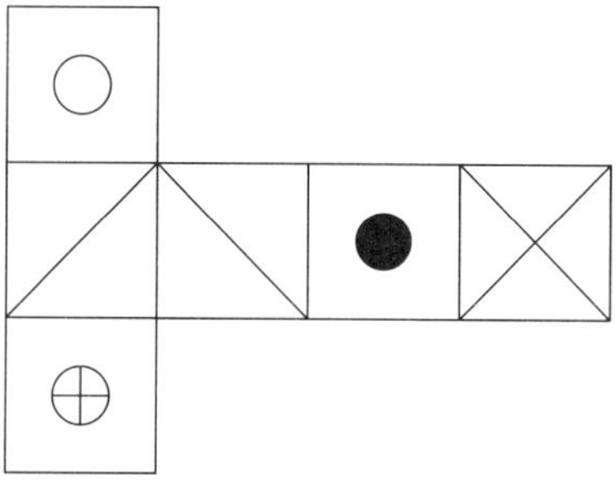

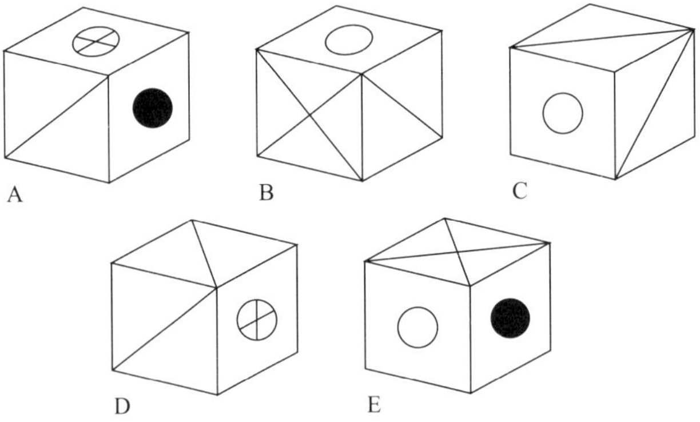

5.“白煮”对应“水煮”，相当于“嫩煎”对应________。

A.炖煮　　B.油煎　　C.浸泡　　D.烧烤　　E.文饰

6. 8个玩家参与的一个游戏持续了70分钟，有6个替补替换过场上的玩家。如果所有的玩家在场上的时间都相同，那么每人上场多长时间？

7.如果2=H are BTO的意思是two heads are better than one（两人智慧胜一人），2=S to ES是什么意思？

8.以下四个图形中的哪三个可以组合成一个完整的正方形？

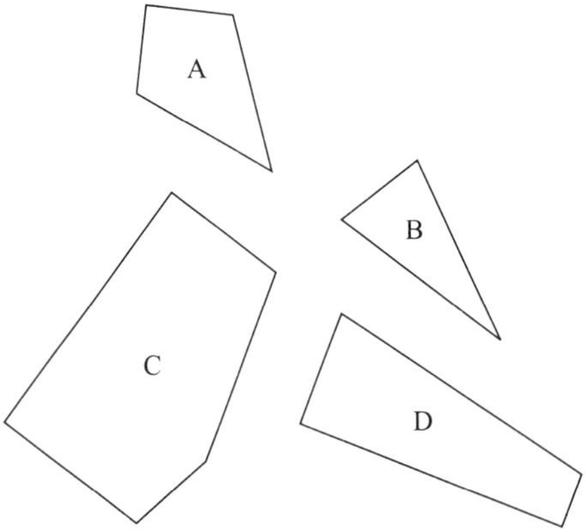

9.以下哪一项与其他项不同?

A.抛物线　　B.柳叶刀　　C.桥基　　D.三叶形　　E.反弧线

10.观察横向和竖向的数字，算出问号处应该填什么数字。

8	3	4
9	4	6
12	2	?

11.字母H正对面的字母逆时针转两个字母正对面的字母是什么?

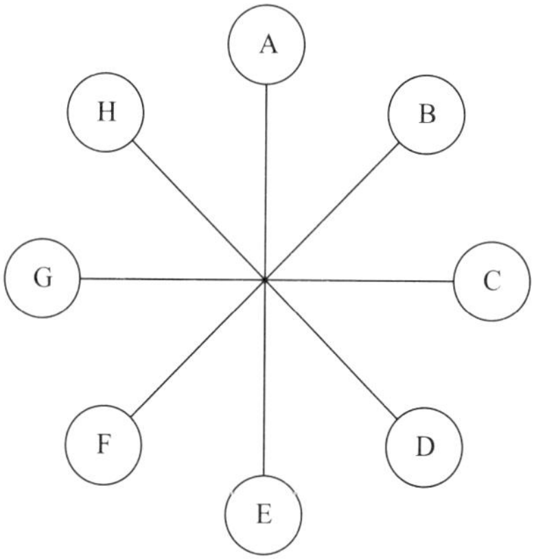

12.缺失的方块是选项中的哪一项?

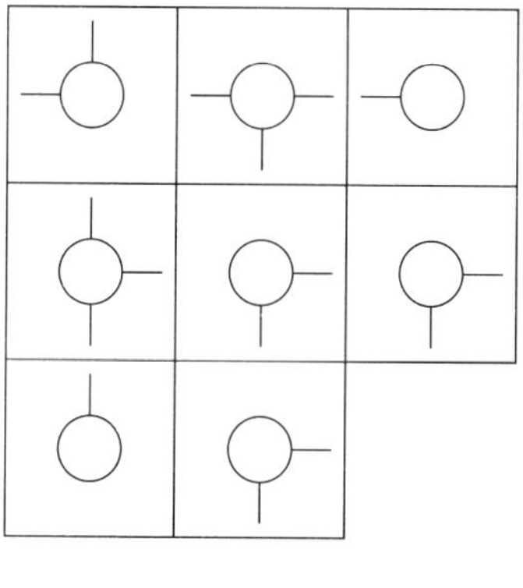

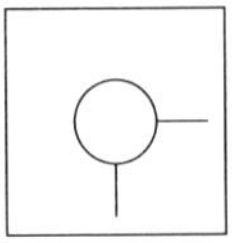

A

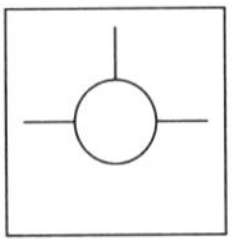

B

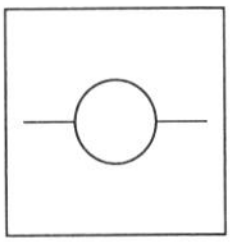

C

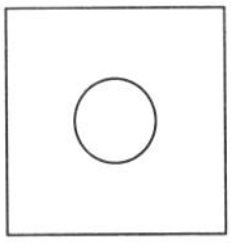

D

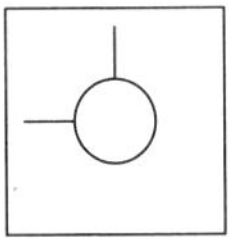

E

13. 只改变以下每个英语单词中的一个字母，使之成为一个英语常用语。（提示：这个常用语的意思是“埋伏”。）

SO LID ON WANT

14. 将数字 1 ~ 5 填入圆圈中，使圆圈之间相连的数字之和等于图形下方列出的结果。

例如：

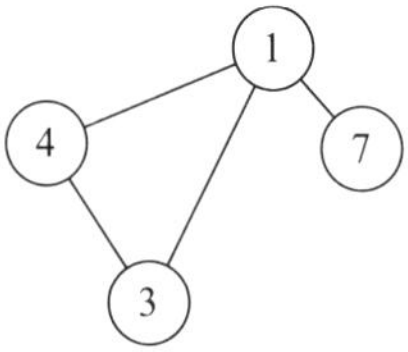

1=14（4+3+7）

3=5（4+1）

4=4（1+3）

7=1

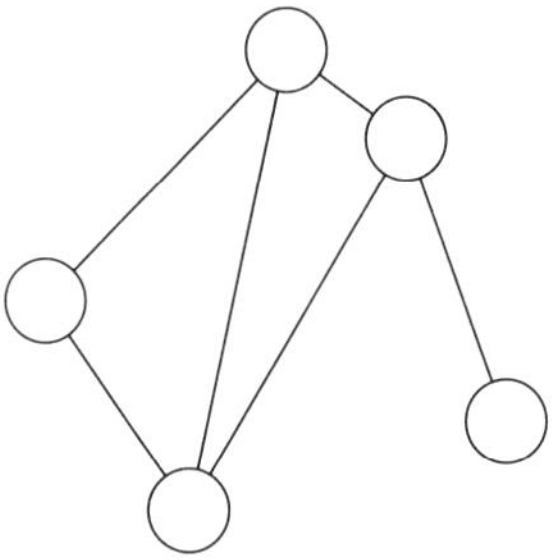

1=4

2=12

3=7

4=8

5=9

15. 从下图的四角字母之一开始，按顺时针方向沿着九宫格的四条边移动，最后到中心的字母结束，补出空缺处的字母并组成一个包含9个字母的英语单词。

	A	
O	C	I
N	A	P

16. 问号处应该填哪个图形？

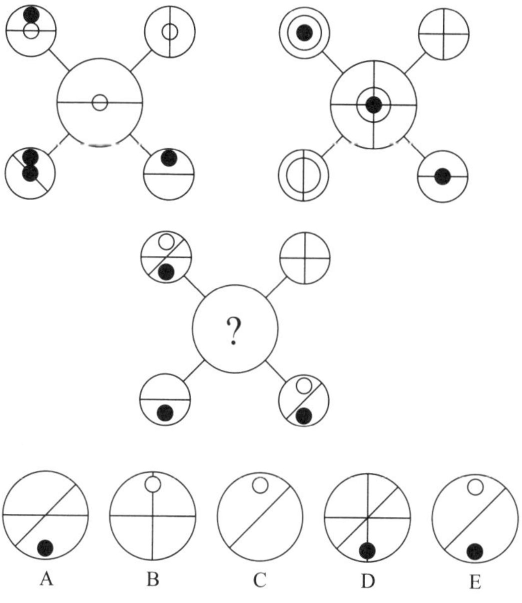

17.从两个圆中各拼出一个包含8个字母的反义英语单词，均为顺时针方向拼写。请找出每个词的起始字母，并补出缺失的字母。

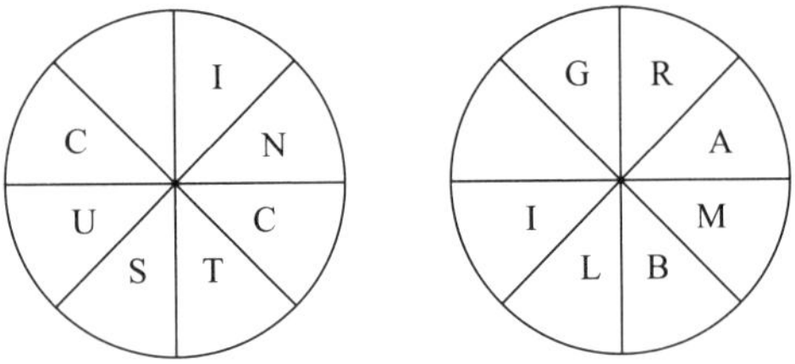

18.以下哪个词不是一种建筑物的英语单词重排字母顺序组成的？

A. delta arch　B. raiment　C. cleats　D. the Arctic　E. a blowgun

19.如果五个人用16天盖一座房子，假设每个人的工作速度相同，那么两个人造同样一座房子需要多少天？

20.问号处应该填入下列选项中的哪个圆形？

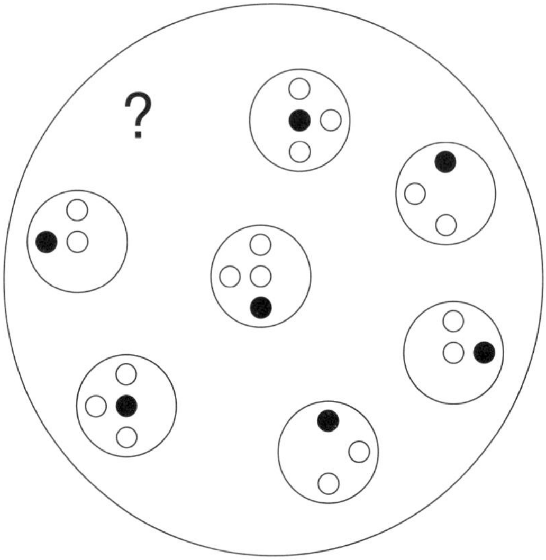

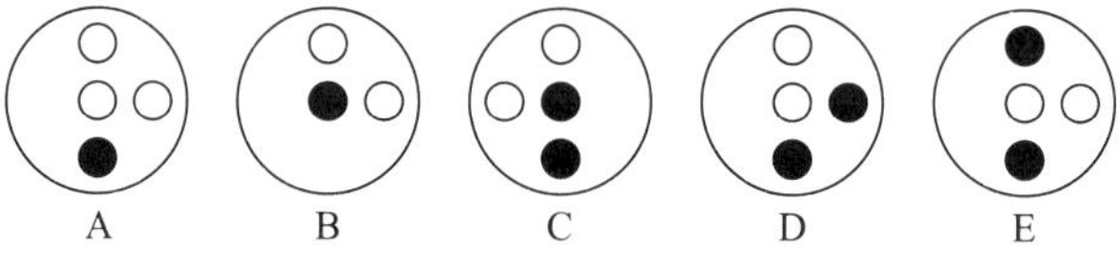

21. 下一个图形应该是什么？

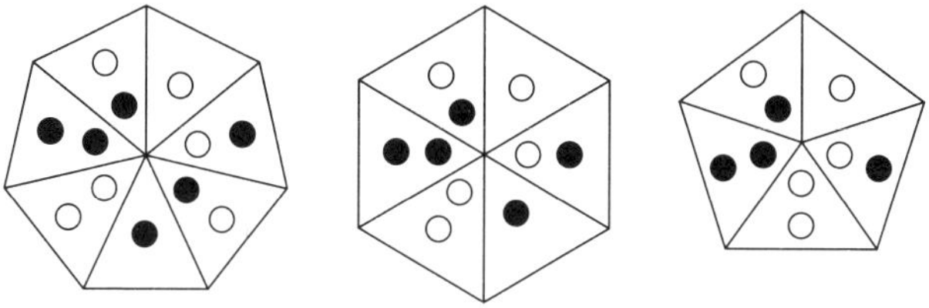

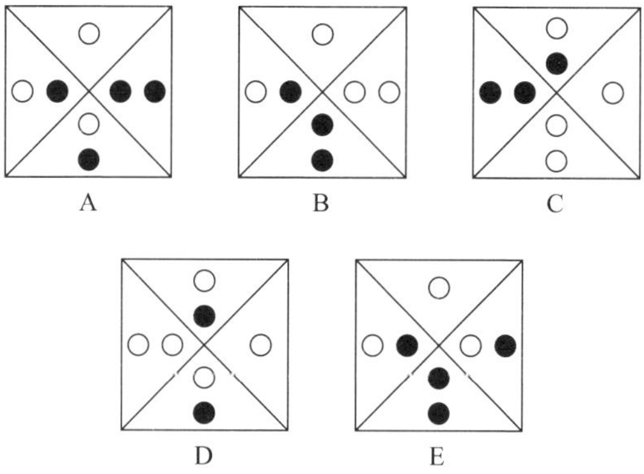

22. 只改变以下每个英语单词中的一个字母，使之成为一个英语常用语。（提示：这个常用语的意思是“复苏”。）

cone do line

23. IQS:LNV

JRM: ?

问号代表LOP、MOP、LIP、MOW还是KIP？

24. 742（8710）138

395（12167）972

819（？）356

问号处应该填什么数字？

25. FAIRER BEETLE是哪两个意思相近的英语单词变换字母顺序组成的？

26. 以下哪个六边形与给出的六边形具有的共同点最多？

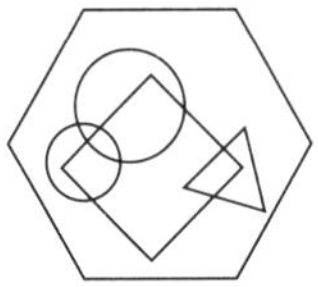

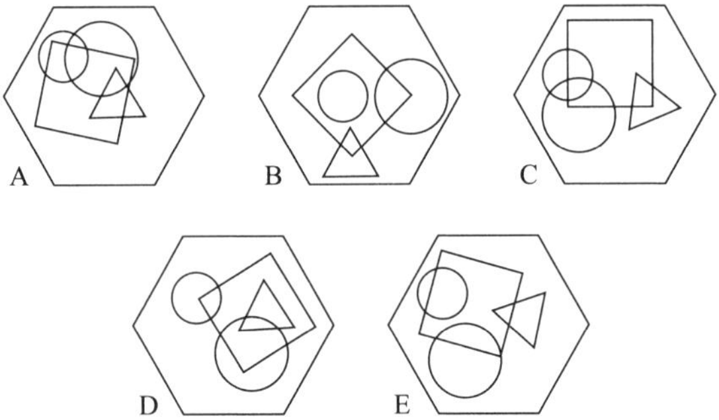

27. 找出两个读音相似但拼写不同的英语单词，意思分别为后悔、诡计。

28. 将下列算式化简为最简比：

$$\frac{27}{74} \div \frac{9}{37} \times \frac{6}{17}$$

29. 字母Z左边第四个字母上面第二个字母右边第二个字母是什么？

A	B	C	D	E	
F	G	H	I	J	
K	L	M	N	O	
P	Q	R	S	T	
U	V	W	X	Y	Z

30. 根据规律画出图中缺失的部分。

31. 问号处应该填什么数字？

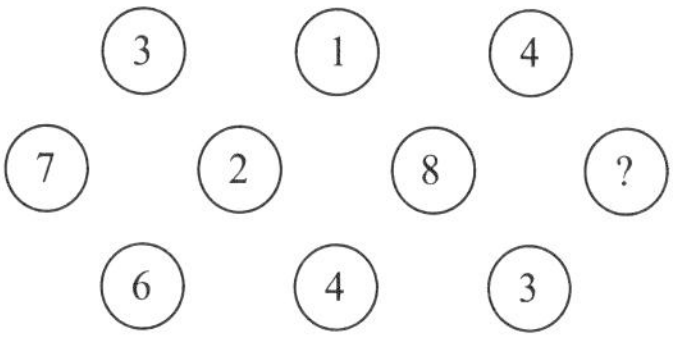

32. night long boat house ？

下一个英语单词应该是什么？（提示：此题答案与英语单词的构成方式有关。）

A. calm　　B. hold　　C. panic　　D. wind　　E. post

33. “步枪”对应“火器”，相当于“短剑”对应________。

A. 刀片　　B. 宝剑　　C. 武器　　D. 钢铁　　E. 切开

34. 问号处应该填什么数字？

6	7	9	16
4	3	2	4
6	11	5	32
18	10	13	?

35.缺失的部分是下列选项中的哪一个？

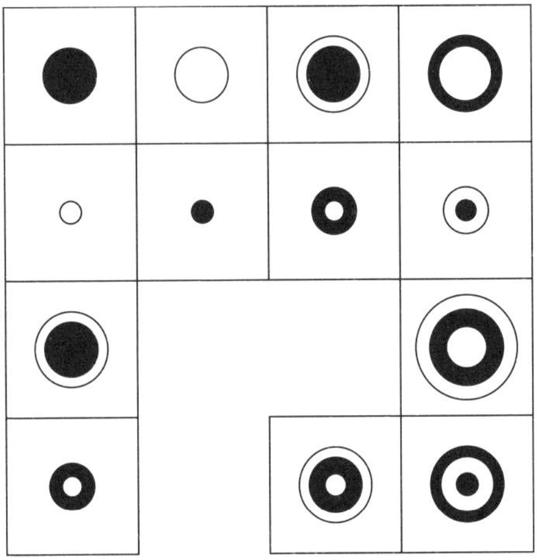

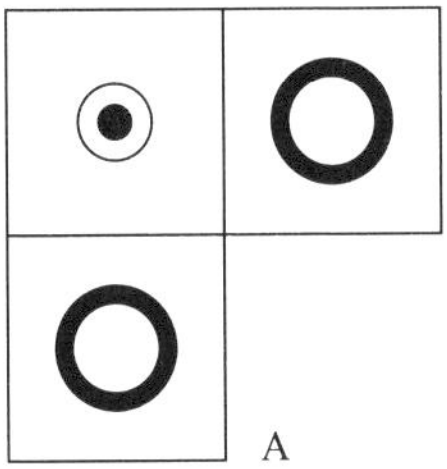

A

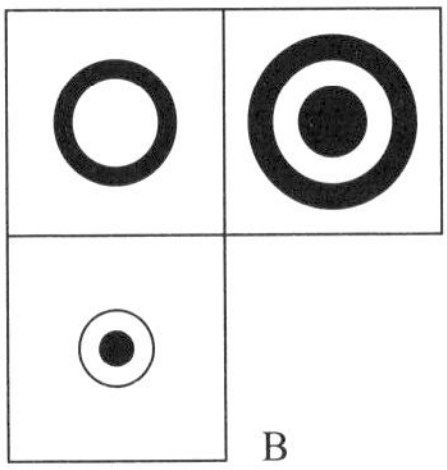

B

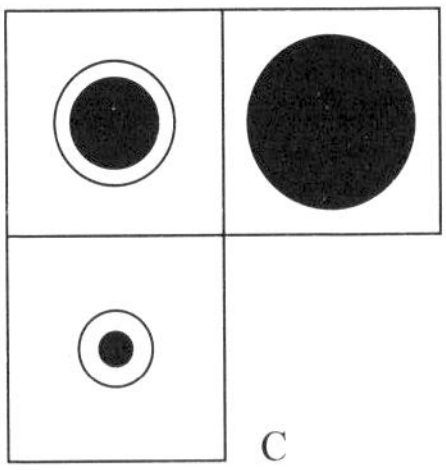

C

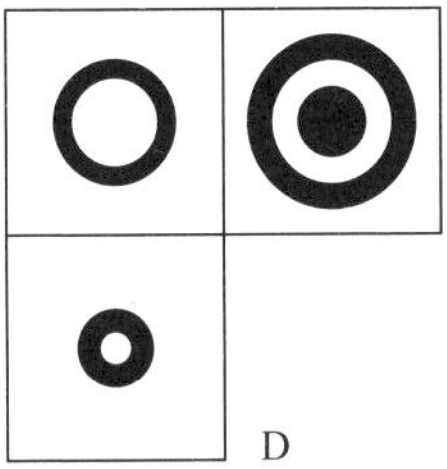

D

36.7　4　2　6　3　5　8　1　9

以上数字的平均数与其中第二小的偶数之差是多少？

37. 如果一袋面粉的重量是半袋面粉加上1千克，那么一袋面粉有多重？

38. 填出缺失的字母，使其组成代表两种树的英语单词。

*U*A*Y****

*A*D*L*O**

39. 问号处应该填什么数字？

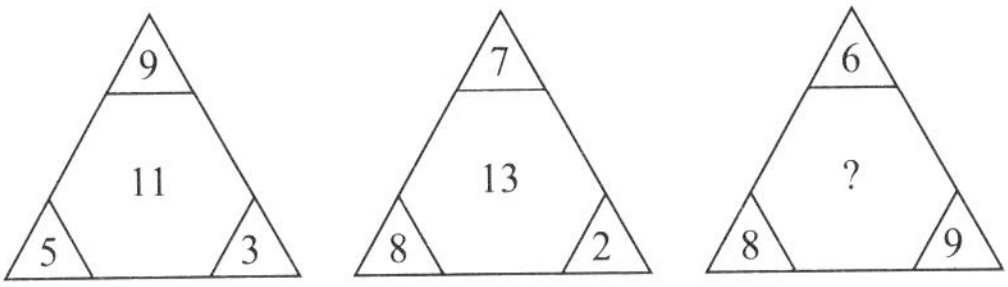

40. 缺失的图形是选项中的哪一个？

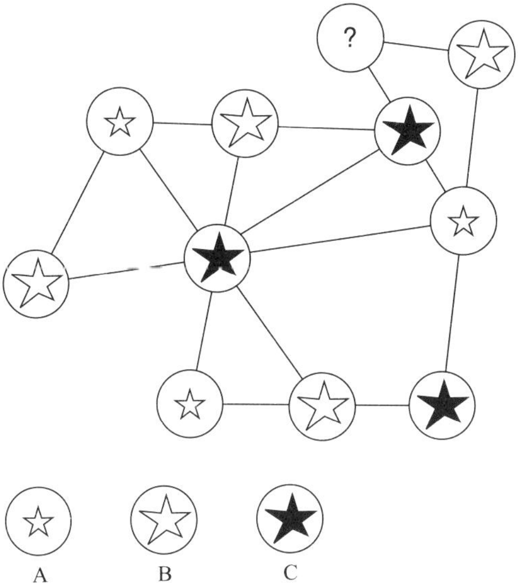

测试7

1.  对应 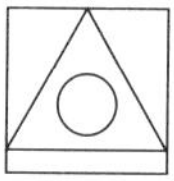，

相当于 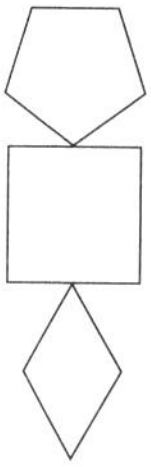 对应下列选项中的哪一个？

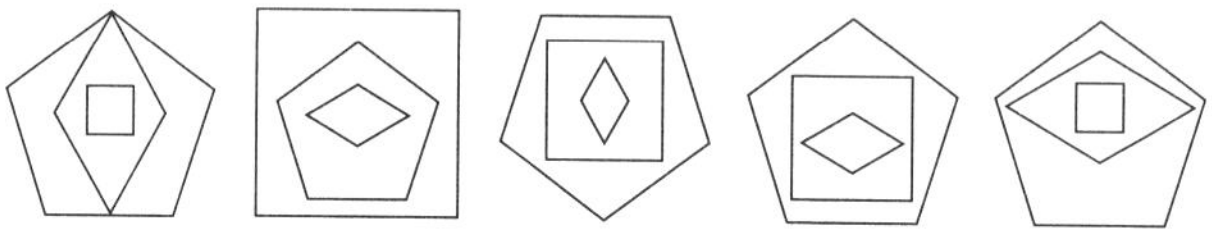

A　　B　　C　　D　　E

2. 哪一项与其他项不同？

A. 横幅① 　B. 旗杆 　C. 锦旗 　D. 长条旗 　E. 军旗

3. 皮特、保罗和玛丽一起分一笔钱。皮特分到2/5，保罗分到55%，玛丽分到45元。这笔钱原来有多少？

① 此处指横向的锦旗。——编者注

4. 如果把以下图折叠成一个立方体，以下选项哪一个是正确的？

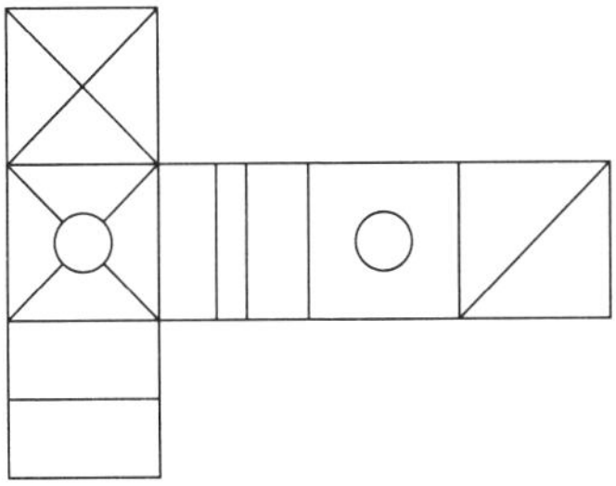

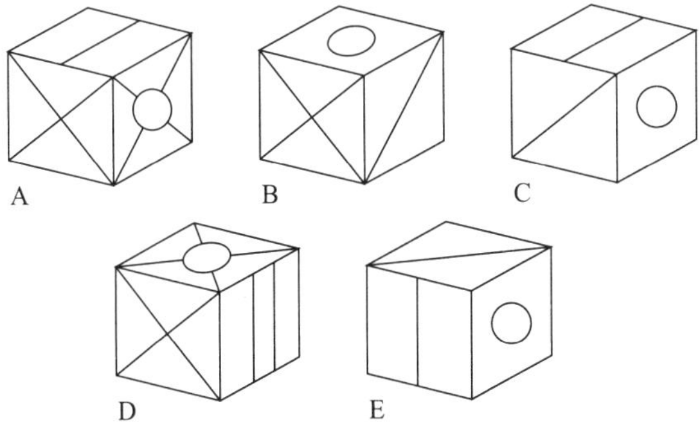

5. 下列哪个词与intrinsic（本质的）的意思最接近？

A. precursory　　B. interfering　　C. obstinate

D. elemental　　E. fascinating

6. 在括号内填入一个4字母英语单词，使其与括号左边的词和右边的词都能组成一个新的英语单词或短语。

HEAD（****）LASS

7. 问号处应该填什么数字？

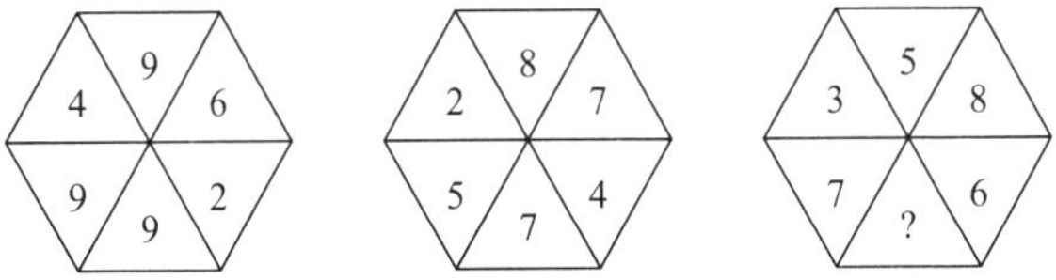

8. 找到起始格，按照格内的提示在方块间移动位置，每格都要经过且只经过一次，最终到达含有T的格子。1N2W的意思是往N方向走1格，往W方向走2格。

1S 1E	2S 1E	2W 1S
1S 1E	1E 1N	1W 1N
1N 2E	T	2N 2W

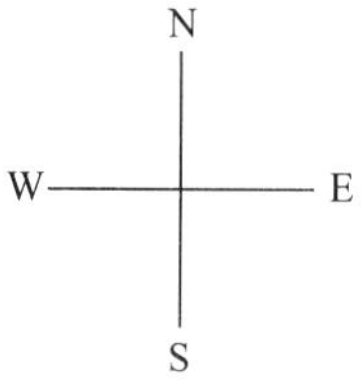

9. 缺失的方块是下列选项中的哪一个？

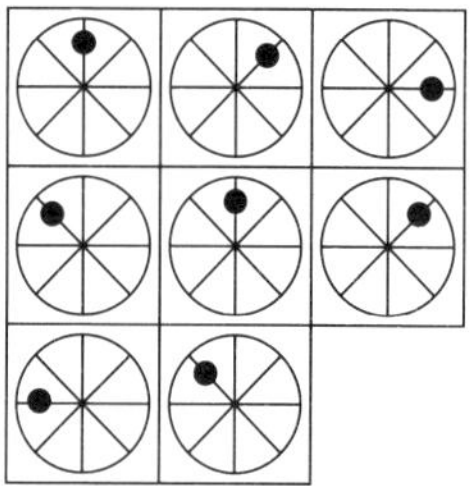

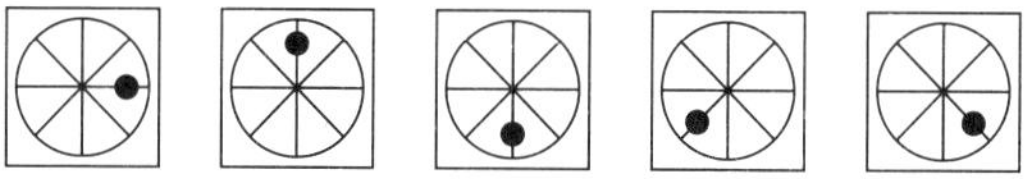

A　B　C　D　E

10. 缺失的部分是下列选项中的哪一个？

20	19	18	17	16
31	28	?	22	19
26	21	16	?	6
26	22	18	14	?

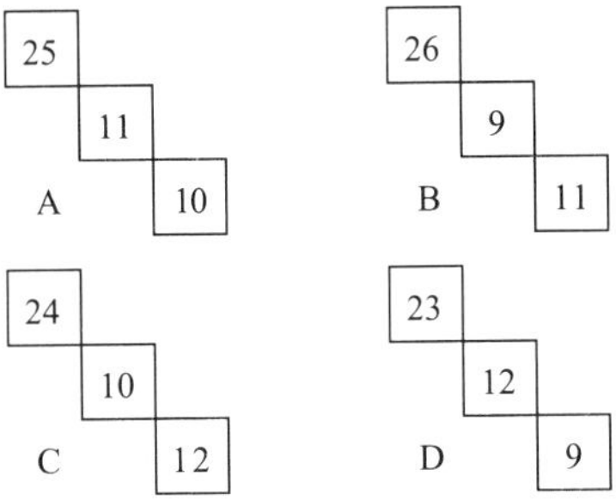

11.以下哪两个词的意思完全相反?

A.合算的　　B.熟练的　　C.得体的

D.生硬的　　E.少见的　　F.勤奋的

12.请从下列选项中找出两个词，分别与“投资”和“开创”有关，且以同样的方式相关。

A.航行　　B.投机　　C.发展

D.讲话　　E.发明　　F.引进

13.以下哪个数字与其他数字不同?

A. 571219　　B. 461016　　C. 831114

D. 461016　　E. 971613　　F. 781523

14.以下提示能让人想到哪一对押韵的英语单词?

猛拉　毛线

15.根据给出图形的规律，下一个图形应该是什么?

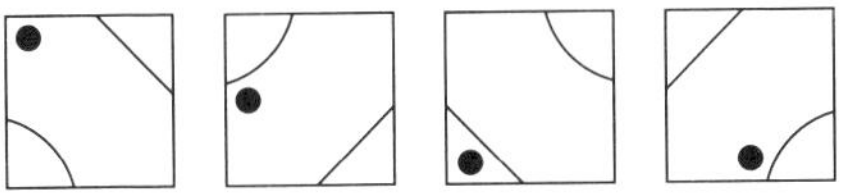

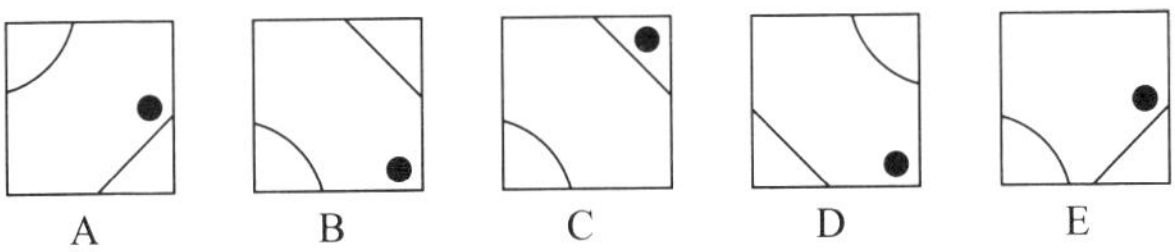

16. 100，97.25，91.75，83.5，？

问号处应该填什么数字？

17. “齿形的”对应“牙齿”，相当于“树状的”对应________。

A. 三角　　B. 树木　　C. 甜甜圈　　D. 拱形　　E. 脚

18. 三个数的平均数为48，其中两个数的平均数为56，第三个数是多少？

19. 调整以下各部分的顺序，使之组成一个英语常用语。（提示：这个常用语的意思是“行动胜于言语”。）

nwo ion der tha eak rds lou ssp act

20. 下图中共有多少种大小不同的圆圈？

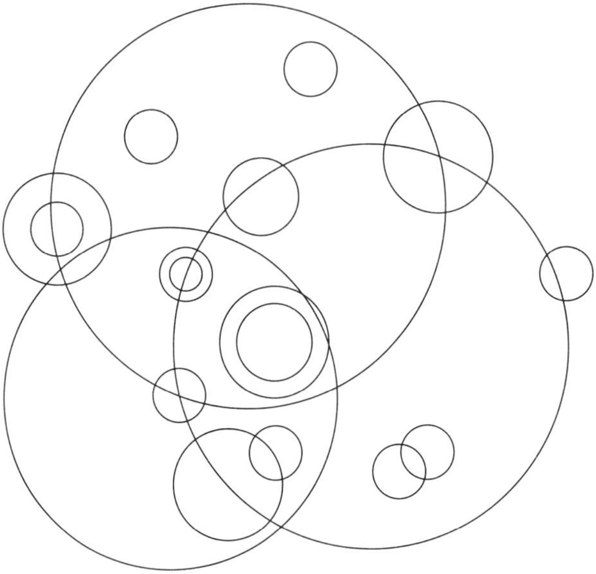

21. MEOIALJTBG能够组成的最长的英语单词是什么？每个字母只能使用一次。

22. USHHEOATUT代表一个英语短语，但每个单词的首字母和词与词之间的空格被去掉了。这个短语是什么？（提示：这个短语的意思是“热烈庆祝”。）

23. 根据给出图形的规律，下一个图形应该是什么？

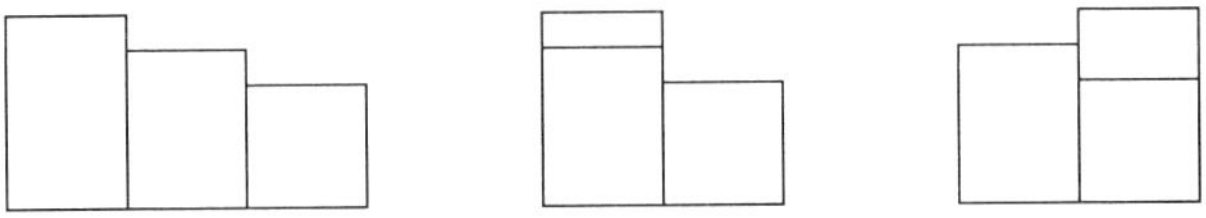

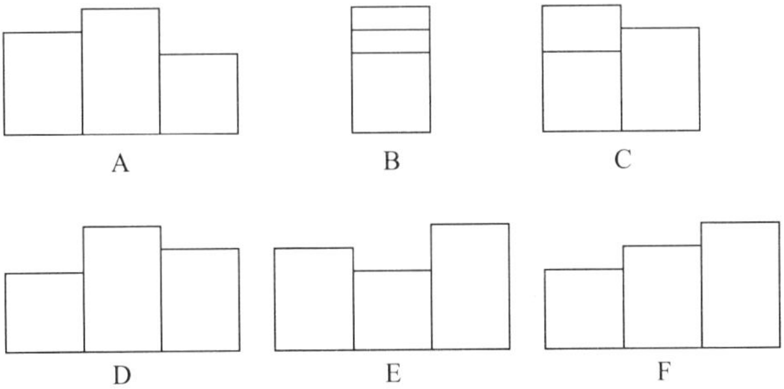

24. 71，81，74，77，77，73，80，69，？

问号处应该填什么数字？

25. 请在括号中填入一个英语单词，使其与括号左边和右边的单词各组成一个新的单词或短语。

home（　　　）fast

26. 把给出的数字填入表格中，使横向和纵向数字之和都是21。

5	2		
		9	1
3			9
	8	1	

6 6 6

5 5 8

7 3

27.从两个圆中找到起始字母，补出缺失的字母并按逆时针方向各拼出一种生物名称的英语单词，且两个单词均含8个字母。

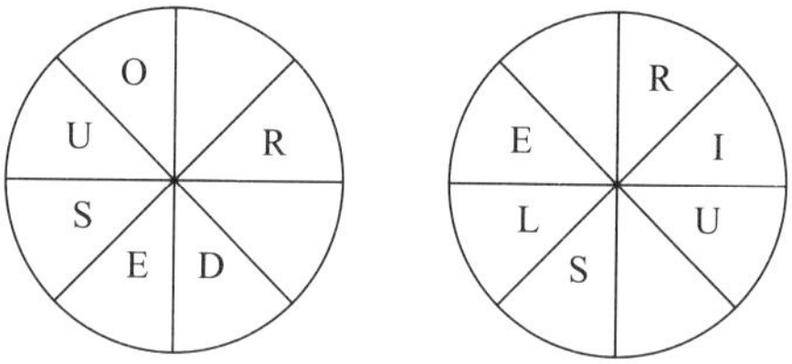

28.缺失的方块是下列选项中的哪一个？

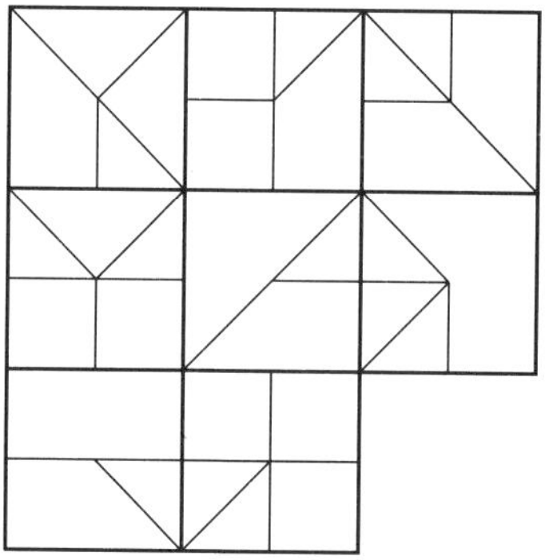

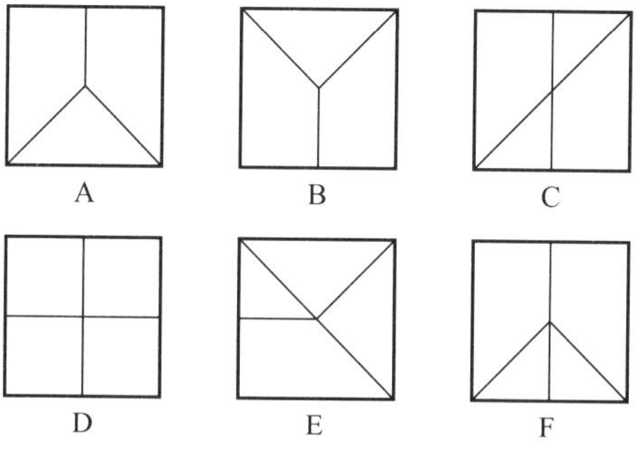

29.顺着连线从一个星星到另一个星星，拼出一个含10个字母的英语单词。所有的字母都要用到且只用一次。

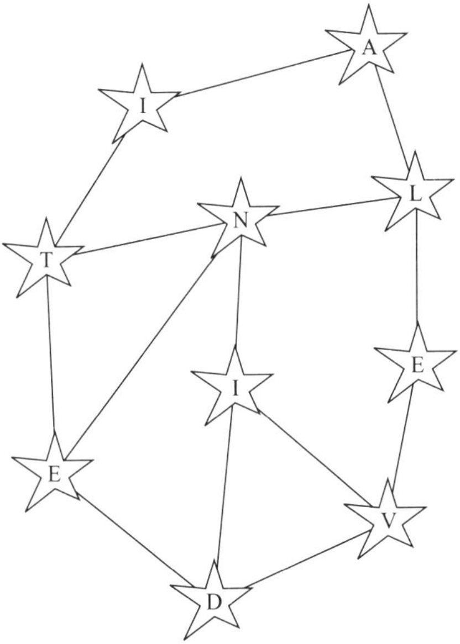

30.问号处应该填什么数字？

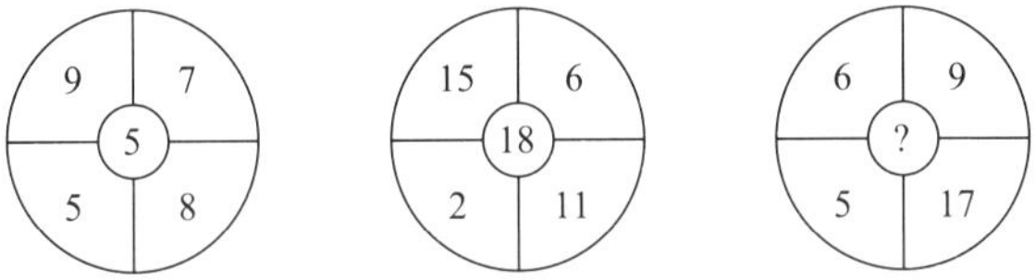

31.缺失的图形是下列选项中的哪一个？

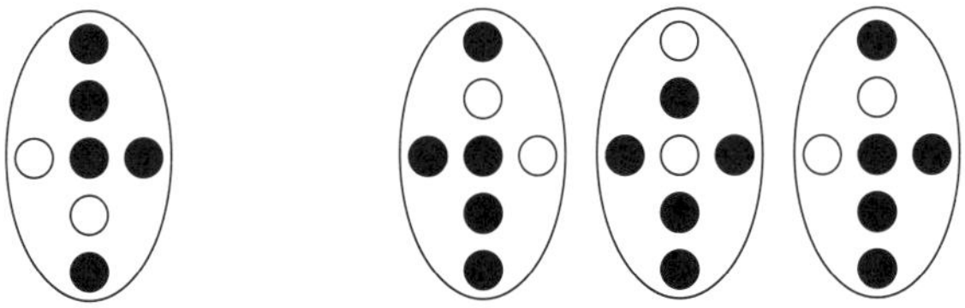

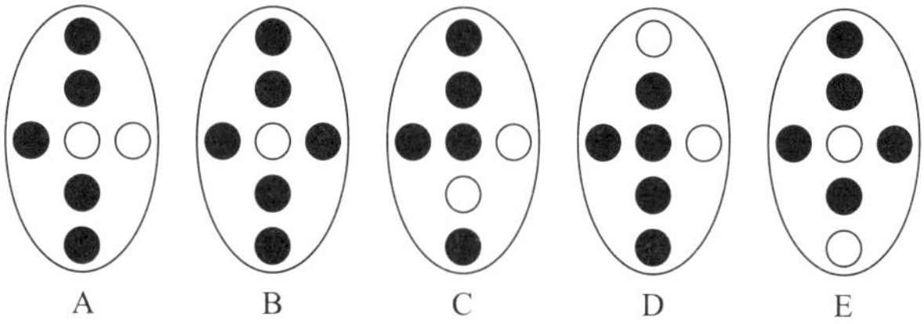

32. 字母E逆时针方向第三个字母正对的字母顺时针方向第二个字母正对的字母是什么？

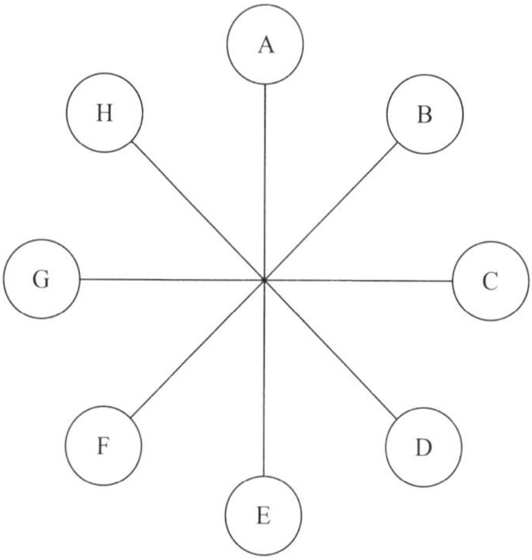

33. 13年后我的三个哥哥年龄之和为94，9年后他们年龄之和是多少？

34. 从图中找出两个反义英语单词，一个在外圈按顺时针方向拼出，一个在内圈按逆时针方向拼出，并补出缺失的字母。

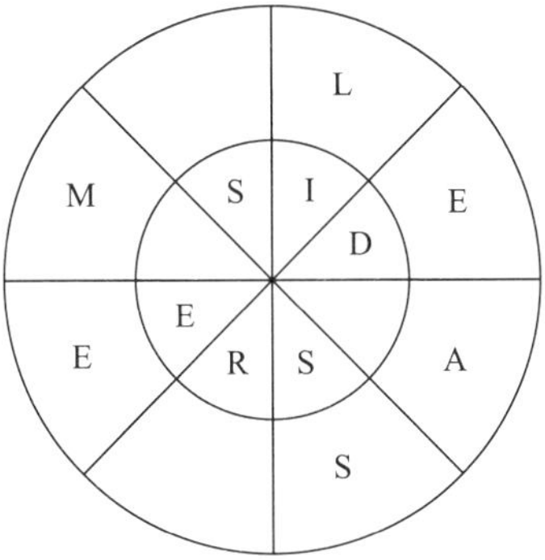

35. 问号处应该填什么数字？

	7		8		12	
2	21	8	35	8	?	?
	4		11		7	

36. 以下哪个盾牌与给出的盾牌具有最多的共同点？

A

B

C

D

E

37. A开关可以控制灯1和灯2开或关；

B开关可以控制灯2和灯4开或关；

C开关可以控制灯1和灯3开或关；

D开关可以控制灯3和灯4开或关。

 = 开

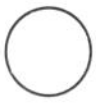 = 关

按照C、A、D、B的顺序拨动开关，使图1变成图2。由此可以判断出哪个开关不管用？

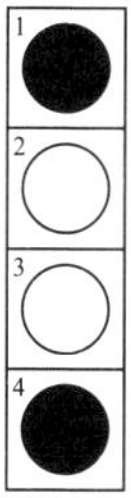

图1

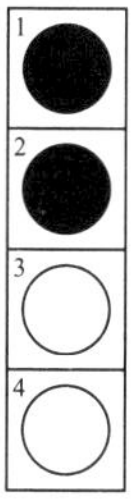

图2

38. 每个九宫格中都包含一个9字母英语单词的全部字母。请找出这两个意思相反的英语单词。

A	P	B		
E	T	L		
A	A	L	S	S
		T	E	T
		A	S	E

39. 问号处应该填什么数字?

5	7	4	9	8	2	7
3	8	6	4	7	5	9
9	6	1	4	5	8	?

40. 缺失的方块是下列选项中的哪一个?

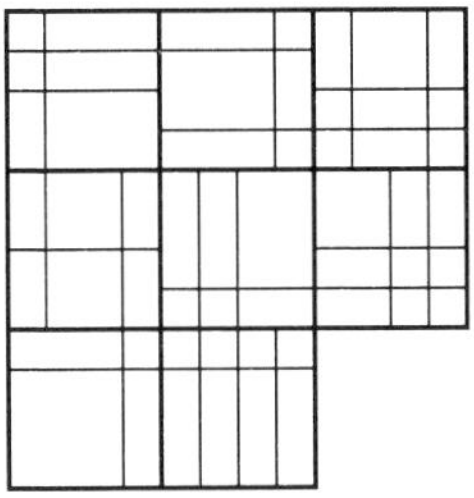

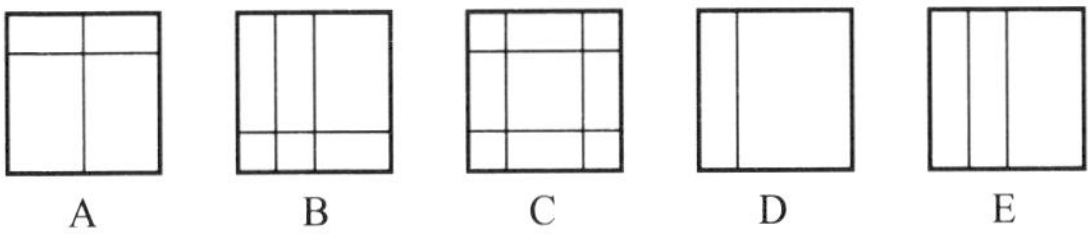

测试8

1. 0，1，3，6，7，9，12，13，15，18，?，?，?

问号处应该填什么数字?

2. 根据以下提示，找出两个只相差1个字母的英语单词（比如place/pace）：

碗形的坑/提供食物

3. 图中有一个数字等于离它三格的数字加2，离它两格的数字乘以2，离它三格的数字加5，以及离它三格的数字除以3。这个数字是什么?

43	6	16	12	24
2	22	1	4	9
46	30	48	5	13
38	8	36	7	3
11	20	14	10	15

4. 缺失的部分是下列选项中的哪一个?

A	C	F
E	?	J
J	L	?

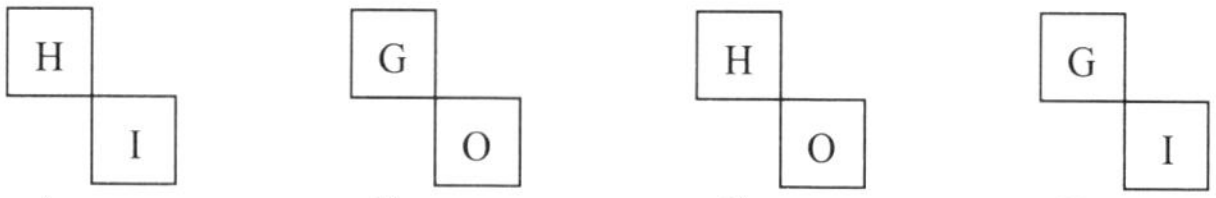

A　　B　　C　　D

5.在以下哪个选项的正方形中加一个圆点，可以使之满足给出正方形中圆点满足的所有条件？

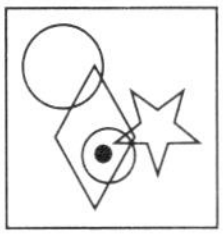

A　　B　　C　　D　　E

6.补全以下英语短语，使之成为回文，也就是从前往后和从后往前读都一样，比如：Madam I'm Adam。

*U**L* ***P **（提示：学业上的错误！）

7.8 3　6 4　4 5　？？

　9 6　6 5　3 4　？？

问号处应该填哪些数字？

8.根据规律画出图中缺失的图形。

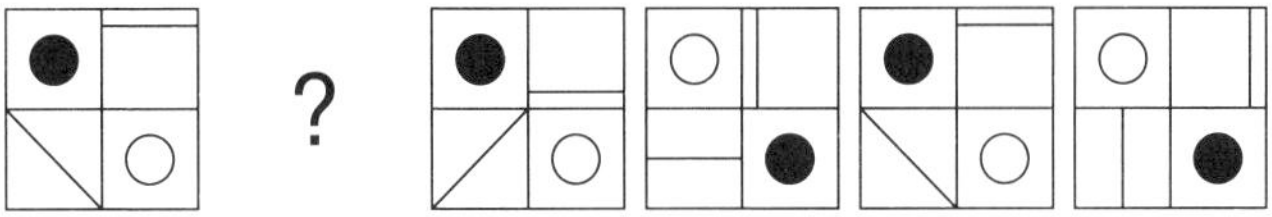

9.哪一项与其他项不同？

A.母猪　B.公牛　C.雄鹿　D.公猪　E.种马

10.一家五口人的年龄总和为107。

玛格丽特和斯图尔特的年龄之和是29。

斯图尔特和杰弗瑞的年龄之和是44。

杰弗瑞和布莱恩的年龄之和是57。

布莱恩和菲利普的年龄之和是46。

请问家里五口人的年龄各是多少？

11. 在英语中，IVY CITRATE改变字母顺序能成为哪两个含10个字母的单词？

12. 观察给出图形的横向和纵向，如果前两个图形结合成了第三个图形，规则是二者中相同的元素相互抵消，那么哪个编号的图形是错误的，并且应该由选项中的哪个图形来替换？

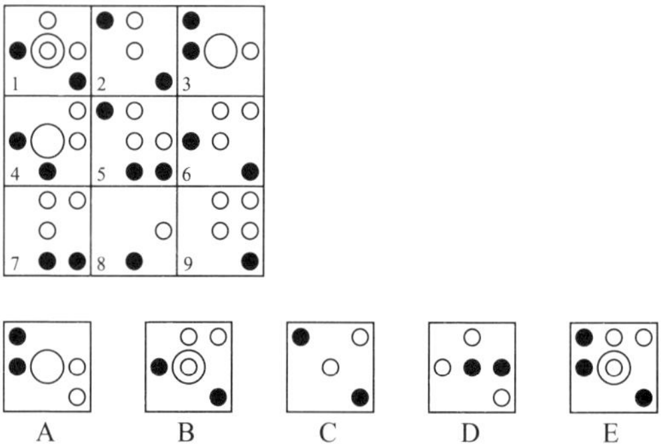

13. 以下哪两个词的意思相反？

A. 无懈可击的　　B. 潮湿的　　C. 温顺的

D. 富饶的　　E. 预兆的　　F. 脆弱的

14. 问号处应该填什么数字？

7	6	5	7	6	3
4	9	2	8	1	9
1	3	7	3	2	7
3	8	4	9	9	5
5	4	2	3	2	?

15. 在GERE这四个字母中插入三个英语字母表上连续出现的字母，且不拆开使用这三个字母，组成一个新的英语单词。

16. 如果把以下图形折叠成一个立方体，那么它将变成下列选项中的哪一个？

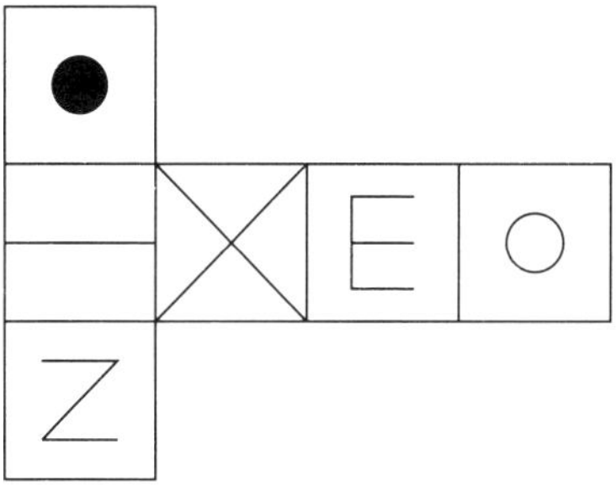

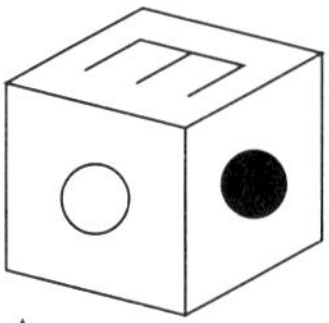
A

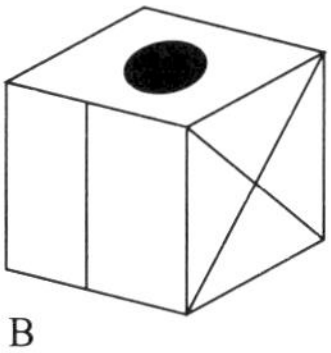
B

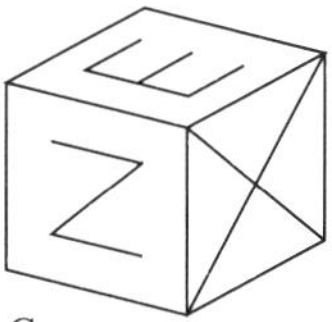
C

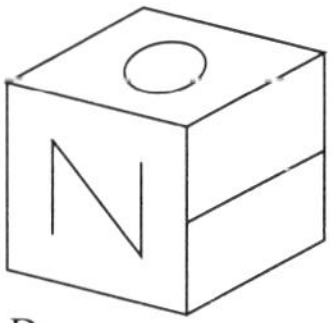
D

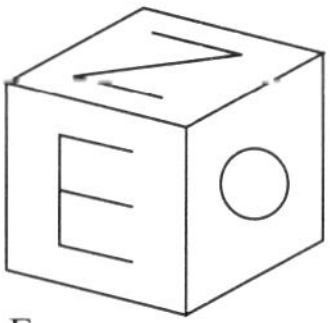
E

17. “关闭”对应“关上”，相当于“公开”对应________。

A. 隐藏　B. 明显　C. 保护　D. 公然　E. 广泛

18. 哈利的年龄是拉里的$1\frac{1}{3}$，拉里的年龄是卡丽的$1\frac{1}{3}$。他们三人年龄之和是74。请问哈利、拉里和卡丽分别多大？

19. 以下哪两个词意思最相近？

A. 健康的　B. 健壮的　C. 相同的　D. 明显的

E. 诚恳的　　　F. 昏暗的

20. 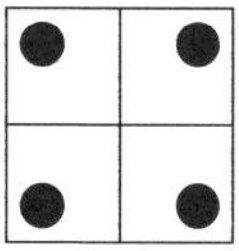 对应 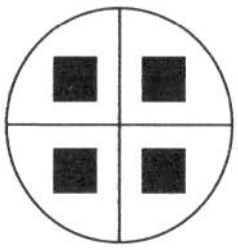，

相当于 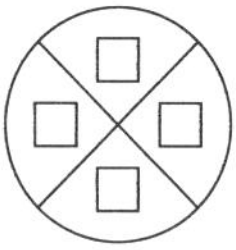 对应________。

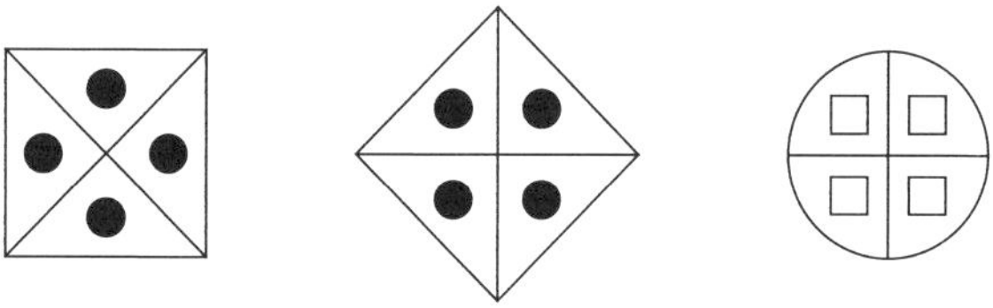

A　　B　　C

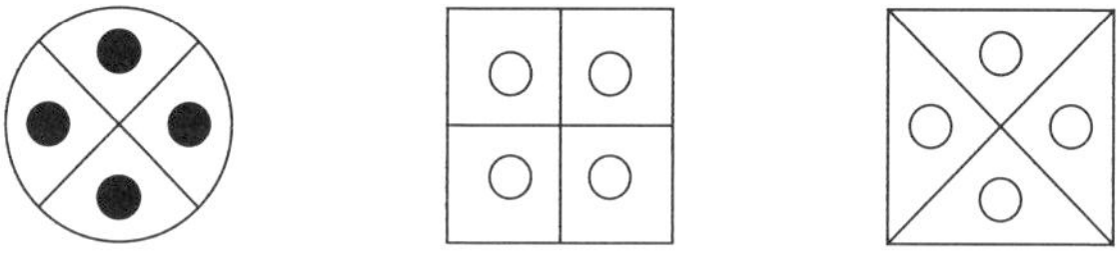

D　　E　　F

21. 缺失的方块是下列选项中的哪一个？

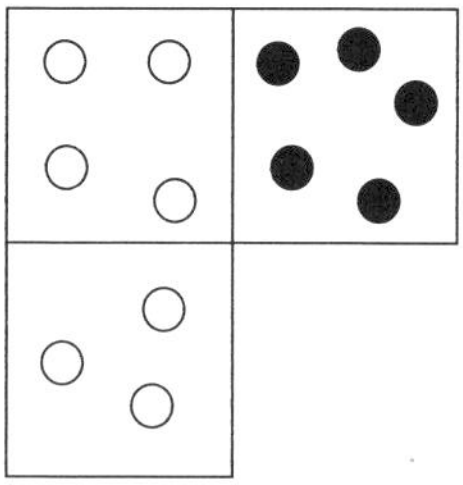

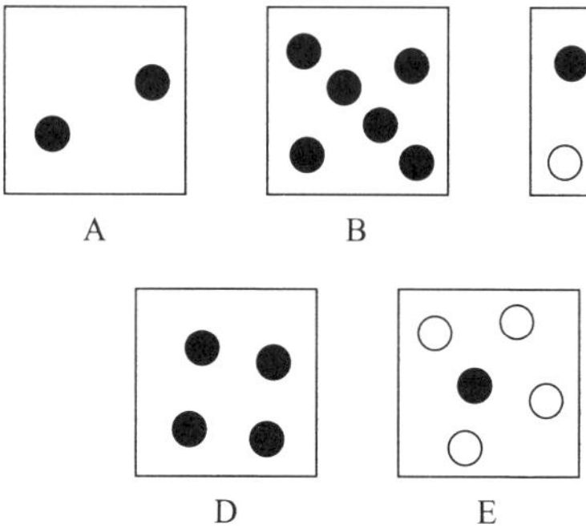

22.从两个圆中按顺时针方向各拼出一个英语单词。请找出每个词的起始字母，并补出缺失的字母。这两个单词能组成一个短语。（提示：这个短语的意思是“绝对多数”。）

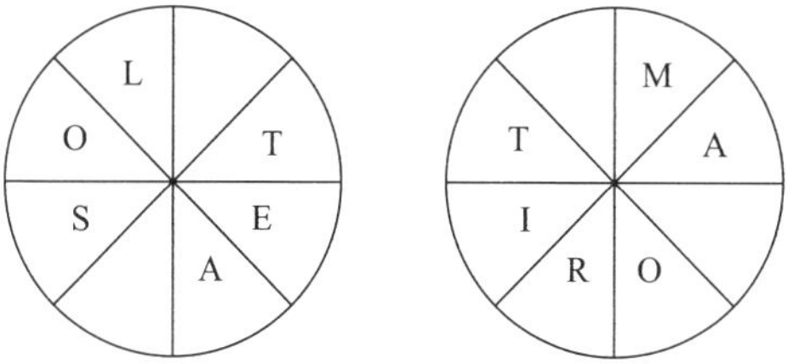

23. A开关可以控制灯1和灯2开或关；

B开关可以控制灯2和灯4开或关；

C开关可以控制灯1和灯3开或关；

D开关可以控制灯3和灯4开或关。

 =开

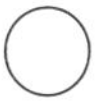 =关

按照A、C、D、B的顺序拨动开关，使图1变成图2。可以判断出哪个开关不管用？

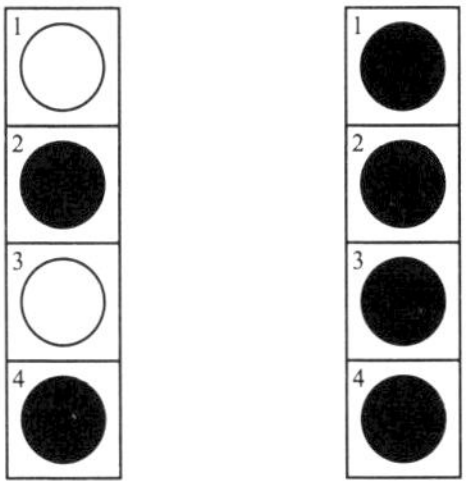

图1　　图2

24. 缺失的图形是下列选项中的哪一个？

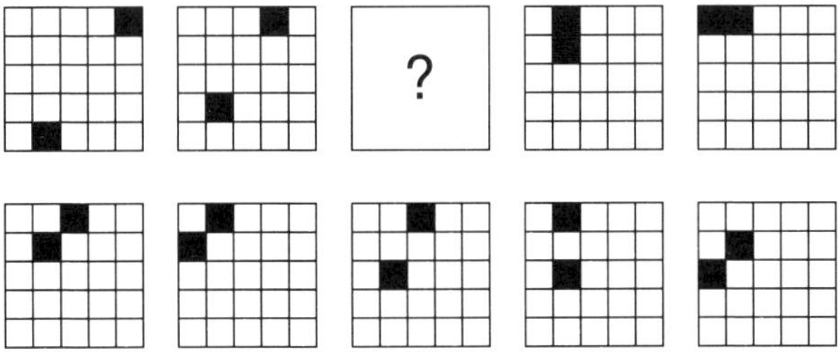

25. INEFORK代表一个英语短语，但每个单词的首字母和词与词之间的空格被去掉了。这个短语是什么？（提示：这个短语的意思是“行当”。）

26. 图中最大的奇数乘以最小的偶数是多少？

23	24	41
57	92	91
18	16	28
56	21	19

27. 以下五组字母中只有一组重新排列字母顺序后可以成为一个英语单词。请拼出这个单词。

LEVUR

TNIEC

HEOLC

ANOIP

IRNAL

28. 1，2.25，3.75，5.5，7.5，9.75，?

问号处应该填什么数字?

29. 在括号内填入一个英语单词，使其与括号左边的词和右边的词都能组成一个新的单词或短语。

second (　　) some

30. 缺失的方块是下列选项中的哪一个?

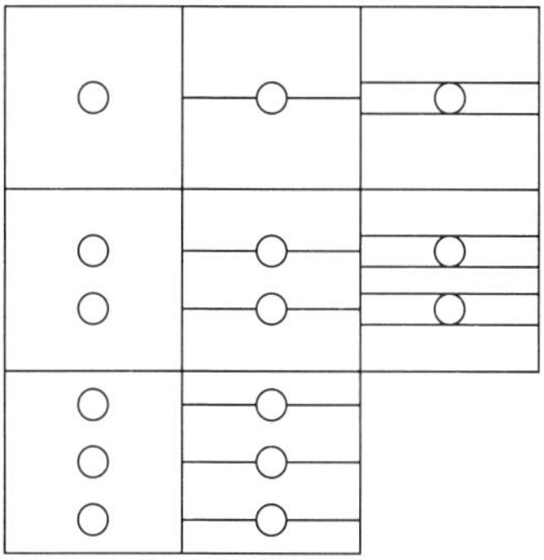

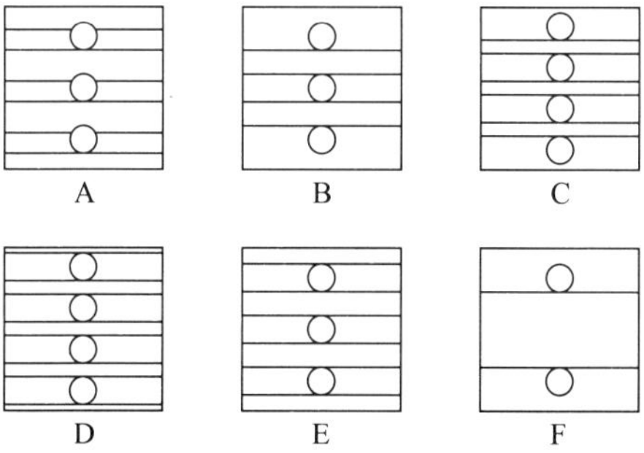

31. 如果晚上10时和32分钟前这两个时间点之间的分钟数，是现在和晚上12时之间的分钟数的3倍，那么现在到晚上12时还有多少分钟？

32. boater，nail，about，ruin，alibi，？

根据规律，下一个英语单词应该是以下哪个？（提示：此题答案与英语单词中的辅音字母有关。）

A. stray　　B. tiara　　C. treat　　D. suit　　E. trail

33. 在圆圈中按顺时针方向拼出两个包含8个字母的反义英语单词，请找出每个词的起始字母。每个字母只能使用一次，且所有的字母是连续使用的。

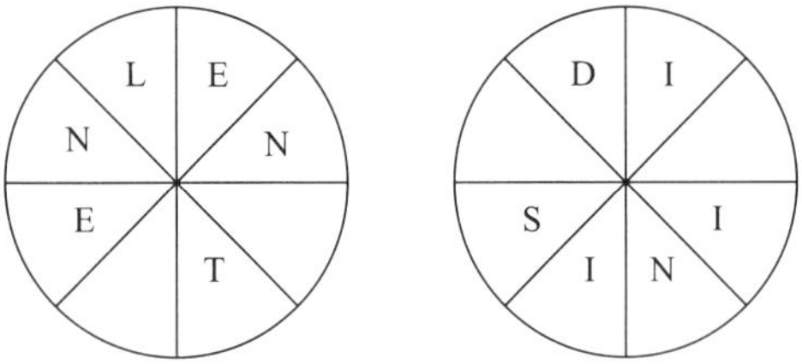

34. 1，31，59，85，109，？

问号处应该填什么数字？

35. 根据规律画出图中缺失的图形。

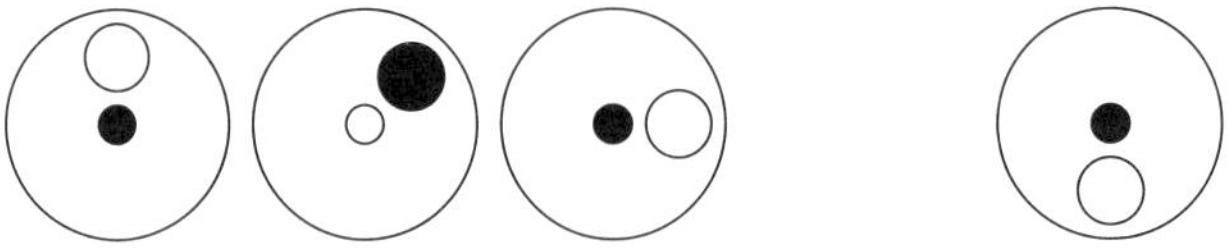

36.在下图中找出两个英语单词（字母个数分别为4和6）。如果该单词中相邻字母在圆圈中的距离少于等于4个字母，则可沿着圆周连接，否则以直线连接。（提示：没有海岸线。）

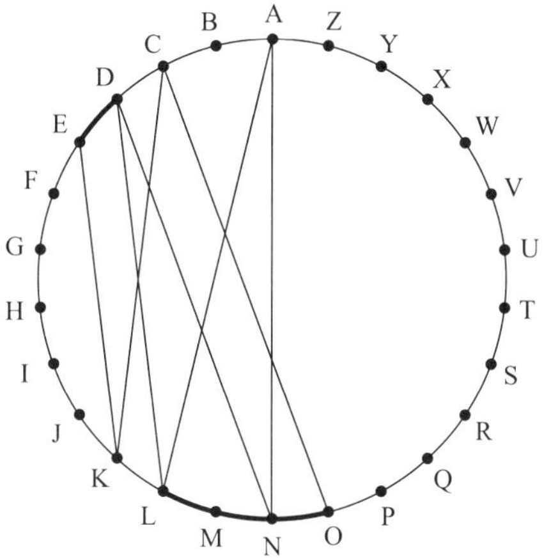

37.从下图的四角字母之一开始，按顺时针方向沿着九宫格的四条边移动，最后到中心的字母结束，补出空缺处的字母并组成一个包含9个字母的英语单词。

E	L	I
	F	E
	I	D

38. $\frac{5}{9}$除以$\frac{15}{18}$等于多少？

39.扔三枚硬币，其中两枚落地时正面朝上。下一次扔这三枚硬币时，至少有两枚硬币落地时仍然正面朝上的概率有多大？

40.选项中的哪块盾牌与给出的盾牌具有的共同点最多?

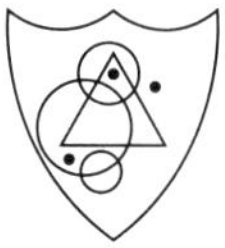

A

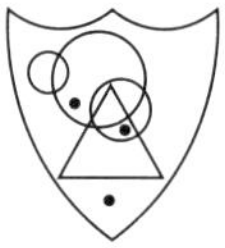

B

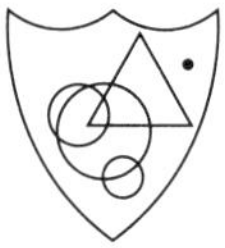

C

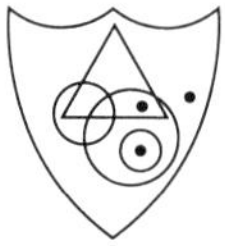

D

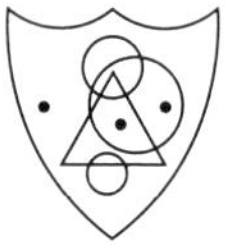

E

测试9

1. 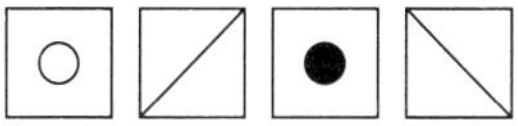 对应 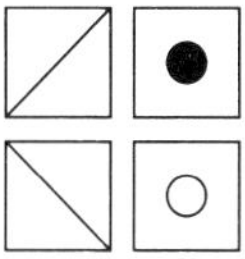，

相当于 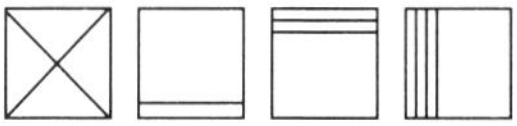 对应________。

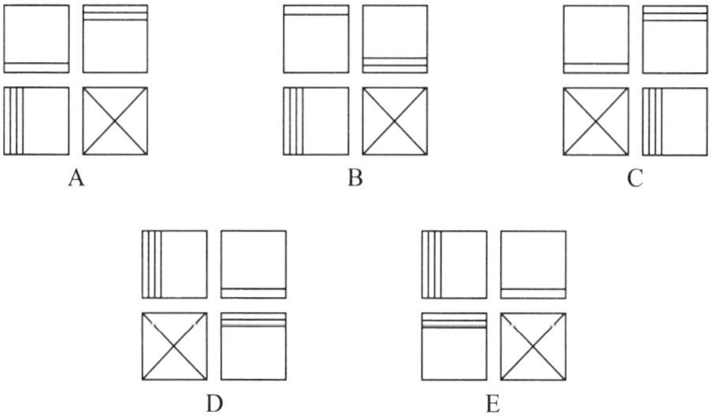

2.VEILED HARE重新排列字母顺序可以组成哪两个意思相反的英语单词?

3.在以下英语单词的开头、中间或结尾添加一个字母（不必是同一个字母），组成同一类别的五个新单词。（提示：都和颜色有关。）

back live fan can pin

4. 缺失的部分是下列选项中的哪一个？

1	3	5	7
4	8	?	16
7	?	19	25
10	18	?	34

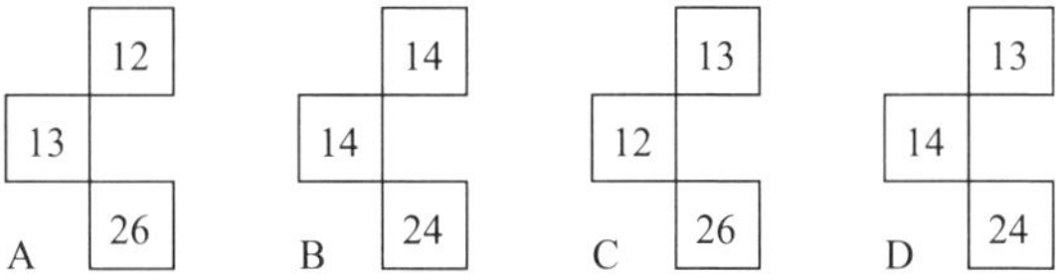

5. A B C D E F G H

字母A右边紧挨着的字母右边第四个字母左边的第二个字母是什么？

6. 下列选项中的哪一项与其他项不同？

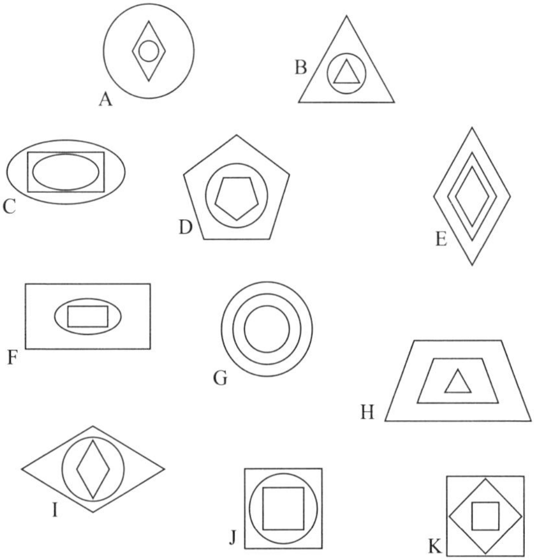

7.按顺时针方向找出一个英语常用语（单词字母数分别为6、6、4），并找出起始字母并补出缺失的字母。（提示：这个常用语的意思是“细心呵护”。）

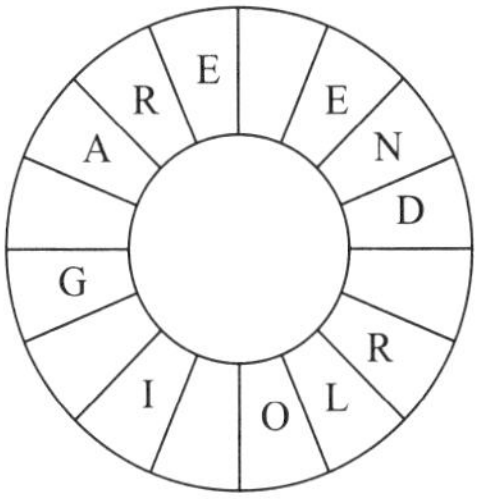

8.问号处应该填什么数字？

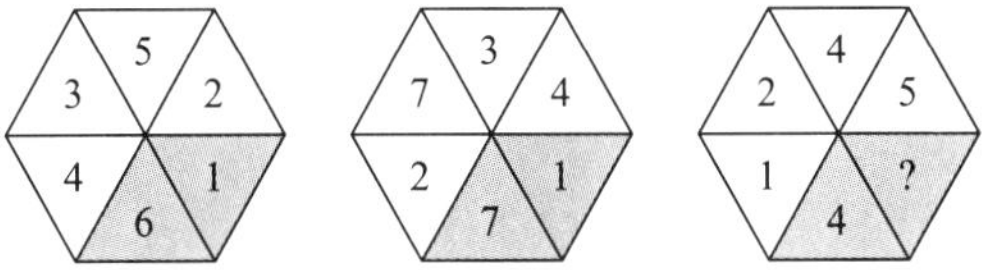

9. eastern，reality，titanic，？

接下来应该填以下哪个英语单词？（提示：此题答案与每个英语单词的拼写有关。）

A. natural B. omnibus C. include D. devious E. shingle

10.以下图形中哪三个能够组合成一个正方形？

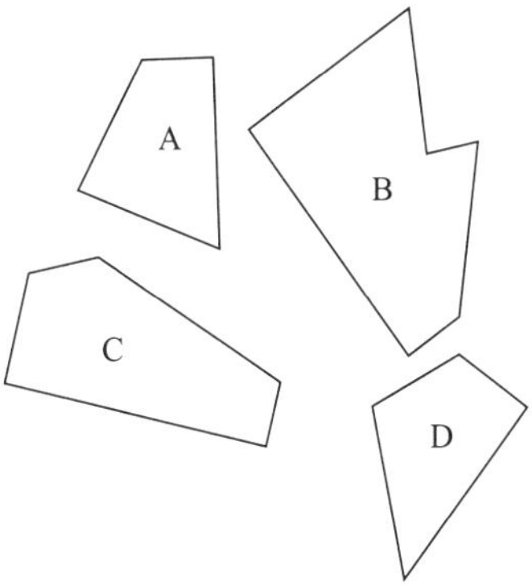

11.RASCAL MARE重新排列字母顺序可以组成哪两个意思相近的英语单词？

12.“边座”对应“包厢”，相当于“池座”对应________。

A.舞台　　B.戏台　　C.观众　　D.脚灯　　E.后排

13. 3182596对应65283以及6742835对应53476，因此7496258对应什么？

14. A，C，F，J，O，？

下一个字母应该是什么？

15.观察横向和纵向的图形，如果前两个图形结合成为第三个图形，规则是二者中相同的元素相互抵消，那么以下哪个图形是错误的，并且应该由选项中的哪个图形来替换？

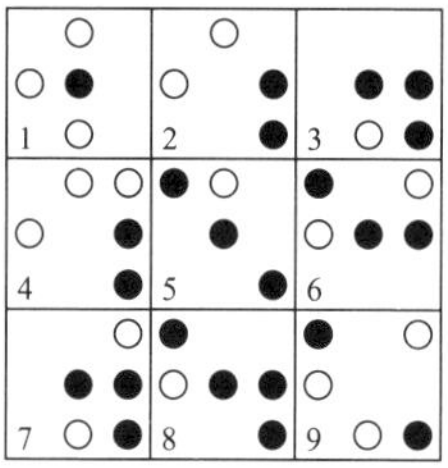

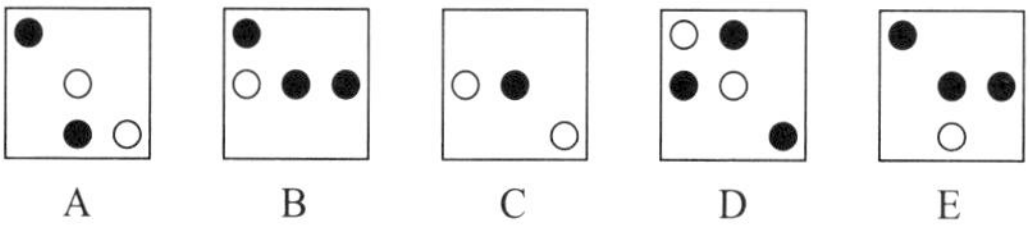

16. 0，27，54，？，108，135

问号处应该填什么数字？

17.下列哪一项与其他项不同？

A.波列罗　　B.卡里普索　　C.华尔兹

D.萨尔萨　　E.波尔卡

18.缺失的部分应该是哪一项？

6	10	14	18
9	13	?	21
12	?	20	24
15	?	23	27

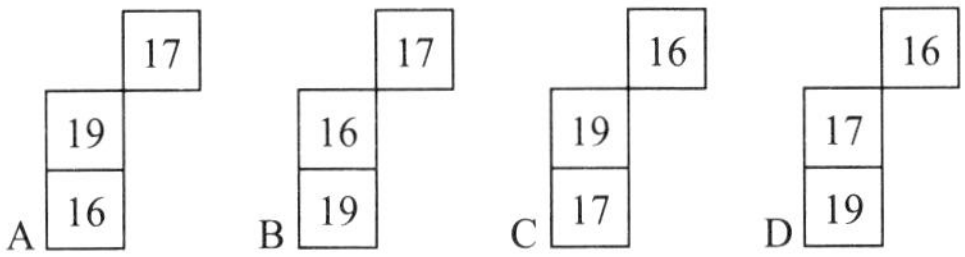

19.今天我遇见了四个校友。早上我先看见了Patricia，后来遇到了Richie。下午我见到了Christabel。晚上我遇见了谁？是Thora、Stella、Thelma还是Sally？（提示：此题答案与每个英语人名的拼写有关。）

20.如果把以下图形折叠成一个立方体，那么它会变成以下选项中的哪一个？

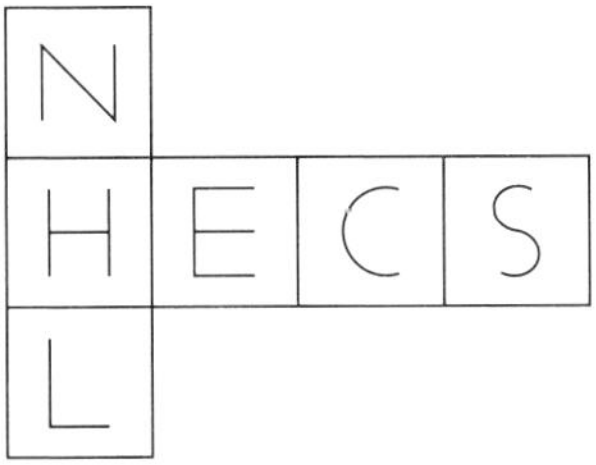

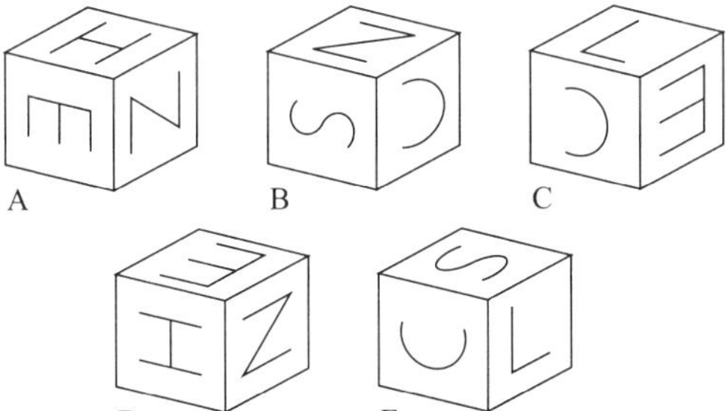

21.下面哪块盾牌与给出的盾牌共同点最多？

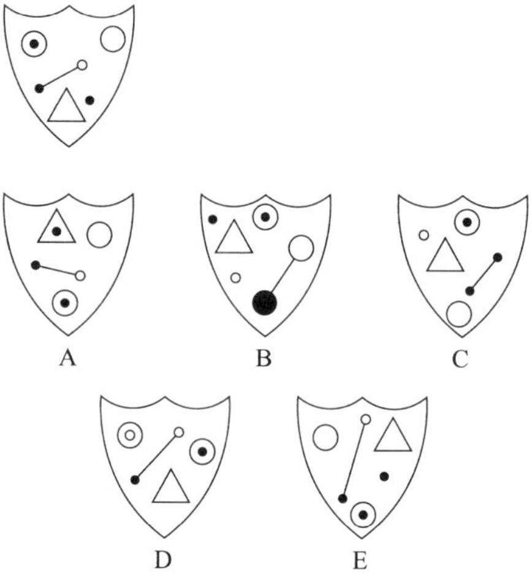

22.问号处应该填什么数字？

7	4	5	2
5	1	9	3
2	9	1	6
?	4	3	7

23.从两个圆中找到起始字母，补出缺失的字母并按顺时针方向各拼出一种花的英语单词，且两个单词均含8个字母。

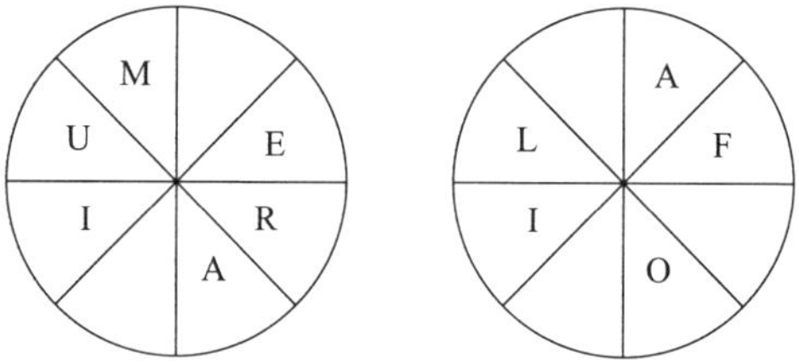

24.缺失的图形是哪一项？

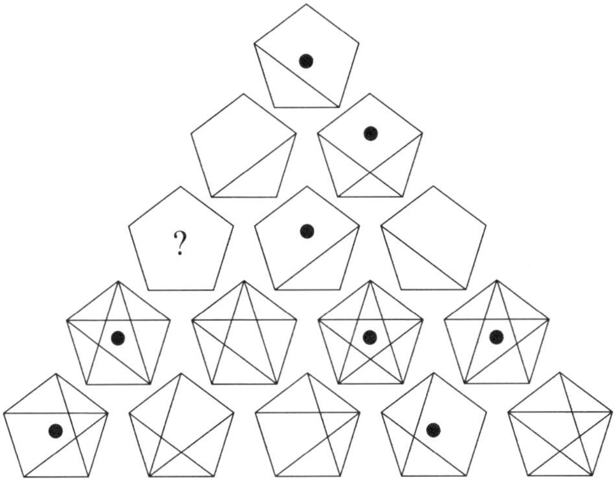

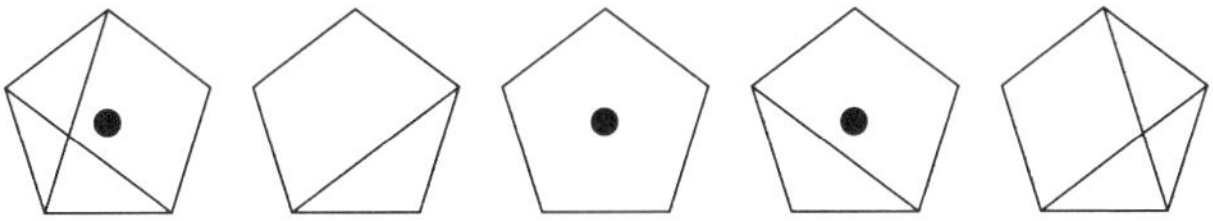

A　B　C　D　E

25.使用短语TOUCH VOLCANO PIECE中的所有字母，拼出三种水果名称的英语单词，每个字母只用一次。

26.问号处应该填什么数字？

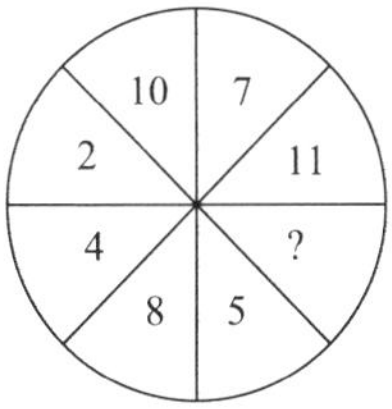

27.根据规律画出图中缺失的图形。

28. ASH FUEL FARM改变字母顺序能够拼出哪两个意思相反的英语单词?

29. 图中最大的偶数乘以最小的奇数的积是多少?

171	23	18
17	19	29
78	56	27
28	71	82

30. action, effort, worth, ?, ourself

缺失的是以下哪个英语单词?（提示：此题答案与英语单词的拼写有关。）

A. cheer　B. reef　C. cage　D. rampart　E. idea

31. 要想使天平保持平衡，问号处应该放多大质量的砝码?

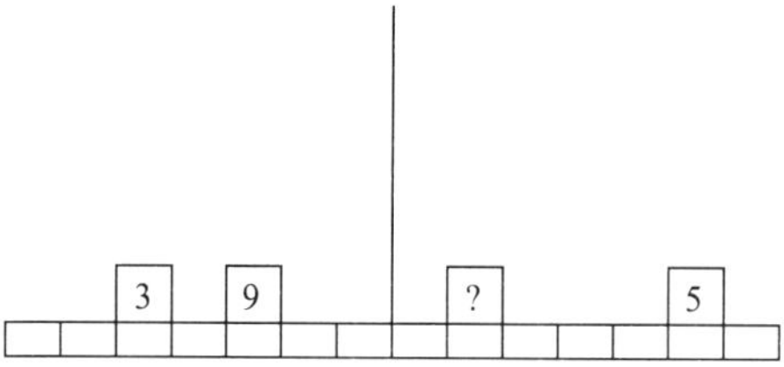

32. 问号处应该填什么数字?

4	9	13	5	86	2	7
82						9
79						24
6						63
35						18
1	6	37	8	49	2	?

33. 下一个图形应该是什么？

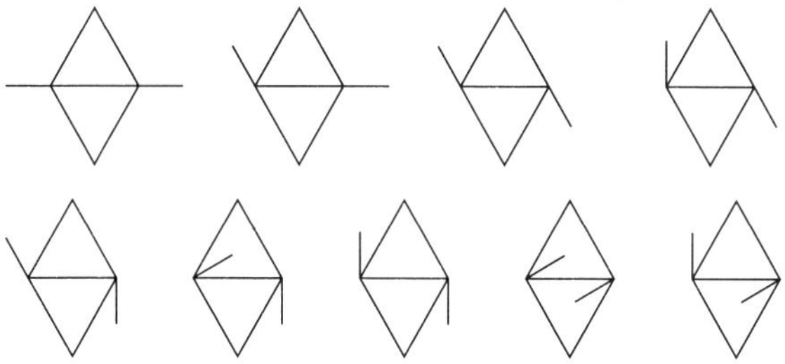

A B C D E

34. 在括号内填入一个英语单词，使其与括号左边的词和右边的词都能组成一个新的单词或短语。

salt（　　）fall

35. 以下哪个英语单词与其他单词不同？（提示：此题答案与英语单词的拼写有关。）

A. orders　　B. murder　　C. derelict

D. underworld　　E. detonator

36. 斯图尔特和克里斯汀一起分一笔钱，分钱比例为4∶5。克里斯汀得到了24英镑。这笔钱原本有多少？

37. 参见36题，如果二人分钱的比例是5∶4，那么这笔钱原本有多少？

38. 下一个图形是下列选项中的哪一个？

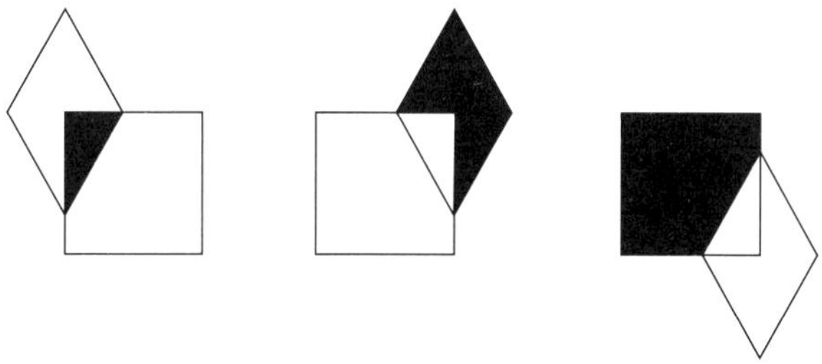

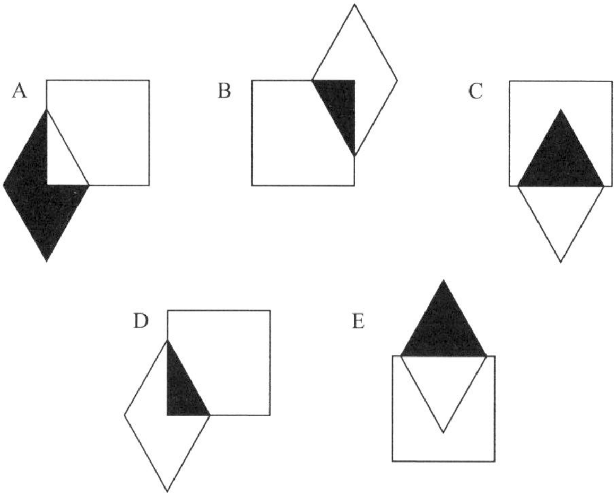

39.找到起始点，通过横向及纵向连接相邻的字母，但不能斜向连接，补出缺失的字母并拼出一个含12个字母的英语单词。

S	I	P	Y
E	A	R	
	O	R	T

40.最后一行的问号应该填哪些数字？

7	9	4	5
13	11	14	9
25	27	20	23
47	45	50	43
?	?	?	?

测试10

1. 问号处应该填什么数字?

5	3
8	12
7	5

4	5
14	6
2	9

7	8
?	13
6	9

2. 下列选项中的哪个词与palatable（美味的）的意思完全相反?

A. sparse B. agonising C. bland D. raw E. inferior

3. 100，99.5，98.5，97，95，92.5，89.5，?

问号处应该填什么数字?

4. A开关可以控制灯1和灯2开或关；

B开关可以控制灯2和灯4开或关；

C开关可以控制灯1和灯3开或关。

○ = 开

● = 关

按照B、A、C的顺序拨动开关使图1变成图2，由此可以判断出哪个开关不管用?

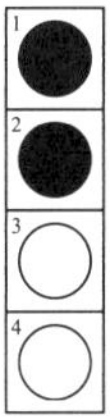

图1

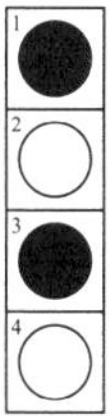

图2

5.在下列选项的哪块盾牌中添加一个圆点，可以使其满足给出盾牌中圆点满足的所有条件？

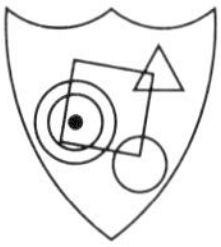

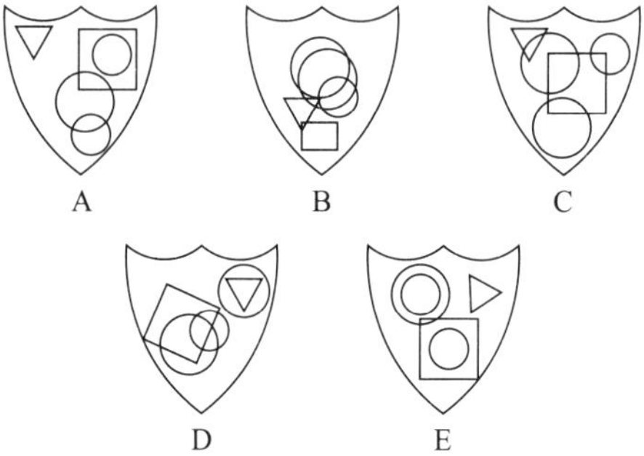

6.下列选项中的哪个词和其他词不同？

A.二倍体　　B.三角肌　　C.双数　　D.二进制　　E.双重的

7.问号处应该填什么数字？

5	10	9	4
7	4	5	8
3	2	5	6
1	8	9	?

8.在每个括号中填入两个字母，使其与左边和右边的字母各组成一个英语单词。同时，4组字母从上到下可以组成一个含8个字母的英语单词。

SO（＊＊）LT

LA（＊＊）ST

DO（* *）AL

EP（* *）ON

9. 下列选项中的哪个图形与其他图形不同？

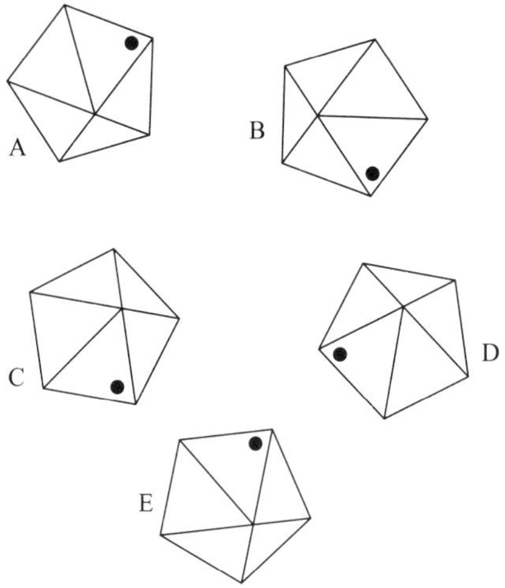

10. 以下哪句从英语语法上看是正确的？

A. The father's rights activist's dog buried its bone in the garden.

B. The fathers' rights activist's dog buried it's bone in the garden.

C. The father's rights activist's dog buried it's bone in the garden.

D. The fathers' rights' activist's dog buried its bone in the garden.

E. The fathers' rights activists' dog buried it's bone in the garden.

F. The fathers' rights activist's dog buried its bone in the garden.

G. The father's rights activists' dog buried its bone in the garden.

11. 下列选项中的哪个数字与其他数字不同？

6394，9416，5278，6231，9614，6132，7895，5872，7598

12. 问号处应该填哪个五边形？

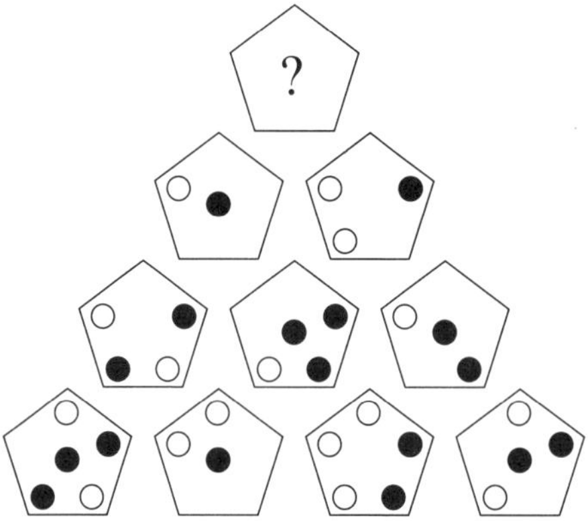

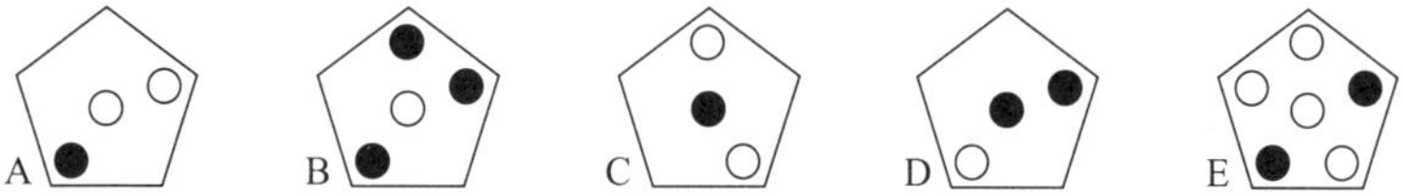

13. 下列选项中的哪个词与spartan（简朴的）的意思最接近？

A. scarce　　B. austere　　C. erratic

D. limited　　E. fierce

14. 以下字母组合中只有一组可以重新排列成一个含6个字母的英语单词。请写出这个词。

A.HURLPO

B. KCIENA

C. WINCAL

D. EJBATC

E. XELPOD

F. NWIOLM

15. 7964325对应6975234，5822139对应2859312，那么7469851对应

什么?

16.以下选项中的哪个盾牌和给出的盾牌共同点最多?

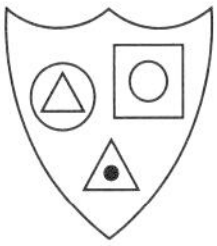

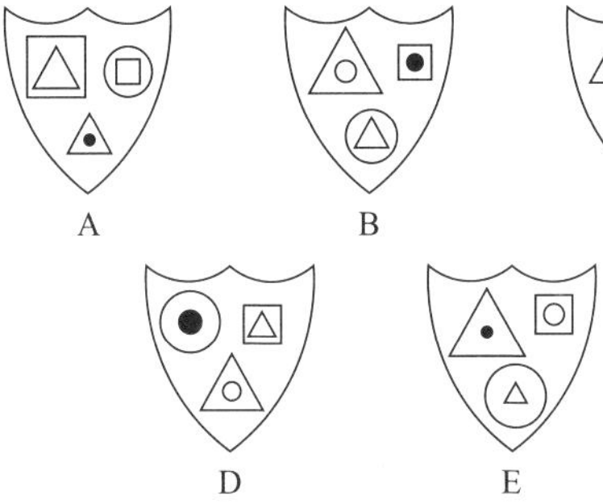

17.“脚轮”对应“椅子”,相当于“靴刺轮”对应________。

A.车轮　　B.马刺　　C.自行车　　D.滑轮　　E.回转仪

18.将数字1～6填入圆圈中,使圆圈之间相连的数字之和等于图形下方列出的结果。

例如:

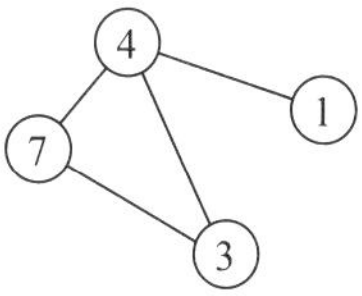

1=4

3=11(4+7)

4=11(1+3+7)

7=7(4+3)

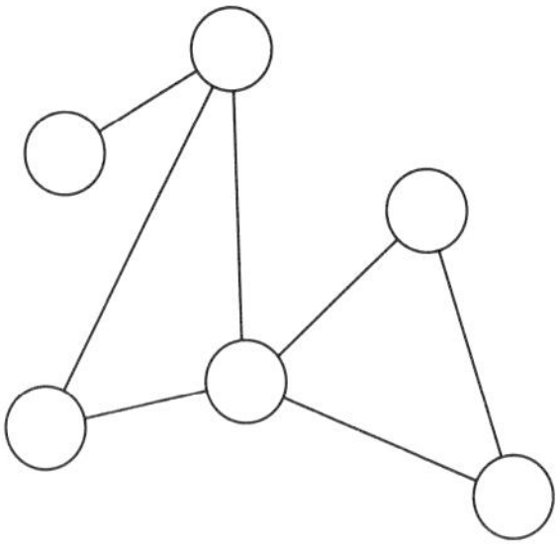

1=8

2=4

3=6

4=13

5=14

6=9

19.请在括号中填入一个4字母英语单词，使其与括号左边的BLUE和右边的OWED各组成一个新的英语单词。

BLUE（****）OWED

20.缺失的图形是下列选项中的哪一个?

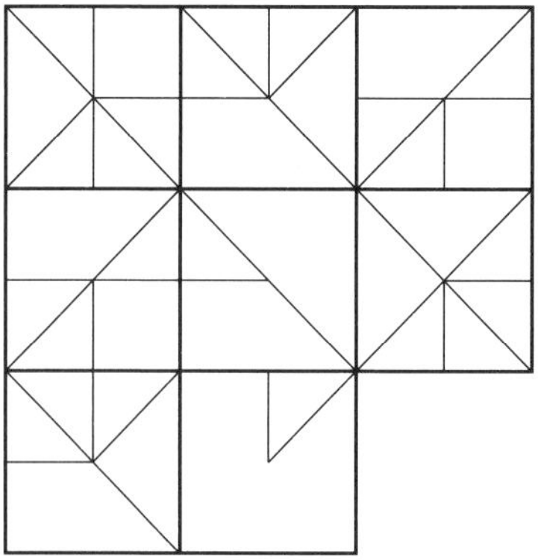

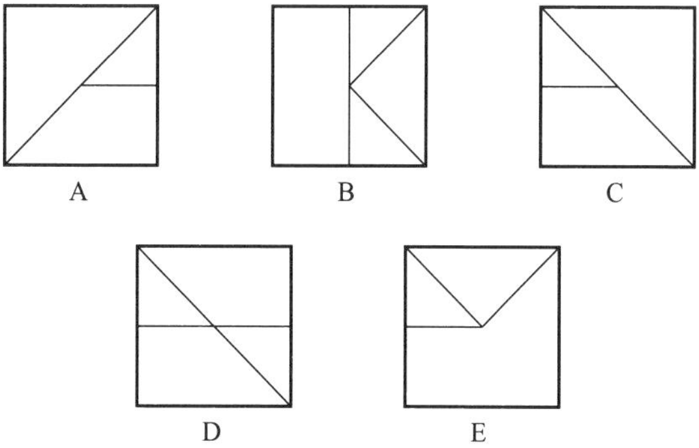

21.缺失的方块是下列选项中的哪一项？

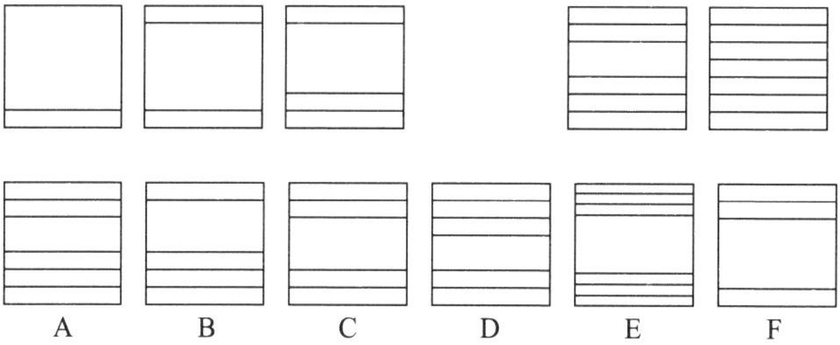

22.下列选项中的哪两个词意思相近？

A.孤独的　　B.傲慢的　　C.狡猾的

D.轻信的　　E.细心的　　F.自大的

23.A开关可以控制灯1和灯2开或关；

B开关可以控制灯2和灯4开或关；

C开关可以控制灯1和灯3开或关；

D开关可以控制灯3和灯4开或关。

= 开

= 关

按照D、B、C、A的顺序拨动开关，使图1变成图2，由此可以判断出哪个开关不管用？

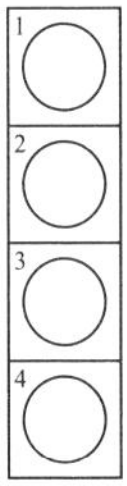

图1

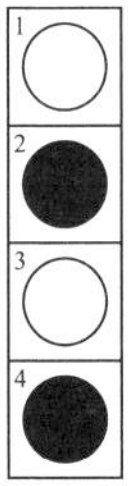

图2

24. 使用短语A CATASTROPHIC PROTON中的所有字母且每个字母只用一次，拼出三种蔬菜名称的英语单词。

25. 缺失的图形是下列选项中的哪一个？

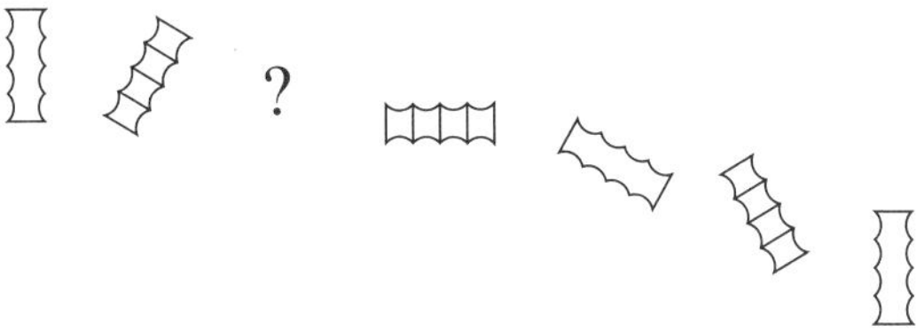

A B C D E

26. 下列选项中的哪两个词的意思相反？

A. 确认　　B. 再生　　C. 讥讽

D. 灭绝　　E. 造反　　F. 分裂

27. 如果把以下图形折叠成一个立方体，那么它会变成下列选项中的哪一个？

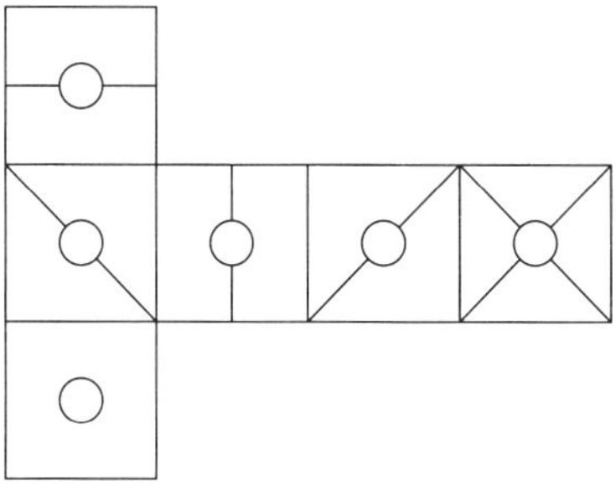

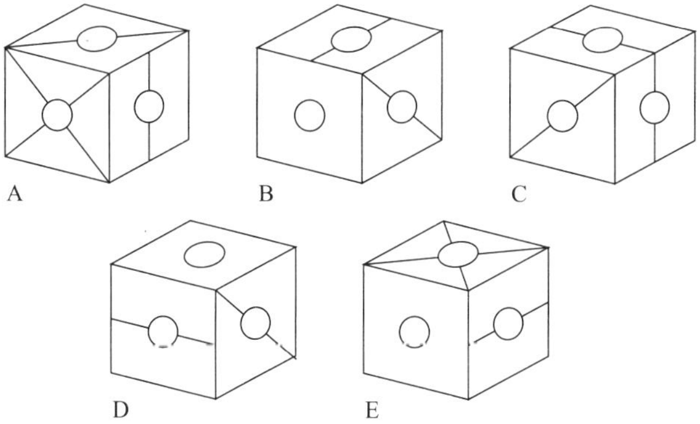

28. 下列选项中的哪个词与sensible（合理的）的意思完全相反？

A. unaware　　B. subordinate　　C. irrational

D. outlandish　　E. irreverent

29. 9，16，13，13，17，10，21，7，？

问号处应该填什么数字？

30. dirty, berry, hint, knot

以下哪个英语单词与上面四个单词具有一个共同点？（提示：此

题答案与英语单词的拼写有关。）

A. part　　B. cost　　C. near

D. find　　E. open

31. AFFIRM DEMON变换字母顺序后可以组成哪个英语短语（单词字母数分别为5、2、4）？（提示：思想倾向。）

32. 以下选项中的哪个方块与给出的方块共同点最多？

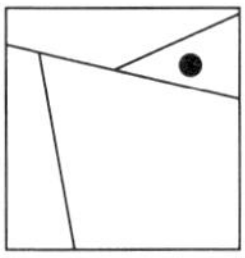

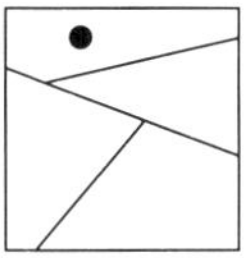
A

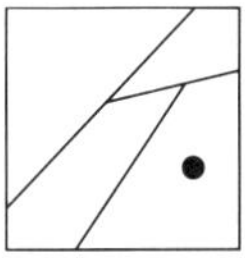
B

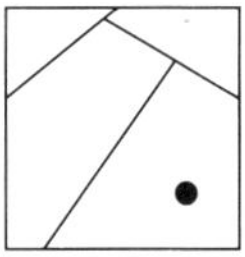
C

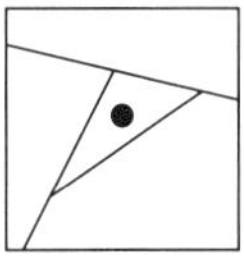
D

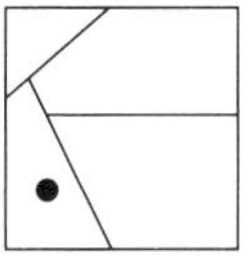
E

33. 70　91　120

14　13　24

5　7　？

问号处应该填什么数字？

34. A B C D E F G H

字母E左边第二个字母右边的第四个字母左边紧挨着的字母右边第二个字母是什么？

35. POLLUTE SPICE变换字母顺序后可以组成哪个英语短语（单词字母数分别为4、2、6）？（提示：摧毁。）

36. 问号处应该填什么数字？

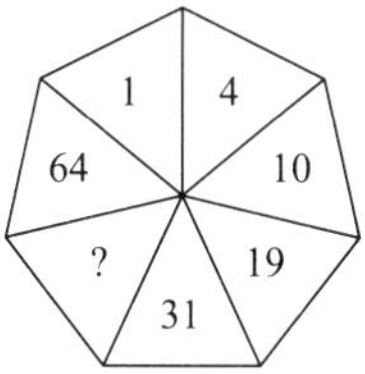

37. 在哪个选项的六边形中添加一个圆点，可以使之满足给出六边形中圆点满足的所有条件？

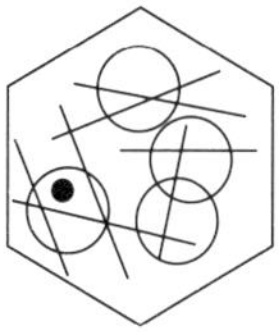

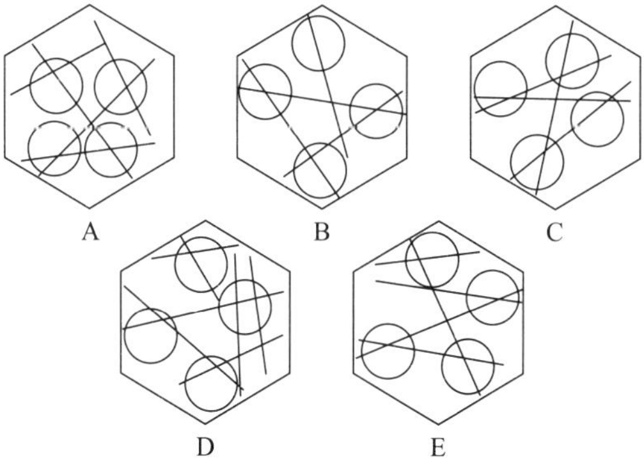

38. 某菜贩收到一箱西红柿，打开箱子时发现有些西红柿坏了。为了提出正式投诉，菜贩清点了西红柿，发现有68个发霉了，相当于箱子里全部西红柿的16%。箱子里原本有多少个西红柿？

39. EMPTY(PRISM)VIRUS

DEPTH(*****)DUALS

根据规律，第二个括号中应该填哪个英语单词?（提示：此题答案与英语单词的拼写有关。）

40.问号处应该填什么数字?

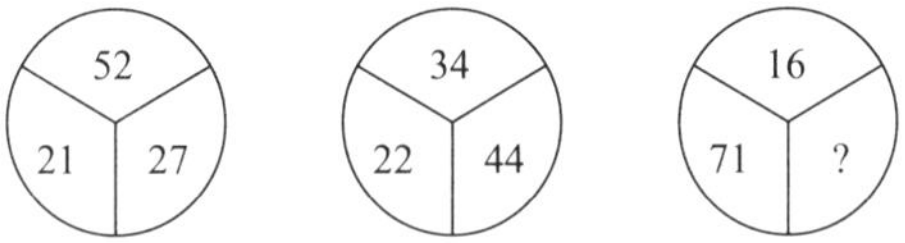

测试11

1.接下来应该是哪两个箭头?

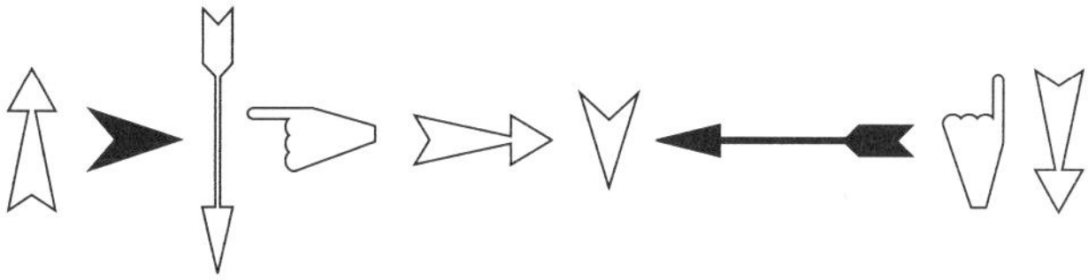

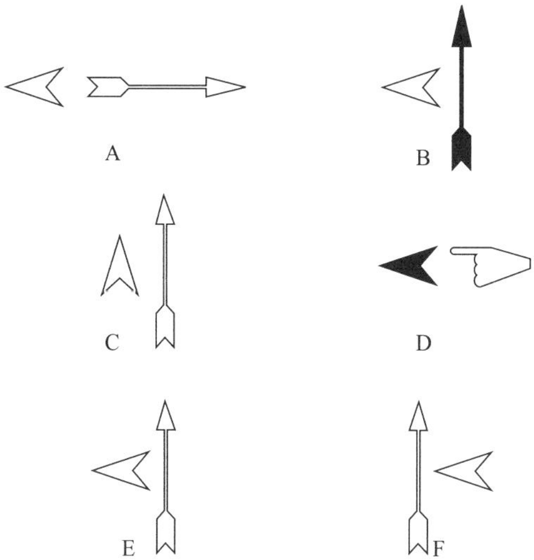

2. PIANIST RULES改变字母顺序后能组成哪两个意思相反的英语单词?

3.横向、纵向或斜向连接相邻的字母组成一个含12个字母的英语单词。请找到起始字母并补出缺失的字母。

I　T　S　*

A　L　O　O

N　C　O　*

4.如果上午9时和16分钟前这两个时间点之间的分钟数，是现在离中午12时之间的分钟数的3倍，那么现在离中午12时有多少分钟？

5. 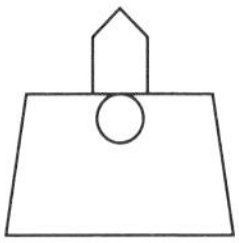 对应 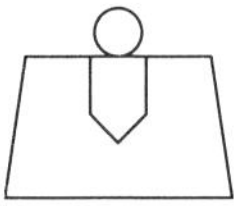

相当于 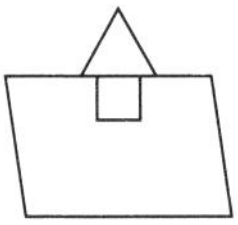 对应________。

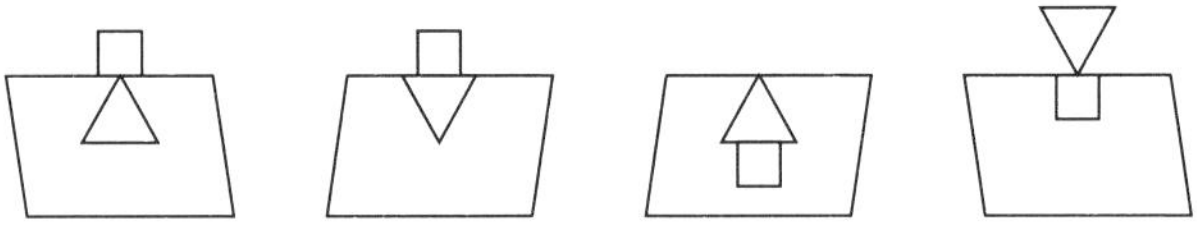

A　B　C　D

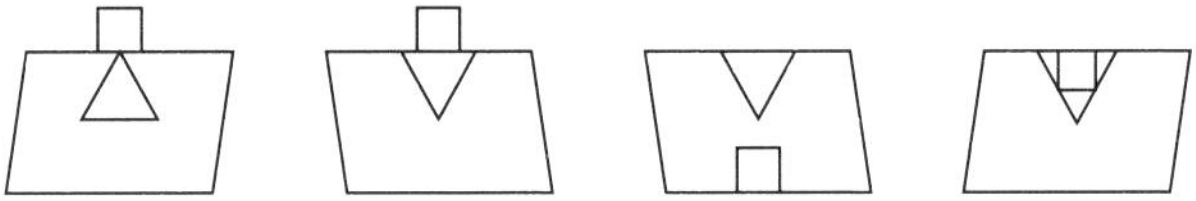

E　F　G　H

6.下列选项中的哪一项与其他项不同？

A.雌狐　B.狡猾的　C.狐狸

D.像狼一样的　E.灌木丛

7.括号中可以填哪个英语单词，既有括号左边词的意思，又有括号右边词的意思？

ARMADA（－－－－－）SWIFT

8.在问号处填入正确的数字。

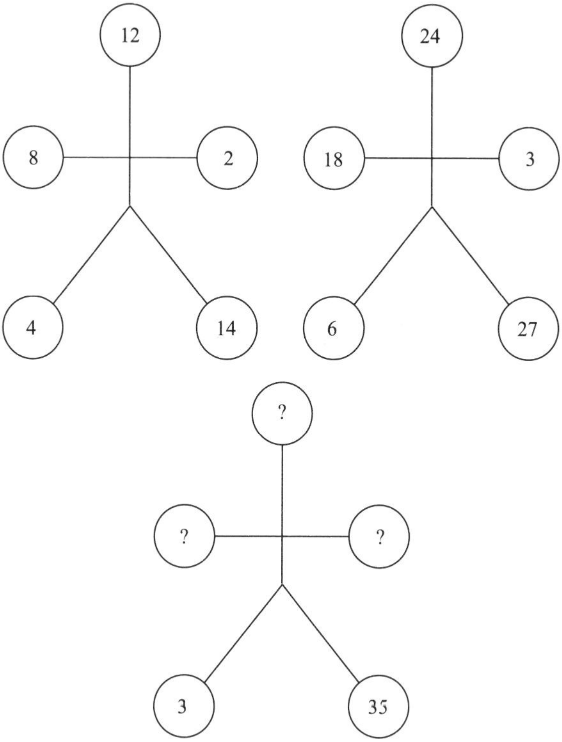

9.缺失的盾牌是下列选项中的哪一个?

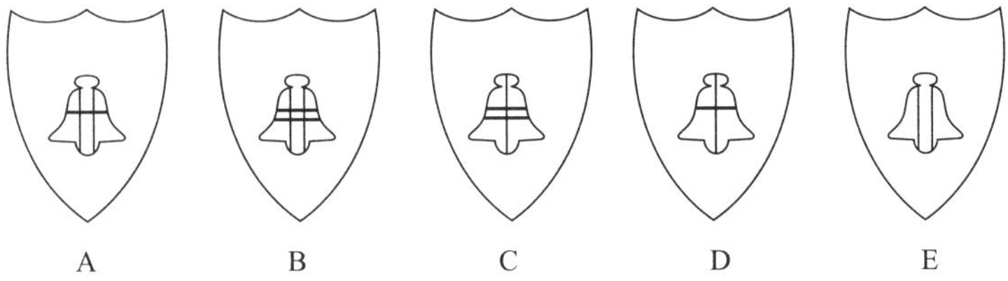

10.“蒲福”对应“风”，相当于“芒塞尔”对应________。

A.音乐　　B.颜色　　C.矿物质

D.重量　　E.智力

11.破解谜题。答案是根据以下线索将其中部分英语单词变换字母顺序组成的一个9字母英语单词：

wise bands deteriorate into lasciviousness（聪慧的乐队沦为淫秽之物）

12. 64521对应41256，相当于38297对应________。

A. 89732　　B. 29873　　C. 92837

D. 87923　　E. 87932

13.下图中出现了多少条直线？

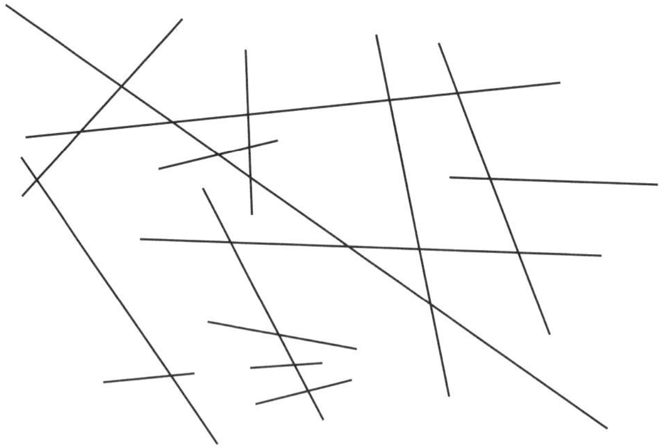

14.从下图中拼出两个含8个字母的同义英语单词，一个按顺时针方向拼出，一个按逆时针方向拼出。请找到每个单词的起始字母并补出缺失的字母。

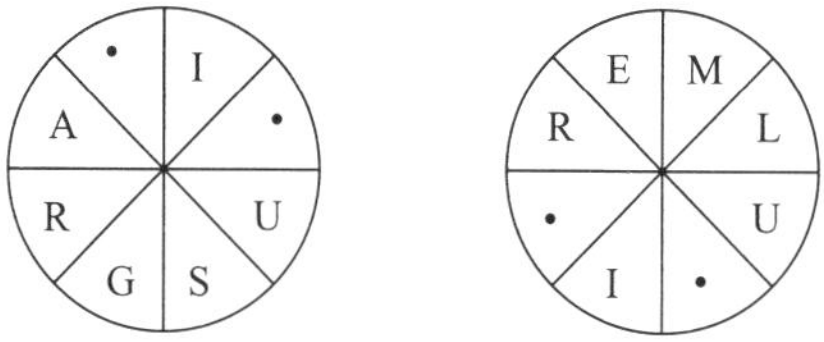

15.在括号中填入一个英语单词，使其与括号前的词和括号后的词各组成一个新的单词或短语。

BONE（-----）TOWN

16.以下数列中的问号应该是什么数字？

1，3，11，47，？

17.缺失的部分是下列选项中的哪一项？

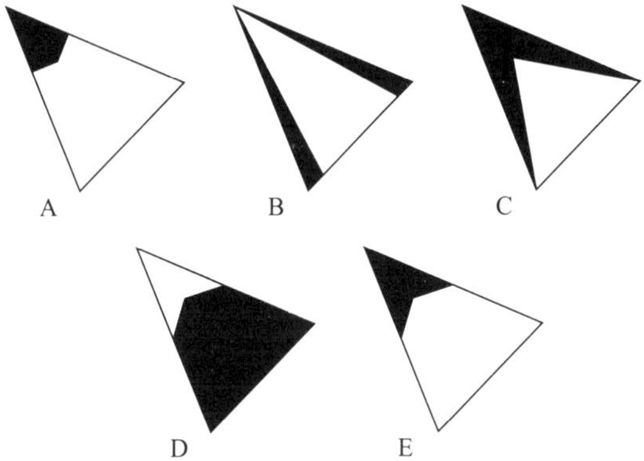

18. 只改变下列每个英语单词中的一个字母，使其成为一个英语常用语。（提示：这个常用语的意思是“热身”。）

go hit us

19. 以下数列中的问号应该是什么数字？

100，97.25，91.75，83.5，？

20. 下列选项中的哪一项与其他项不同？

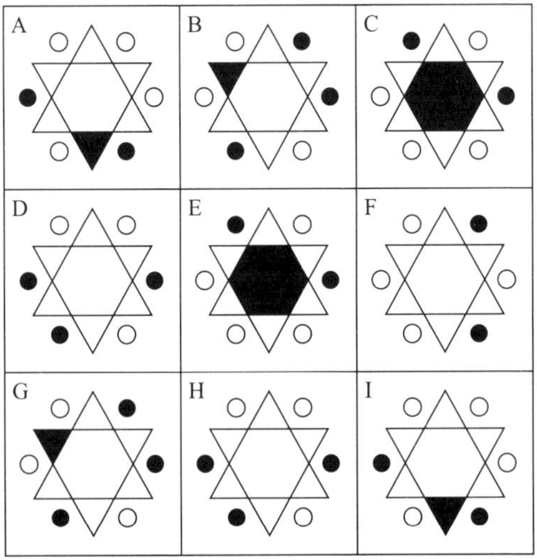

21. 以下哪项改变字母顺序不能组成一种色彩的英语单词？

A. such tent　　B. cap riot　　C. red navel

D. cats lie　　E. for fans

22. 下一个图形应该是什么？

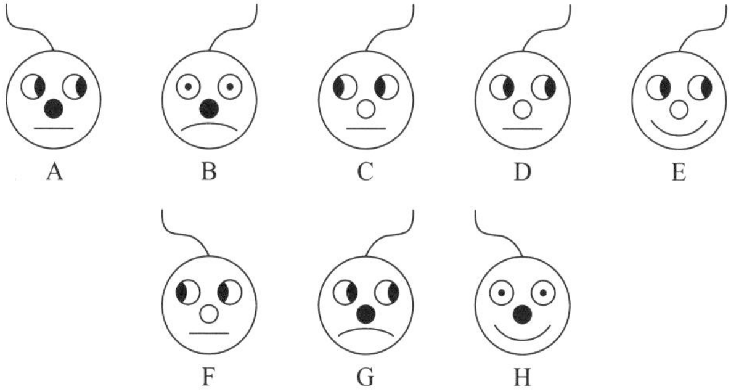

23. 在下图中找出一个神奇的九宫格，使格内横向、纵向、对角的数字之和均相等。

25	21	19	20	35	45
22	20	24	5	10	30
18	23	26	40	25	15
7	15	25	9	13	11
8	17	10	15	10	14
16	12	14	16	12	17
3	13	18	11	9	8

24. 下列选项中的哪一项和其他项不同？

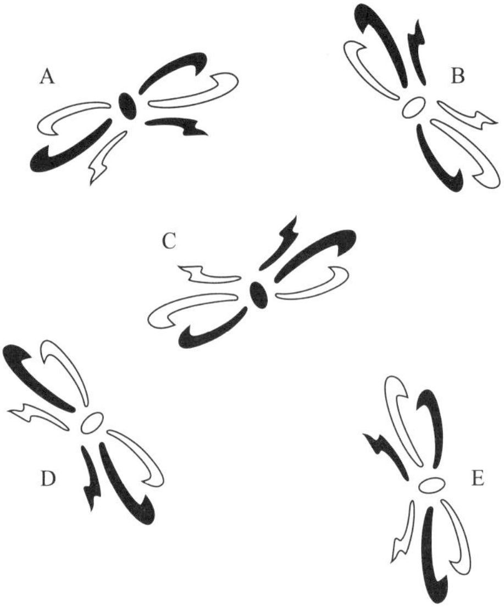

25. 下列选项中的哪一项和其他项不同？

A. 蹦跳（frisk）　　B. 跳跃（gambol）　　C. 嬉闹（frolic）

D. 嬉戏（romp）　　E. 慢跑（lope）

26. 补全以下英语单词，使第一个单词的最后两个字母也是第二个单词的头两个字母，以此类推。第四个单词的最后两个字母必须也是第一个单词的头两个字母，以完成循环。

CO　**SS**　**AP**　**RI**

27. 一辆以每小时50英里速度行驶的列车进入一个1.75英里长的隧道。火车长度为3/8英里。这辆火车从车头进入隧道到车尾驶出隧道需要多长时间？

28. 下图中出现了多少条直线?

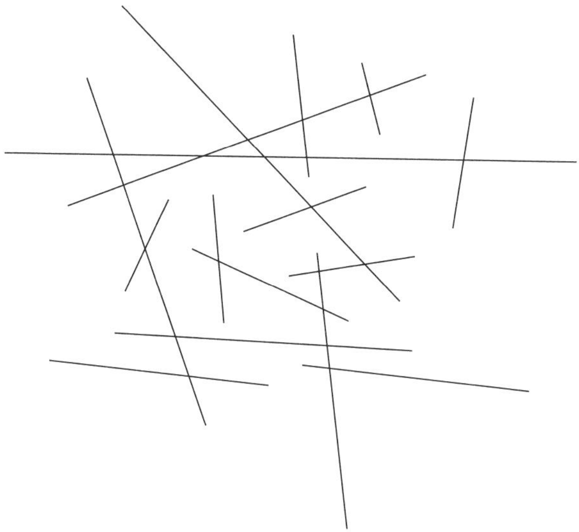

29. “宿舍”对应“睡觉”,相当于“食堂”对应________。

A. 学习　　B. 吃饭　　C. 见面

D. 祷告　　E. 说话

30. 星期日 星期一 星期二 星期三 星期四 星期五 星期六

星期三之前第三天之后第二天之后第二天之前第三天是哪天?

31. 问号处应该填哪些数字?

3	8	2	9	1
5	7	6	4	5
8	5	8	6	7
1	9	2	8	3
5	4	6	7	5
?	?	?	?	?

32. 下列选项中的哪一项与其他项不同？

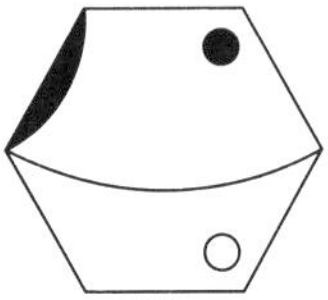
A

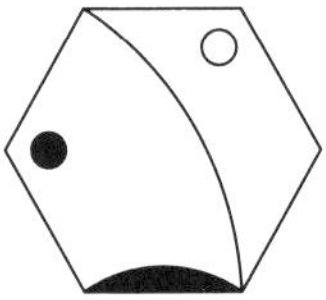
B

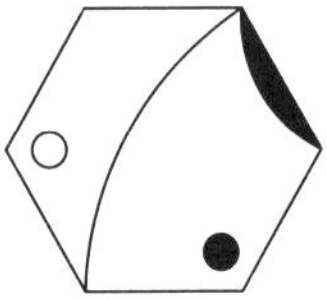
C

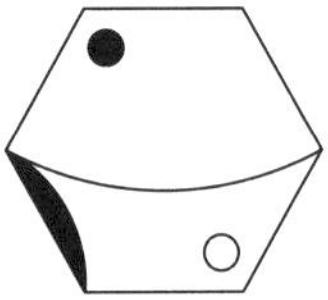
D

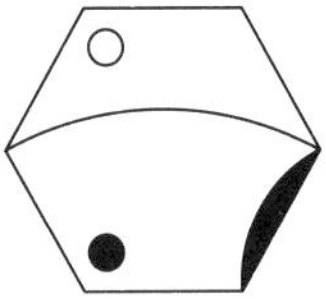
E

33. 在画线处填入三个相同的字母，组成两个意思相反的英语单词。

_ _ _ F A N E

_ _ _ P E R

34. 以下7组字母中只有一组重新排列顺序后可以组成一个含5个字母的英语单词。找出这个词。

A. JUCBI　　B. NEACH　　C. METAP

D. TPHED　　E. MUDOP　　F. ABUMG

G. ERVIC

35.问号处应该填什么数字？

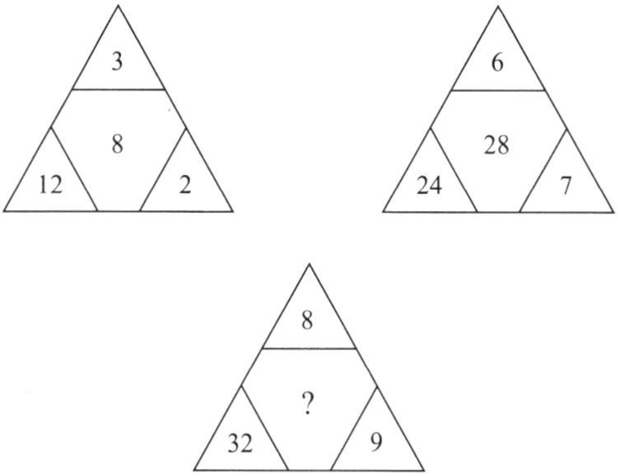

36.下列选项中的哪一项与其他项不同？

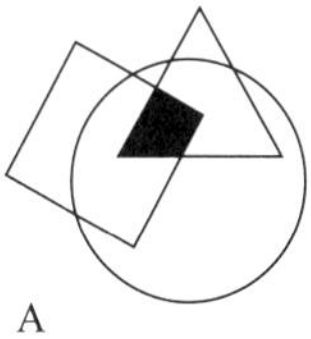

A

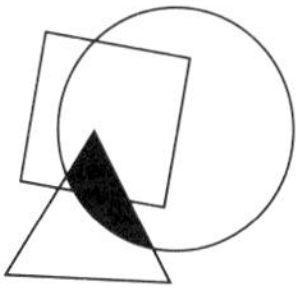

B

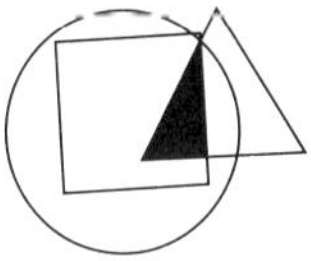

C

D

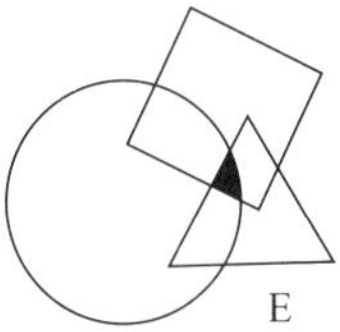

E

37. adumbrate的意思是什么？

A.涌现（come forward）

B. 掩盖（to obscure）

C. 奉承（flattery）

D. 吸引（appeal to）

E. 即兴发言（speak off the cuff）

38. 把以下字母填入图形中，组成两个英语单词，并可组成一个英语短语。（提示：这个短语的意思为“终端速度”。）

LLY　COT　EVA　TEN　MR

39. 把数字 1 ~ 6 填入圆圈中，使圆圈之间相连的数字之和等于图形下方列出的结果。

例如：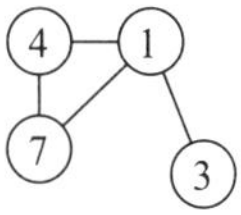

1=14（4+7+3）

4=8（7+1）

7=5（4+1）

3=1

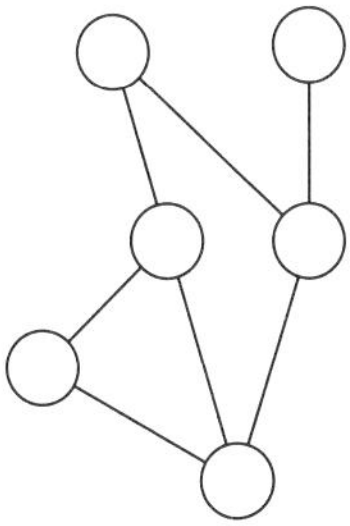

1=15

2=5

3=9

4=10

5=6

6=5

40.问号处应该填下列选项中的哪个六边形？

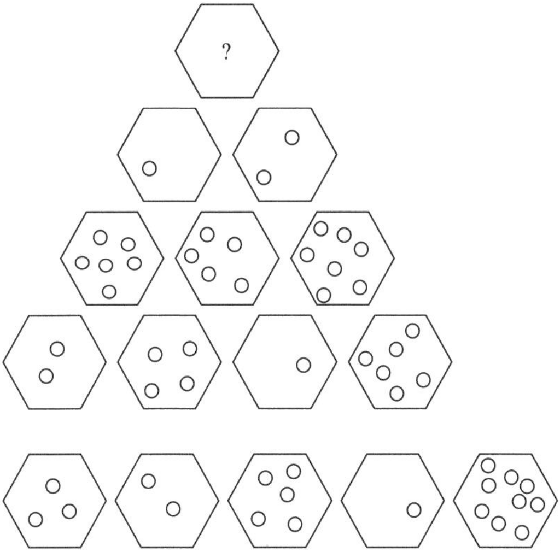

A B C D E

测试12

1. 下一个图形是什么?

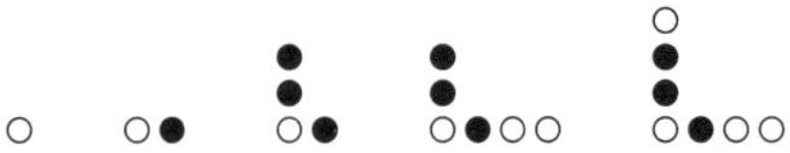

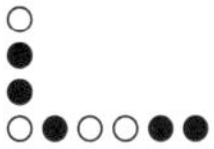

A

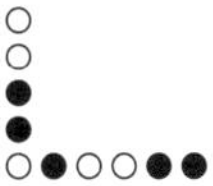

B

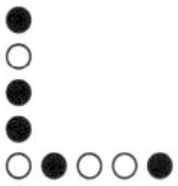

C

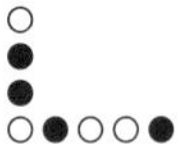

D

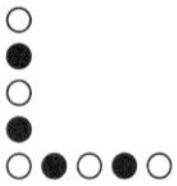

E

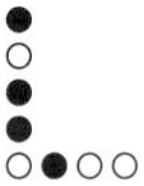

F

2. MEAN ACTORS变换字母顺序后能组成哪两个意思相近的英语单词?

3. 从下图的四角字母之一开始，按顺时针方向沿着九宫格的四条边移动，最后到中心的字母结束，补出空缺处的字母并组成一个包含9个字母的英语单词。

A	S	S
*	T	T
*	A	E

4.一个人以每小时6英里的速度慢跑了一段路，然后以每小时3英里的速度走回来。他在这段路上的平均速度是多少？

5.哪个选项中的盾牌内部的图形和给出盾牌内的图形最相似？

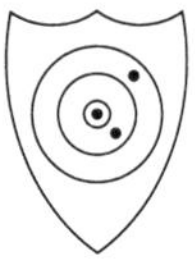

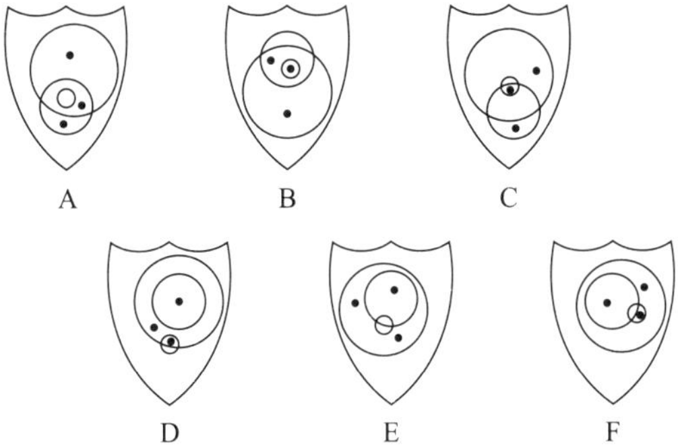

6.括号中可以填入哪个英语单词，具有与括号两边词语相同的意思？

IMPEDE（ _______ ）LARGE BREAKFAST

7.如果一辆车把每小时的速度加快5英里，则走完一段长210英里的路会少用1小时。那么这辆车原本的速度是多少？

8.缺失的方块是下列哪一项？

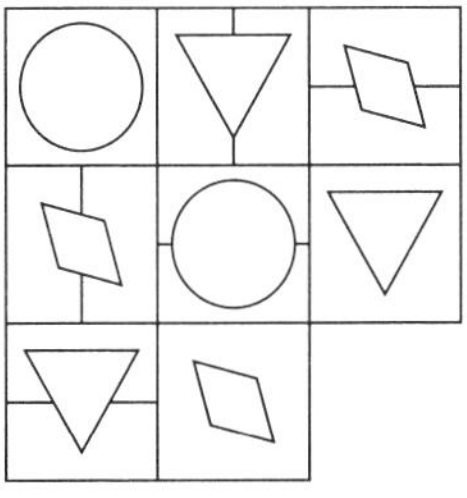

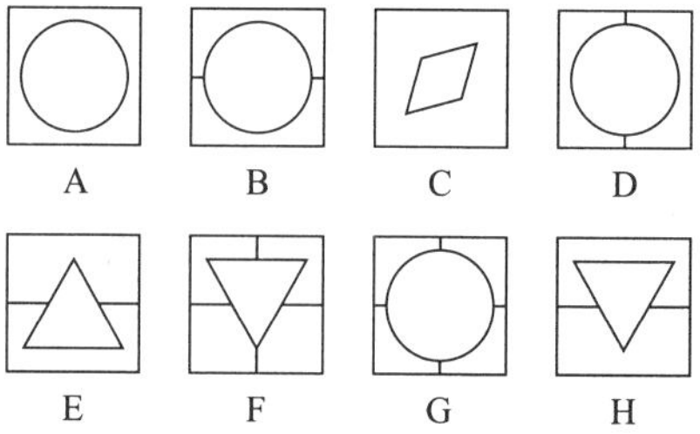

9. 哪一项与其他项不同？

A. 平息　　B. 减轻　　C. 起茧

D. 浸软　　E. 缓和

10. 破解谜题。答案是根据以下线索将其中部分单词变换字母顺序组成的一个13个字母的英语单词。

reword a keen phrase as in classic theatrical tradition（用经典喜剧的传统方式来改写一句尖锐的话）

11. 以下哪个词放错了位置？

左首	右页
左撇子	右旋
左舷	左页
	右舷

12. 问号处应该填什么数字？

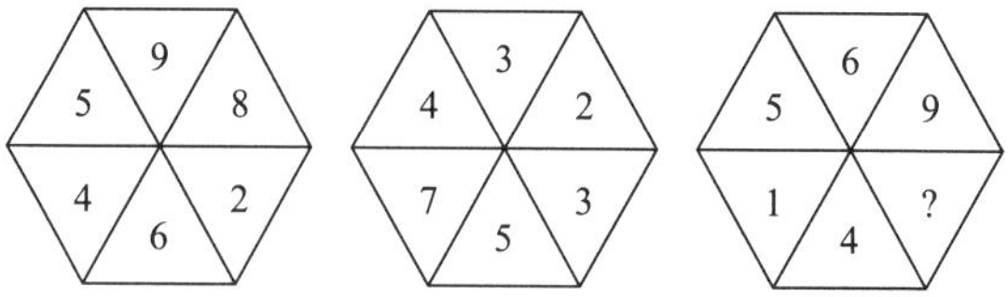

13. 下一个图形是下列选项中的哪一个？

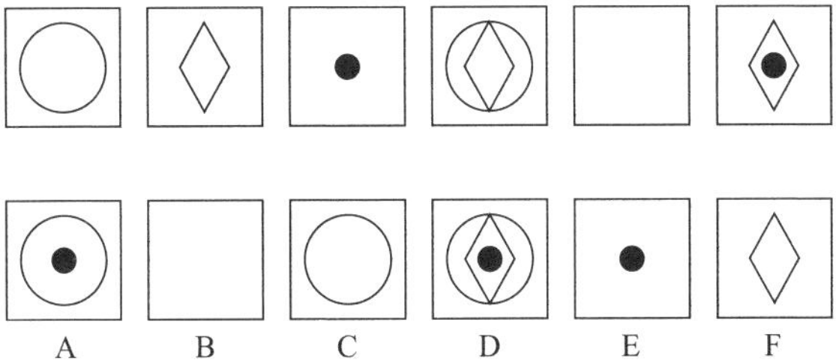

14.“陈旧的”对应“过时的”，相当于“淘汰的”对应______。

A.陈腐的　　B.废弃的　　C.古老的

D.复古的　　E.老朽的

15.找到起始点，然后通过横向、纵向或斜向连接字母，拼出一个含17个字母的英语短语。（提示：这个短语的意思是“有其父必有其子”。）

E	S	N		
K	L	O		
I	R	I	K	E
		E	L	F
		H	T	A

16.中午12时，我的表是准的。但是，之后我的表每小时慢18分钟。4小时前我的表完全停了，并显示15时30分。现在应该是几点？

17.如果把以下图形折叠成一个立方体，那么它能变成选项中的哪一个？

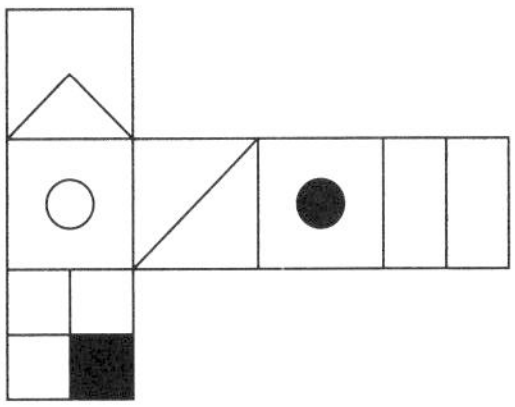

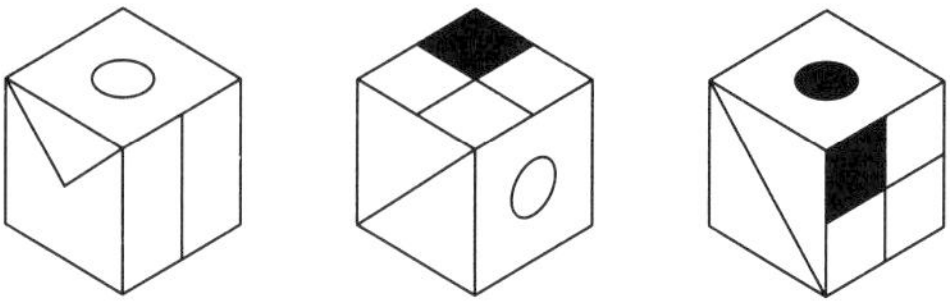

A　　B　　C

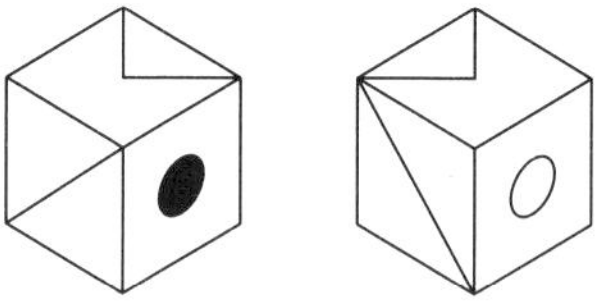

D　　E

18. 以下哪一项改变字母顺序后不能成为一种建筑名称的英语单词？

A. spoil hat　　B. my bases　　C. pet hens

D. eel clog　　E. admit us

19. 以下数列问号处应该填什么数字？

1，2.65，4.3，5.95，7.6，？

20. 缺失的五边形是下列选项中的哪一个？

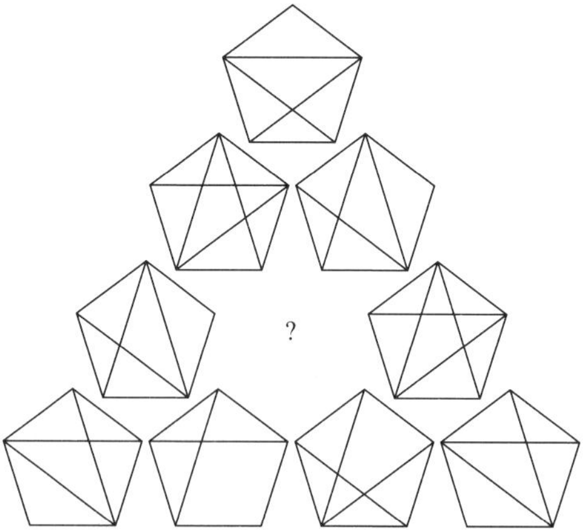

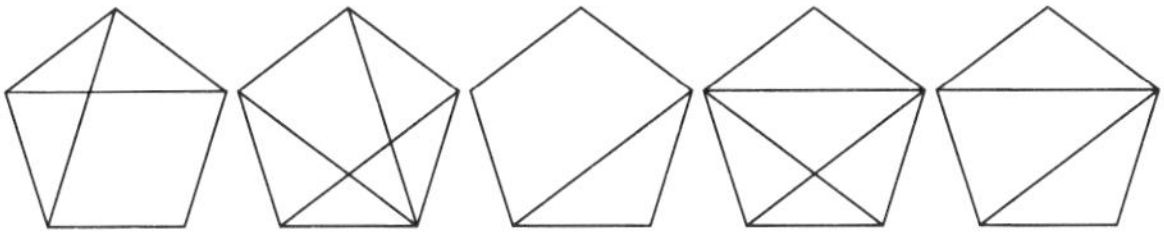

A　B　C　D　E

21.问号处应该填下列选项中的哪个圆形？

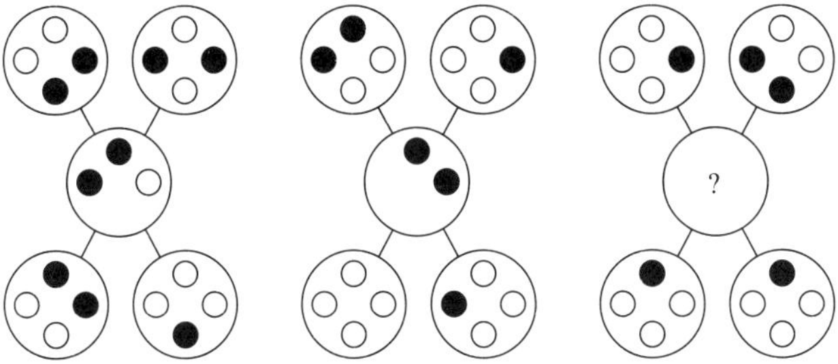

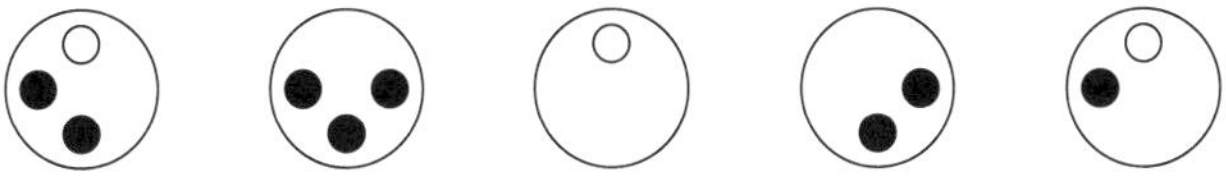

A　B　C　D　E

22.以下哪两个词意思相反？

A.干瘦的　B.愚蠢的　C.丰腴的

D.浪费的　E.寡言的　F.可行的

23.破解谜题。答案是根据以下线索将其中部分单词变换字母顺序组成的一个13个字母英语单词。

redraw tennis cartoon with trepidation（战战兢兢地重画网球漫画）

24.问号处应该填什么数字？

42　15　14

56　35　8

36　?　4

25. 下一个图形是下列选项中的哪一个？

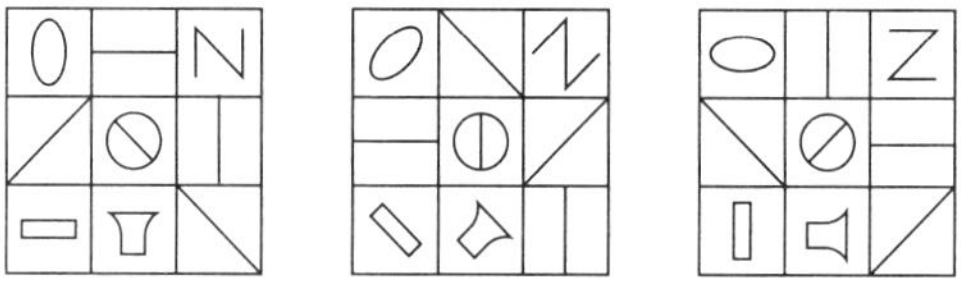

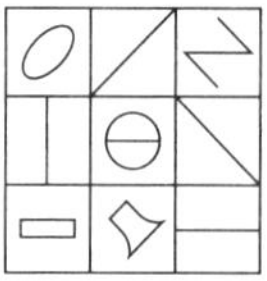

A

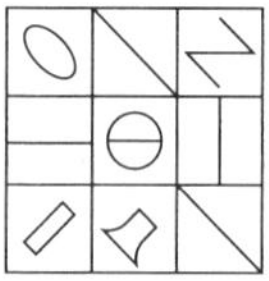

B

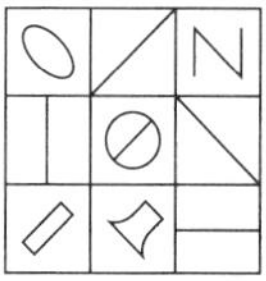

C

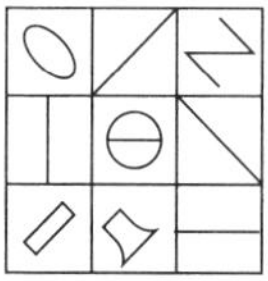

D

26. 下列选项中的哪个词与finesse（技巧）的意思相近？

A. cessation　　B. cleverness　　C. showiness

D. excellence　　E. opening

27. 填入一个英语单词，使其与括号前边和后边的词各组成一个新的单词或短语。

FREE（________）APART

28. 天平的右端需要放多重的砝码才能保持平衡？

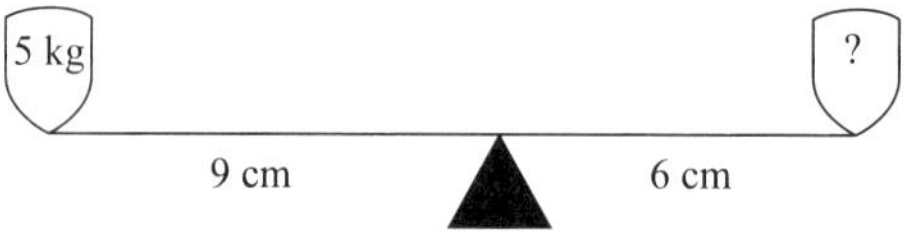

29. 下列选项中的哪一项与其他项不同？

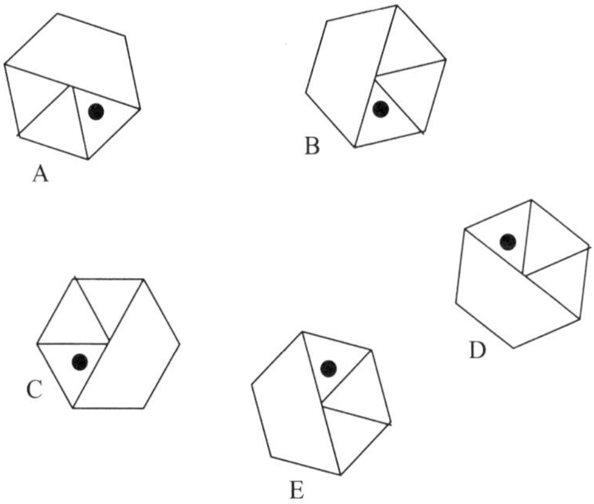

30. 只改变下列每个英语单词中的一个字母，组成一个英语常用语。（提示：这个常用语的意思是“年复一年”。）

dear if bear put

31. 问号处应该填什么数字？

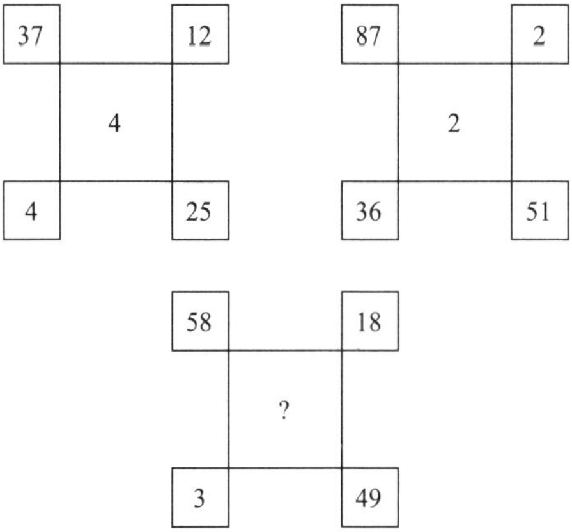

32.  对应 ，

相当于  对应________。

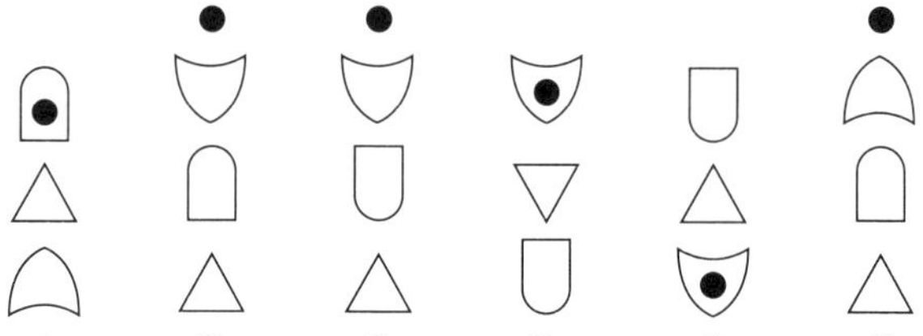

33. 下列选项中的哪一项与其他项不同？

A. 软呢帽　　B. 木底鞋　　C. 塔布什帽

D. 四角帽　　E. 钟形女士帽

34. 在括号中填入一个3字母英语单词，这个词具有括号两侧表述的意思。

a demand for payment（要求付钱）（______）a brownish-grey colour（一种棕灰色）

35. 问号处应该填什么数字？

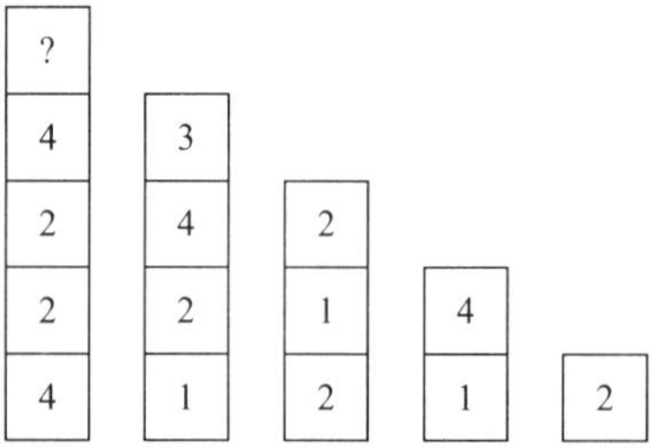

36.下列选项中的哪一项与其他项不同？

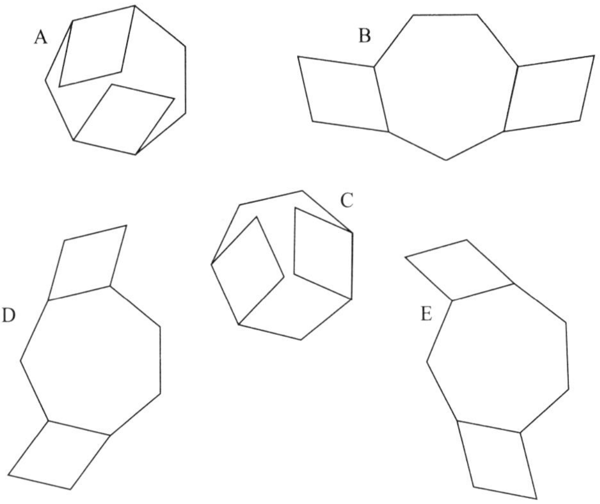

37.“掌状的”对应“手”，相当于“耳状的”对应________。

A.鼻子　B.脸　C.耳朵　D.味道　E.脚跟

38.在下图中横向、纵向或斜向连接相邻的字母拼出一个含17个字母的英语短语。（提示：这个短语的意思是“千方百计”。）

V	O	D		
E	E	N		
R	B	B	R	A
		A	W	D
		K	C	S

39.问号处应该填什么数字？

5	7	4
8	3	6
2	0	1

2	1	2
1	7	1
4	5	6

3	2	4
1	?	3
4	5	3

40.缺失的方块应该是下列选项中的哪一块?

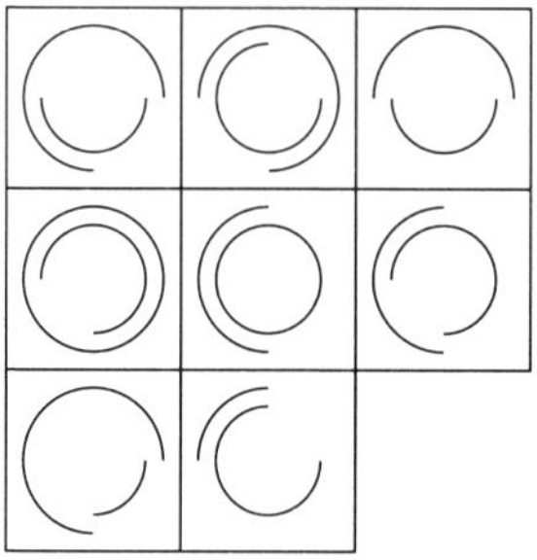

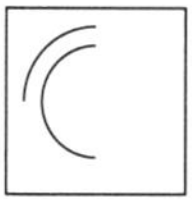
A

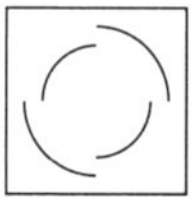
B

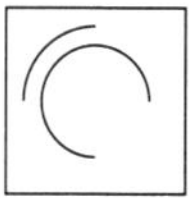
C

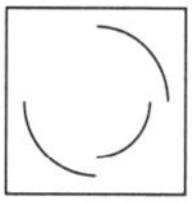
D

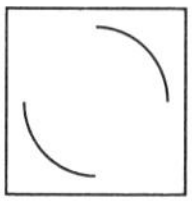
E

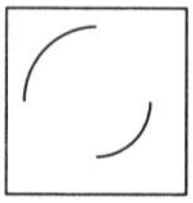
F

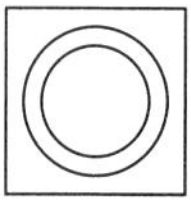
G

H

测试13

1. 根据提示把字母正确地填入象限中，产生两个意思相反的英语单词，一个在内圈，一个在外圈，一个顺时针拼，一个逆时针拼。

NE: READ

SE: YONA

NW: VOTE

SW: BILT

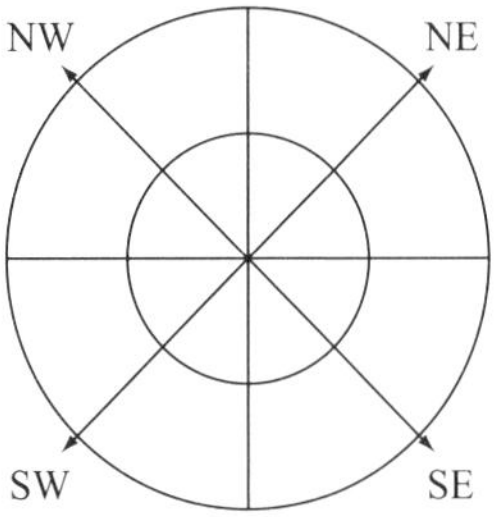

2. 下列选项中的哪一项和其他项不同？

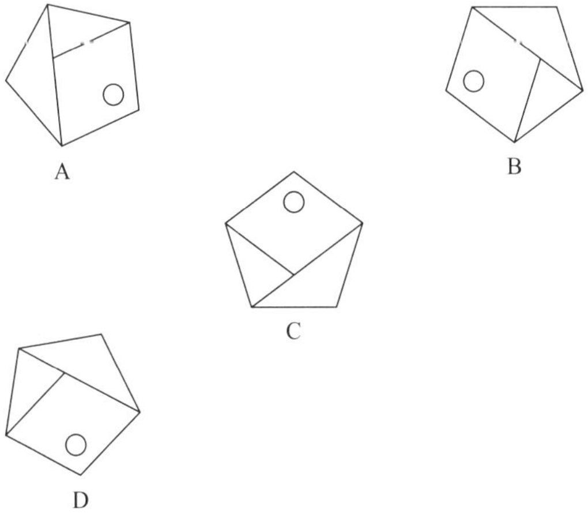

3. 破解谜题。答案是根据以下线索将其中部分单词变换字母顺序组成的一个11个字母的英语单词。

inspect tiny article puzzlingly（困惑不解地查看细小物件）

4. 问号处应该填什么数字？

78214：292

38421：459

69517：?

5. 缺失的方块是下列选项中的哪一项？

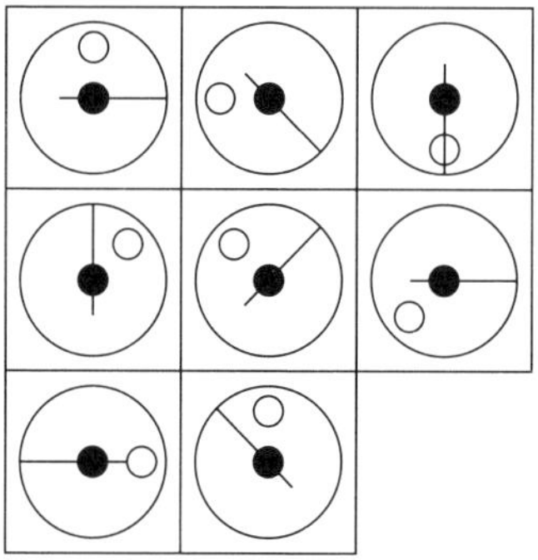

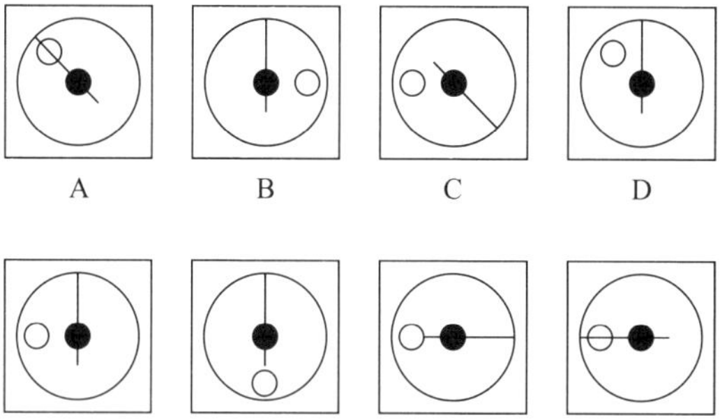

A　B　C　D

E　F　G　H

6.“解放”对应“奴役”，相当于“释放”对应________。

A.控制　B.负担　C.职责　D.责任　E.囚禁

7.在括号中依次填入两个字母，使之与括号左右两边的字母各组成一个英语单词。填入的4对字母从上到下按顺序可以组成一个8字母英语单词。

MA（**）AR

TE （**）ID

PI （**）RT

TI （**）AL

8.一个高尔夫球手在一局中击出了210码的好球，使他在该局中的平均击球距离从156码增加到162码。如果他想把平均击球距离从156码增加到165码，刚才那一击需要把球打多远？

9.下一个图形应该是选项中的哪一个？

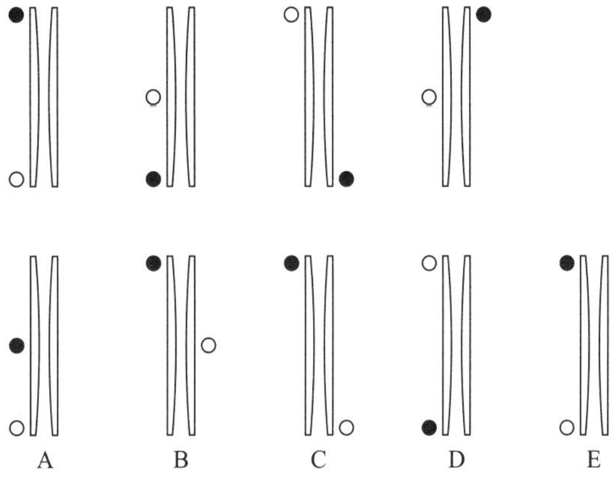

10.下列哪一项与其他项不同？

A.段落　B.合计　C.全体　D.完满　E.充盈

11. 哪两个押韵的英语单词意思是“弄坏一种园艺工具”？

12. 汤姆和哈利按照3∶5的比例分一笔钱。如果哈利拿到240英镑，那么这笔钱原本有多少？

13. 缺失的部分是下列选项中的哪一个？

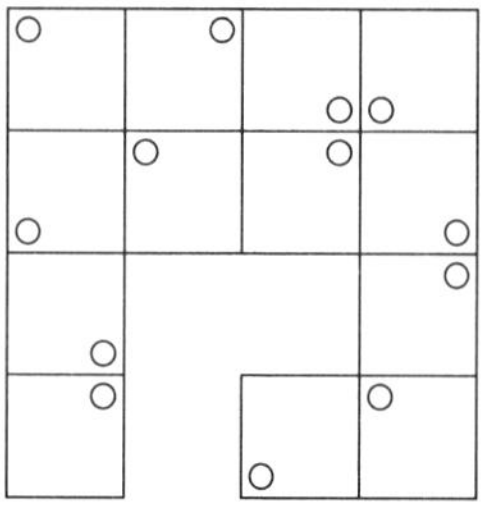

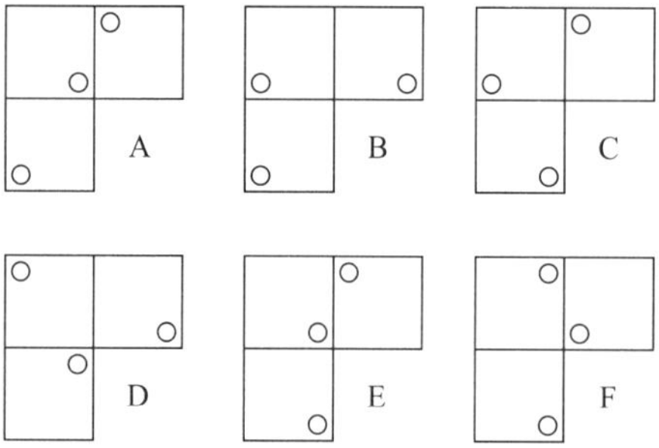

14. 以下哪一项改变字母顺序后不能组成一种工作或职业的英语单词？

A. rein gene　　B. lee crock　　C. can chime

D. mean lass　　E. no treaty

15. 问号处应该填什么数字？

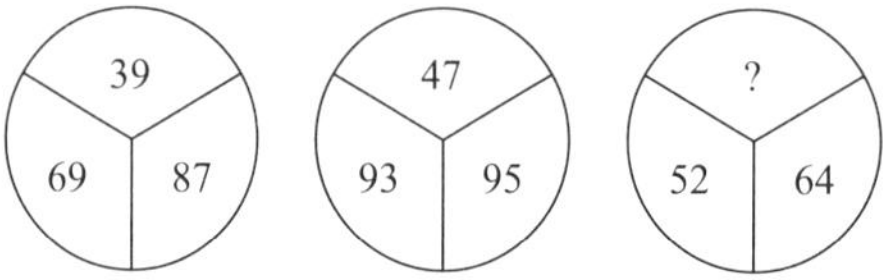

16. 下列选项中的哪一项与其他项不同？

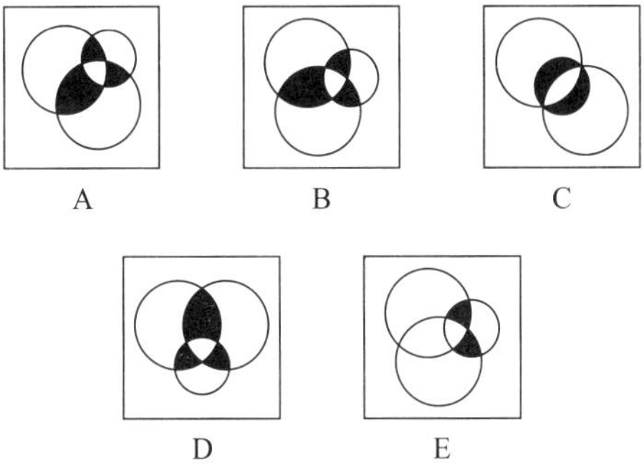

17. 以下列出了关键词tremendous的7个同义词。依次从这7个词中取出一个字母，再组成一个关键词的同义词。

great, terrific, monstrous, vast, enormous, gigantic, colossal

18. 下列选项中的哪一组字母和其他组不同？

A.LMNQP　　B. EFGJI　　C. RSTWV

D. IJKON　　E. OPQTS

19. 从第一个表格中找出4个数字，其在第二个表格中也按照相同的顺序出现过。注意，在每个表格中，这4个数字都可以从前往后、从后往前、横着、竖着或斜着出现。

5	4	8	1	7
1	7	3	2	7
9	3	4	6	5
8	9	4	6	8
6	2	4	1	2

5	1	9	8	3
8	2	4	8	1
7	6	1	2	9
7	4	2	6	7
3	7	5	1	9

20. 如果把所给图形折叠成一个立方体，只能成为以下立方体中的一个。请问是哪一个？

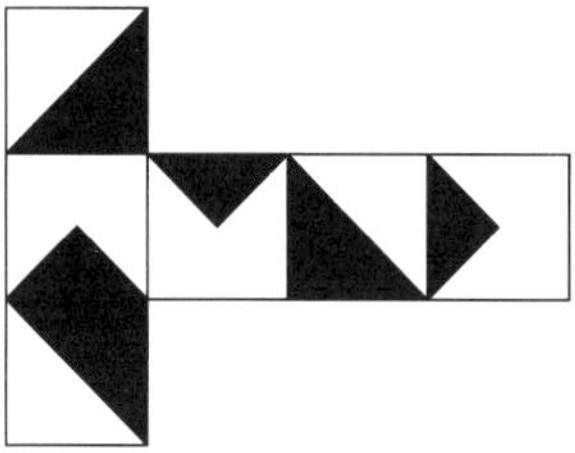

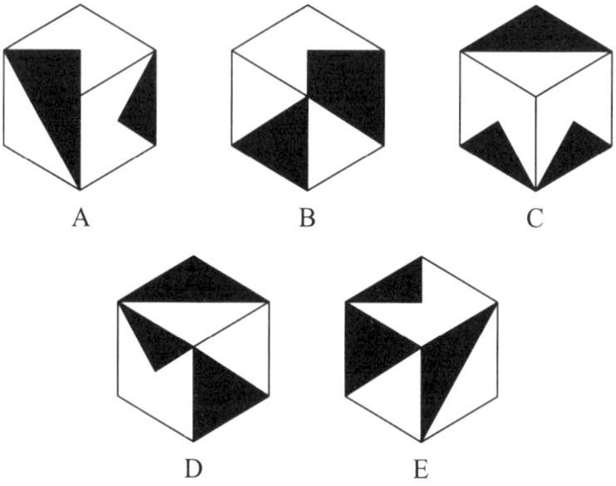

21. 下列选项中的哪一项与其他项不同？

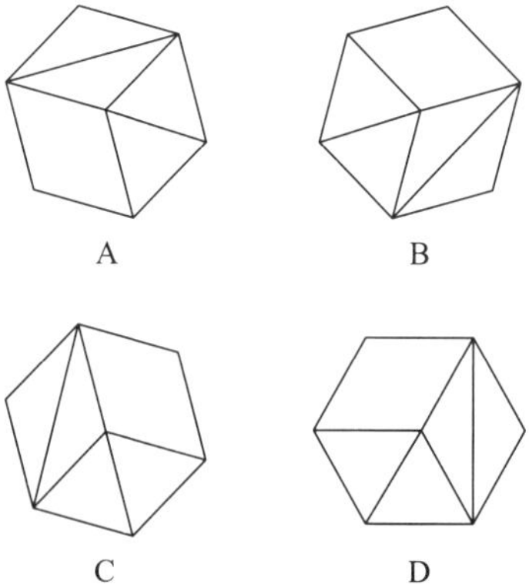

22. 以下哪两个词意思最接近？

A. 实用的　　B. 退化的　　C. 原始的

D. 精通的　　E. 令人失望的　　F. 野蛮的

23. 找到一个英语单词，放在前一个词末尾能组成一个新的单词或短语，放在后一个词开头能组成另一个单词或短语。

WELL　OUT

24. 问号处应该填什么数字？

3　8　6　36

7　4　2　14

6　8　4　48

9　6　2　?

25. 只改变以下每个英语单词中的一个字母，使之成为一个英语常用语。（提示：这个常用语的意思是"尽力避免"。）

so might say on

26. 下列选项中的哪一行图形与其他行不同？

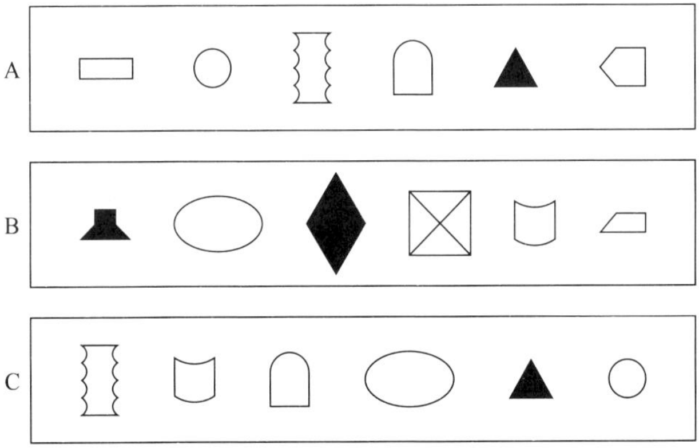

D

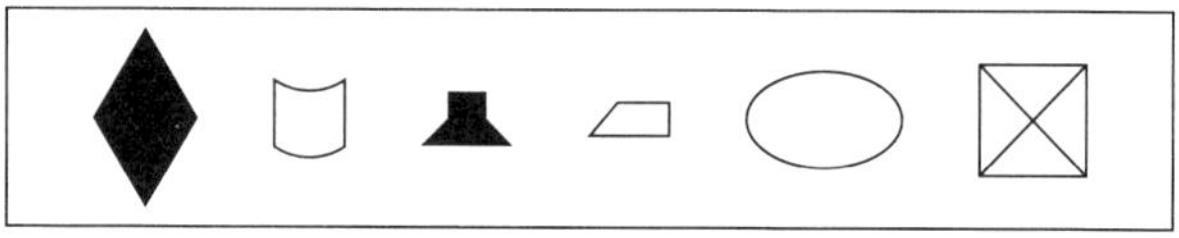

E

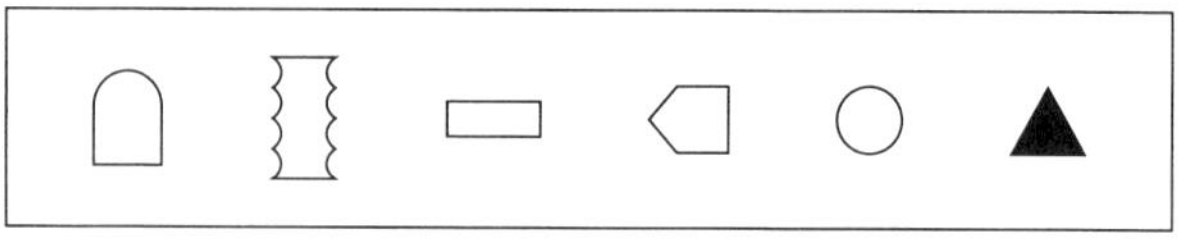

27.问号处应该填什么数字?

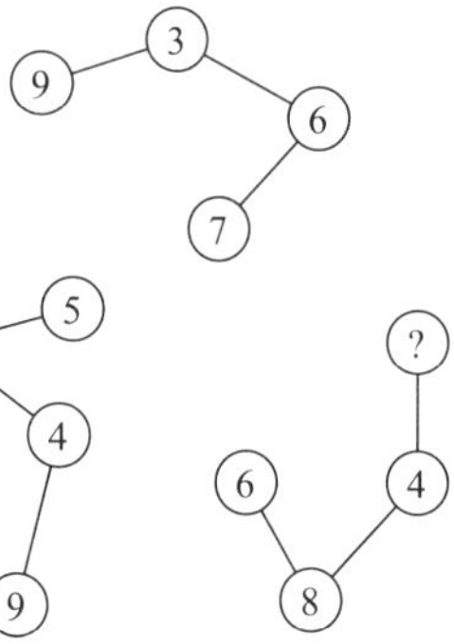

28.缺失的部分是下列选项中的哪一个?

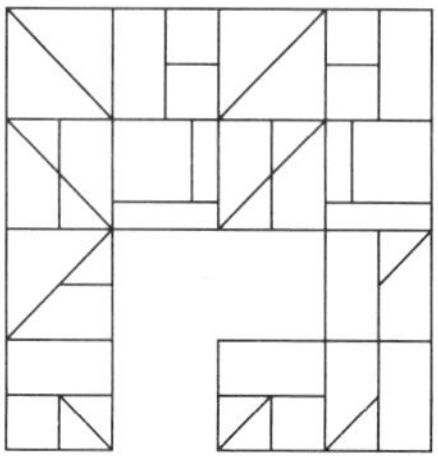

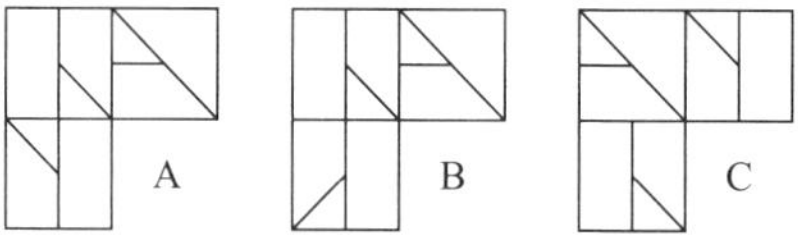

A B C

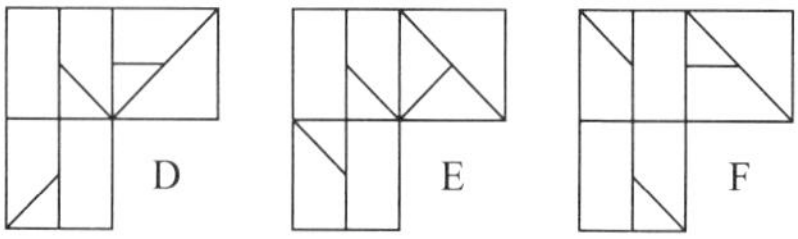

D E F

29. 下列哪个词与“impecunious（不名一文）”的意思完全相反？

A. accessible　B. tolerant　C. affluent　D. flawed　E. motal

30. 重排以下括号中英语单词的字母顺序，使之成为一个 12 个字母的英语单词，与其他单词组成阿尔弗雷德·诺斯·怀特海（Alfred North Whitehead）的一句名言。

We think in (agile entries); we live in detail.（我们的思考离不开概括，而我们的生活离不开细节。）

31. 在圆圈中填入 1 ~ 6 的数字，使其满足：

数字 4 和 5 及其之间的数字之和 =19；

数字 6 和 3 及其之间的数字之和 =10；

数字 2 和 1 及其之间的数字之和 =11；

数字 4 和 3 及其之间的数字之和 =14。

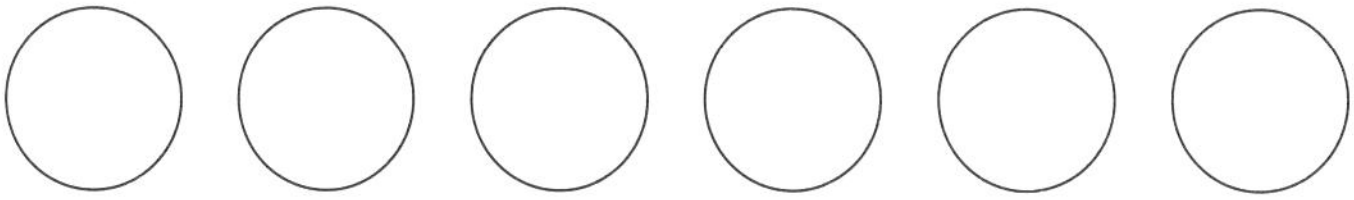

32.  对应 ，

相当于  对应________。

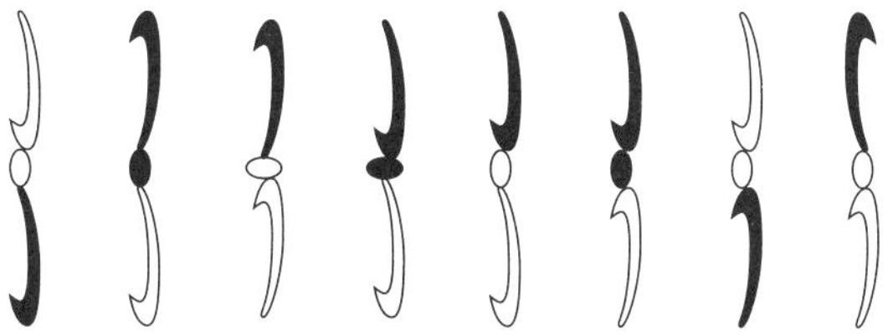

A　B　C　D　E　F　G　H

33. 下列哪一项与其他项不同？

A. 发明　　B. 沉思　　C. 创造　　D. 设计　　E. 策划

34. 把以下各项变换字母顺序组成新的英语单词，哪一个单词和其他单词意思相反？

A. rude tie　　B. no rating　　C. dear Len　　D. elite art

35. 图中的哪一个数字和其他数字不同？

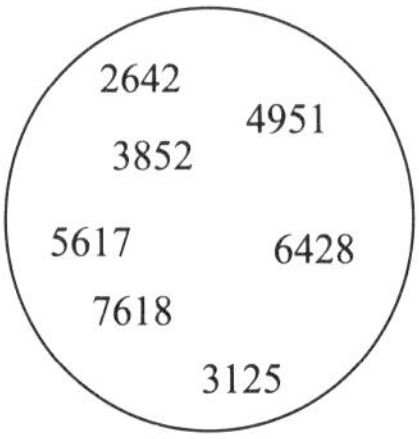

36. 问号处应该填下列选项中的哪个图形？

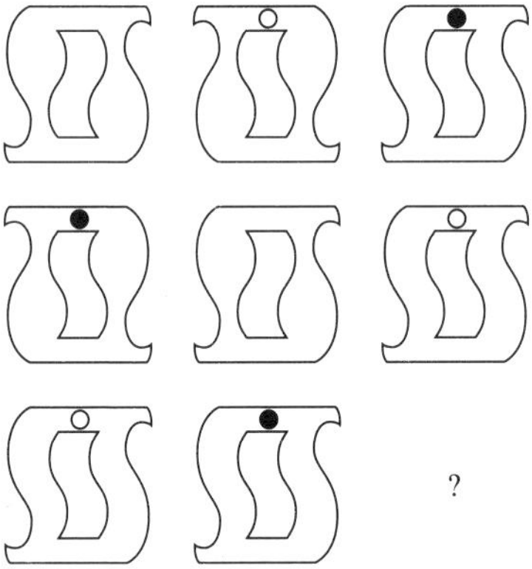

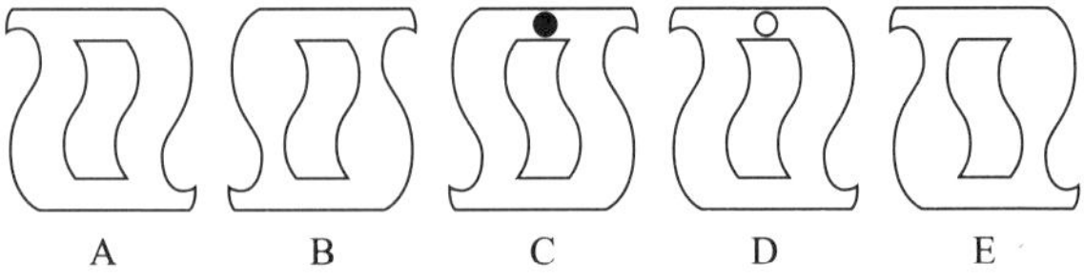

37.“专家”对应“内行”，相当于“新手”对应________。

A.信徒　　B.手足　　C.生手　　D.研究员　　E.学者

38.用以下10个字母能组成的最长英语单词是什么？

MUERVHANYL

39.下图的问号处应该填什么数字？

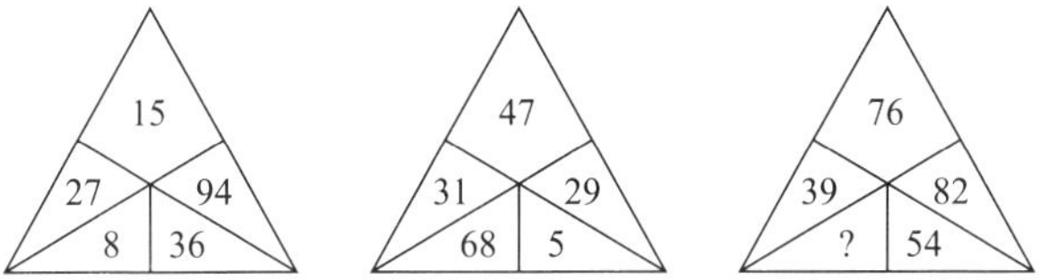

40.问号处应该填下列选项中的哪个图形？

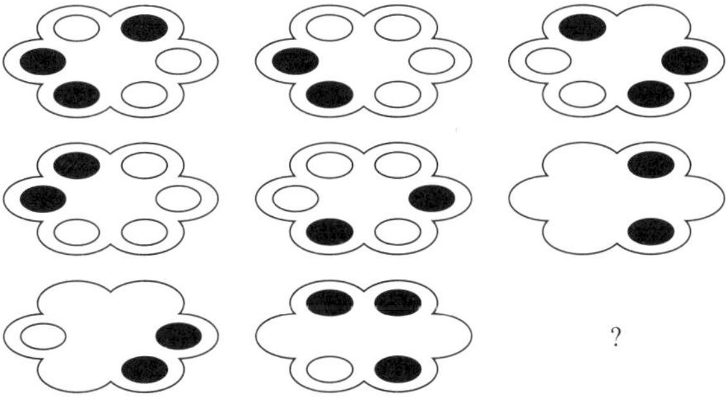

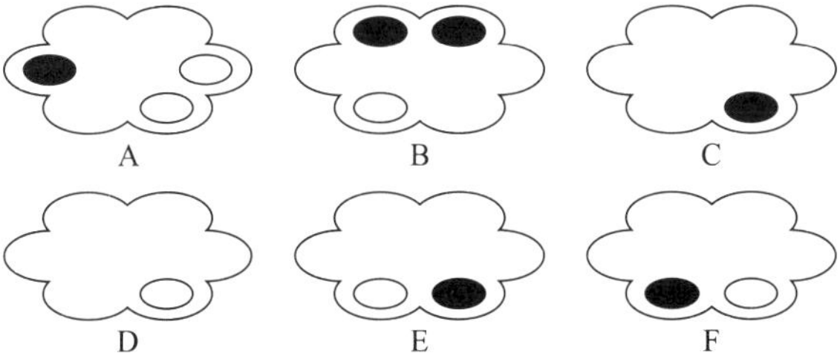

测试14

1.缺失的部分是下列选项中的哪一个？

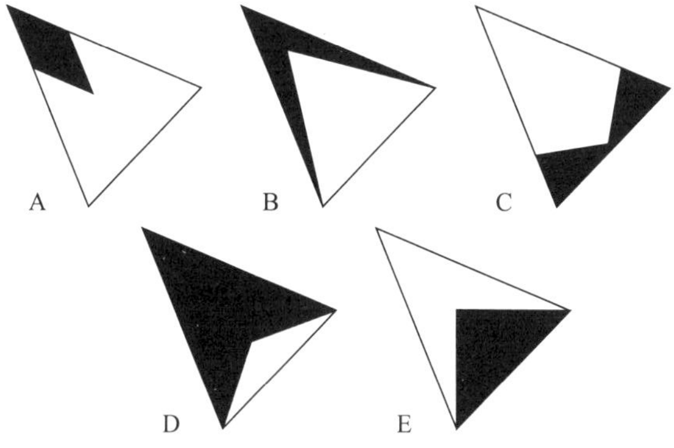

2.为以下每个英语单词添加一个字母（不一定是同一个字母，可以加在开头、中间或结尾），组成两个意思相近的新词。

tip　aunt

3. 下一个字母应该是什么？

A　D　H　K　O　？

4. 问号处应该填什么数字？

5　3　8　1　2　5

7　2　2　4　9　3

2　5　6　5　？　？

5. 缺失的盾牌是下列选项中的哪一个？

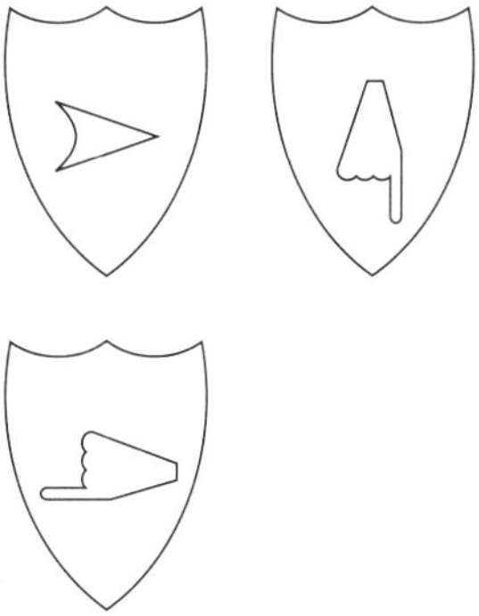

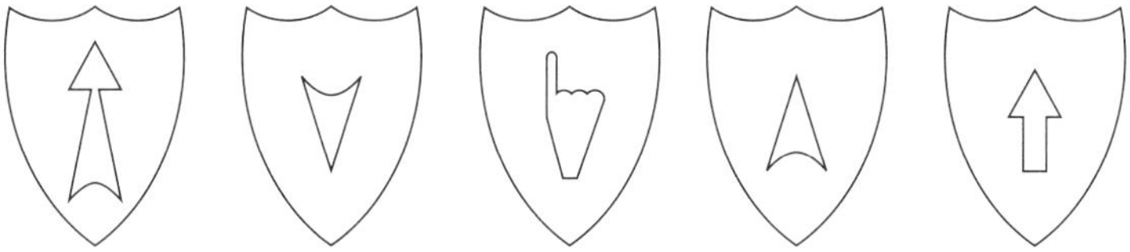

A　B　C　D　E

6. CUBED RESULT改变字母顺序可以组成哪两个意思相反的英语单词？

7. “猜测”对应“猜想”，相当于“已知条件”对应________。

A. 习俗　B. 主意　C. 概念　D. 怪癖　E. 前提

8.问号处应该填什么数字?

18	6	15	9
13	11	7	17
5	19	?	3
16	8	14	10

9.缺失的部分是下列选项中的哪一个?

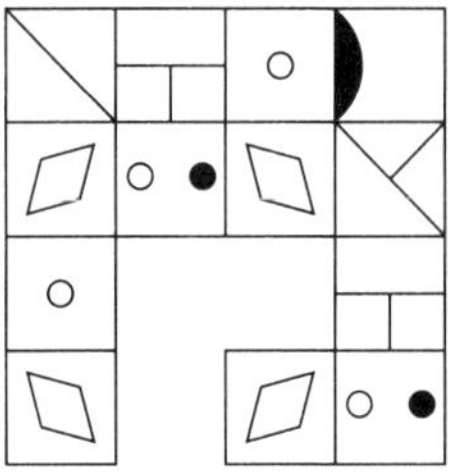

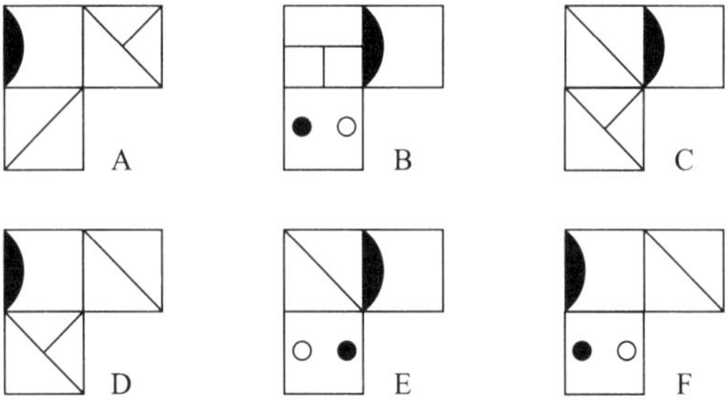

10.下列哪一项与其他项不同?

A.奚落　B.抨击　C.戏弄　D.取笑　E.讽刺

11.哪两个押韵的英语单词意思是“令人愉快的礼物”?

12.问号处应该填什么数字?

3925：277

4697：2416

6257：?

13. 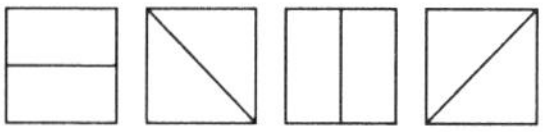 对应 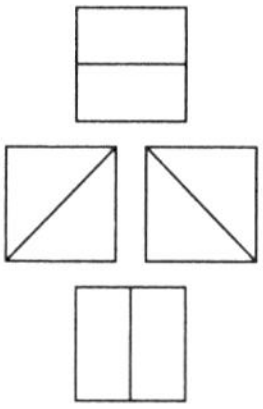，

相当于 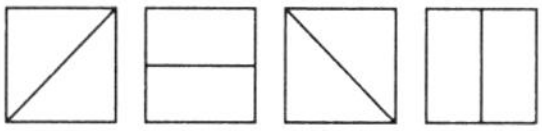 对应________。

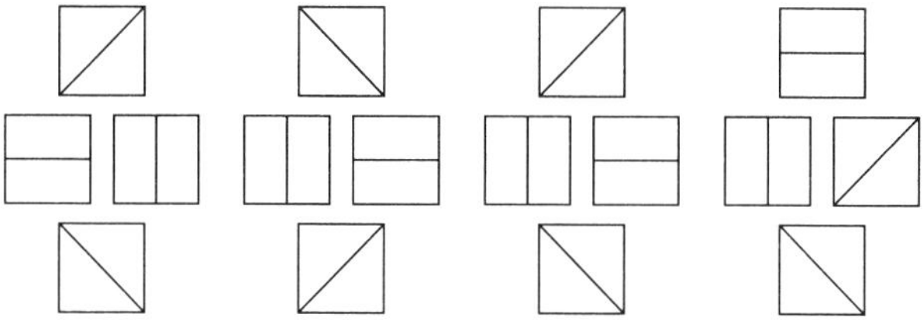

A　　B　　C　　D

14. 以下哪项变换字母顺序不能组成一个音乐术语英文单词?

A. no baiter　　B. rent coco　　C. revue rot

D. rod arch　　E. shop yard

15. 在每个方格中填入缺失的数字。

3	9	6	7
4	9		6
3	4	8	8
2	7	4	9

7	9	3	4
9	8	5	2
6	9	7	6
5	4	9	

16.缺失的方块是下列选项中的哪一个？

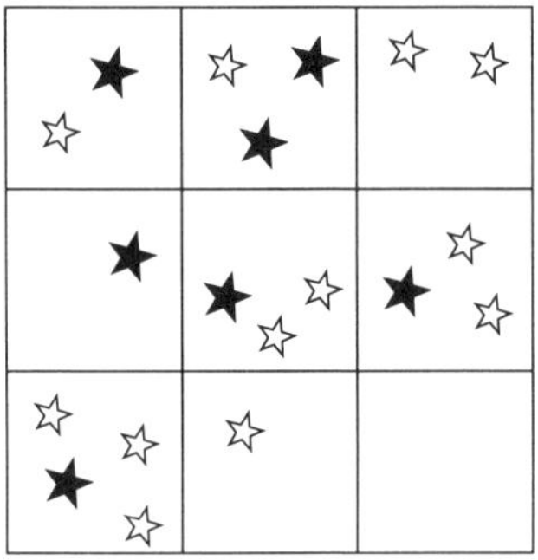

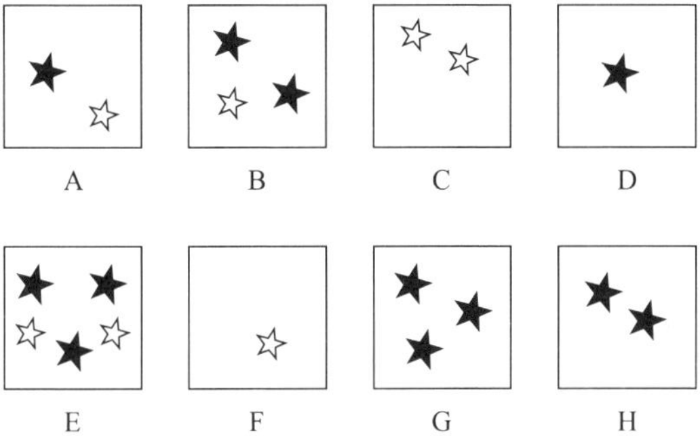

17. NICE OLD NOUN变换字母顺序可以组成哪个英语常用语（字母数分别为2、5、4）？（提示：狂喜的程度。）

18.凯特持有的数量比皮特多四分之一，皮特持有的数量比吉尔多三分之一，三人一共有120个。每人各有多少？

19.只改变以下每个英语单词中的一个字母，组成一个英语常用语。（提示：这个常用语的意思是“人言可畏”。）

so dive I dot o bid came

20. 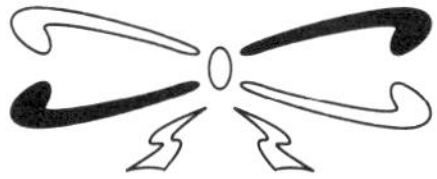 对应 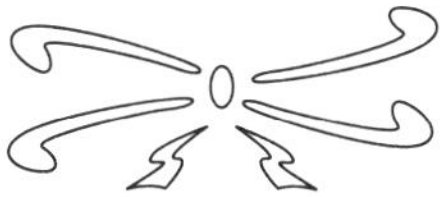

相当于 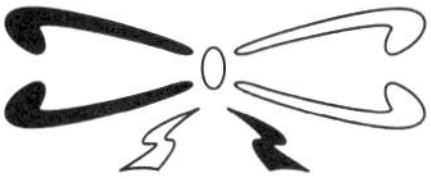 对应________。

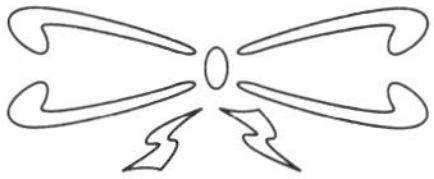

A

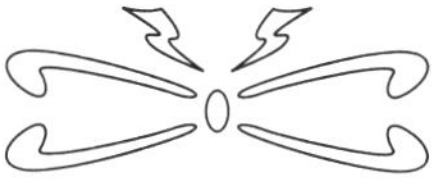

B

C

D

21. 问号处应该填什么数字？

1		1			2	3	2
	4			2			3
2		2			2		2
	4			2			3
	3	5	3			4	3
	3		3		3	?	
1			2		3		2
		1				2	

22.问号处应该填下列选项中的哪个六边形?

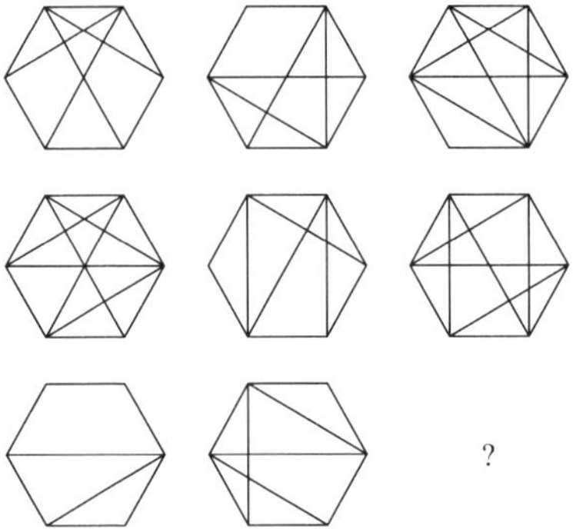

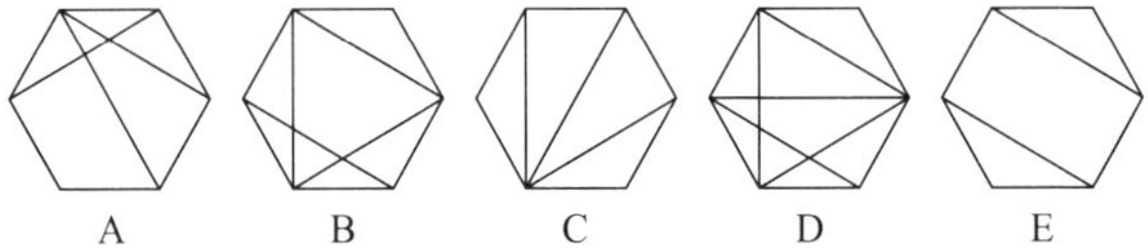

23.把英语元音字母插入下面这列字母中，拼出四个意思相近的英语单词。所有辅音字母顺序不变。

D R C H R S H V N R T R V R

24.补出缺失的字母使之顺时针拼出一个英语常用语。图中只显示了部分字母，请找出起始点。(提示：这个常用语的意思是“一步到位”。)

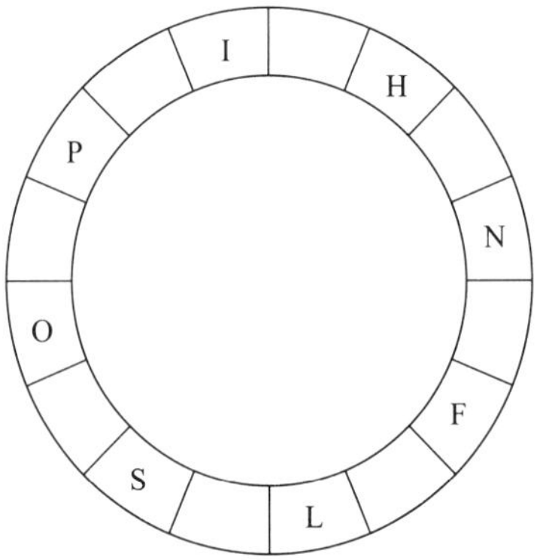

25. 缺失的部分是下列选项中的哪一个？

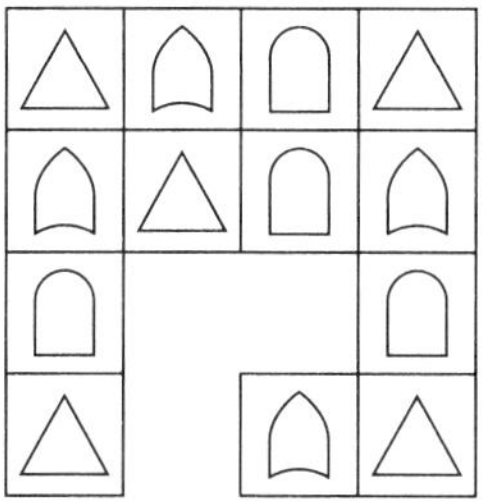

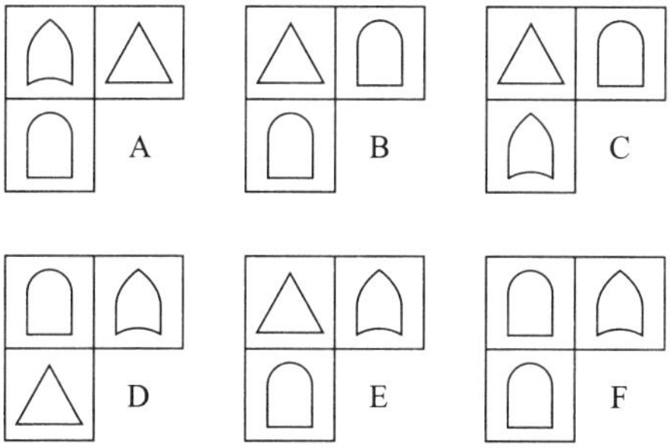

26. 从下面两个圆圈中找出两个反义的英语单词，一个顺时针拼出，一个逆时针拼出。请找到起始点并补出缺失的字母。

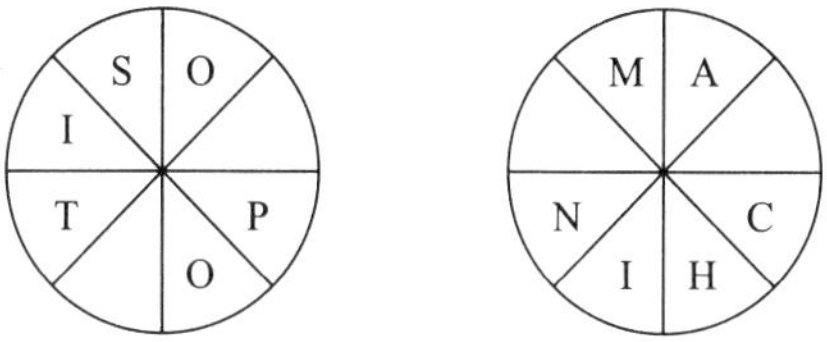

27. 以下字母组合中只有一组重排字母顺序后能够拼出一个5字母的英语单词，找出这个词。

A. GOZAM B. TROMC C. PLACT D. OECLR

E. MUYJP F. TANRO G. EFOLC

28. 如果上午8时和90分钟前这两个时间点之间的分钟数，是现在和中午12时之间的分钟数的两倍，那么现在离中午12时还有多少分钟？

29. 问号处应该填下列选项中的哪个六边形？

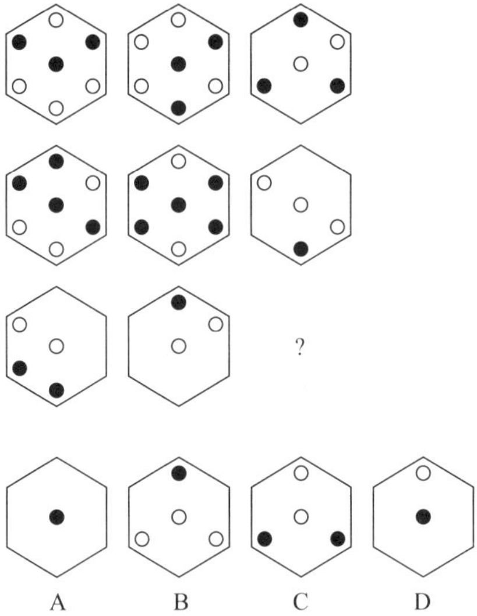

30. 下列选项中的哪一项与其他项不同？（提示：此题答案与英式英语和美式英语有关。）

A. drapes　B. realtor　C. fanlight

D. diaper　E. tuxedo

31. A　B　C　D　E　F　G　H

字母A右边紧挨着的字母右边第三个字母左边紧挨着的字母右边第二个字母是什么？

32.问号处应该填什么数字？

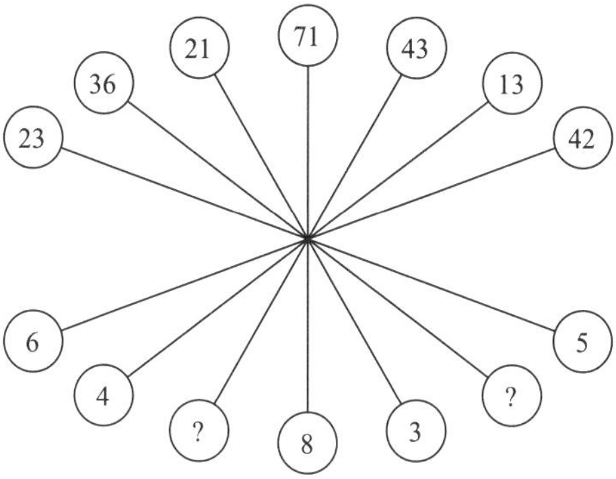

33.根据所给图形的规律，下一个图形应该是以下选项中的哪一个？

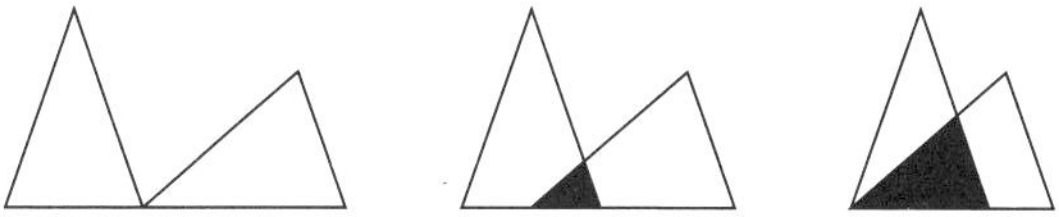

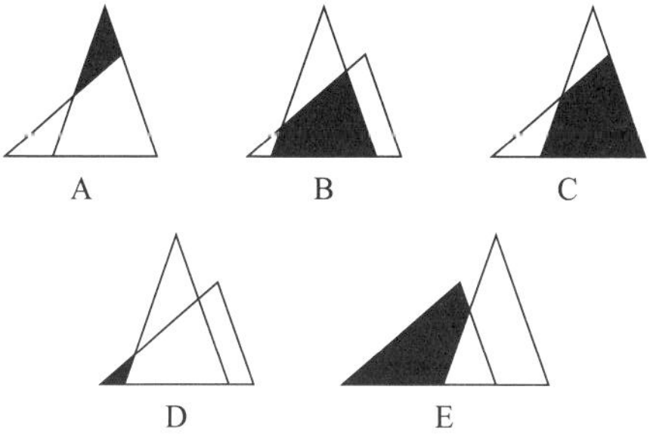

34.“膝盖”对应“髌骨”，相当于“胸腔”对应________。

A.锁骨　B.下颌骨　C.股骨　D.胸骨　E.肩胛骨

35.从下图的四角字母之一开始，按顺时针方向沿着九宫格的四条边移动，最后到中心的字母结束，补出空缺处的字母并组成一个包含9个字母的英语单词。

N	I	N
E	*	S
*	L	U

36. 如果托尼的年龄+谢丽的年龄=80岁，托尼的年龄+戈登的年龄=98岁，谢丽的年龄+戈登的年龄=94岁，那么托尼、谢丽和戈登的年龄各是多少？

37. 下图中的哪一项与其他项不同？

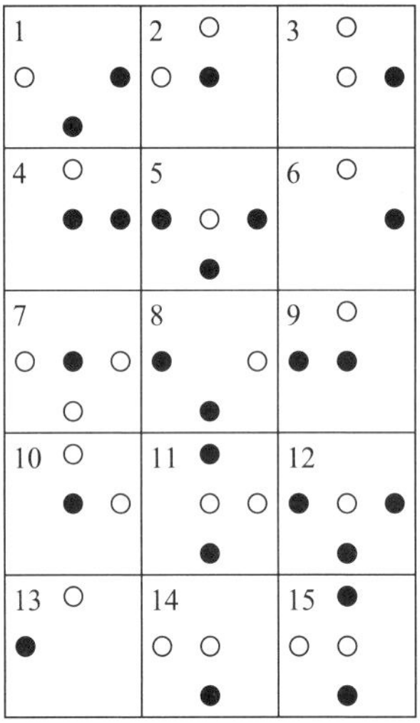

38. 以下哪一项改变字母顺序后不能组成一种动物名称的英语单词？

A. one leapt　　B. take choir　　C. the plane

D. trap hen　　E. leg laze

39. 有人调查了100名在哈洛德百货公司（Harrods）购物的女性，

其中83人有一个白色的包，77人穿着黑色的鞋，62人带着一把雨伞，且95人戴着一个戒指。请问至少有多少人同时有这四样物品？

40. 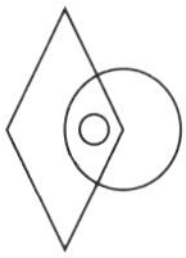 对应 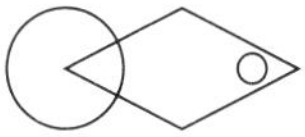，

相当于 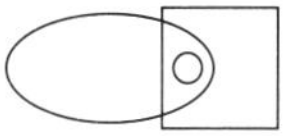 对应________。

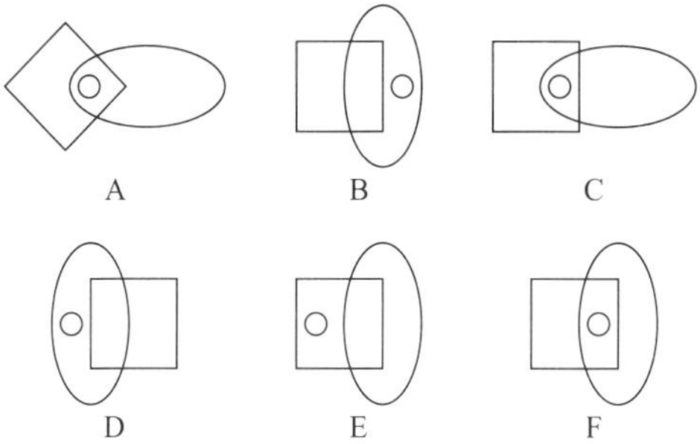

测试15

1. 下列选项中的哪一项与其他项不同？

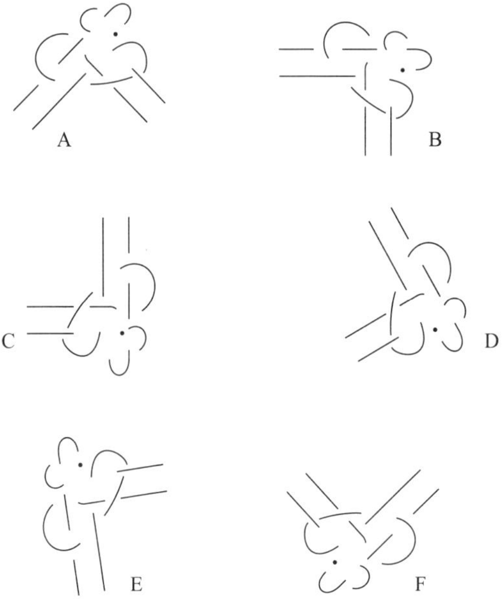

2. female（雌性）对应nanny（母山羊），相当于male（雄性）对应________。

A. Joey　　B. Tommy　C. Harry　　D. Billy　　E. Larry

3. 只改变每个英语单词中的一个字母，使其成为一个英语常用语。（提示：这个常用语的意思是“一报还一报”。）

tin fog cat

4.问号处应该填什么数字？

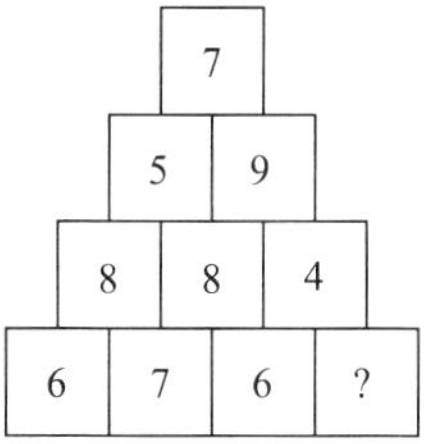

5.下一个图形是选项中的哪一个？

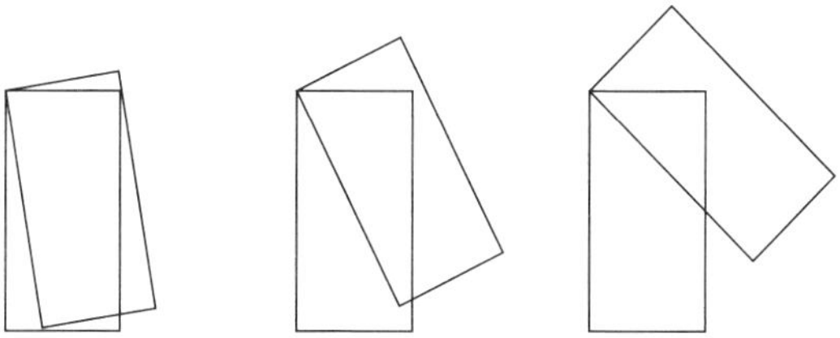

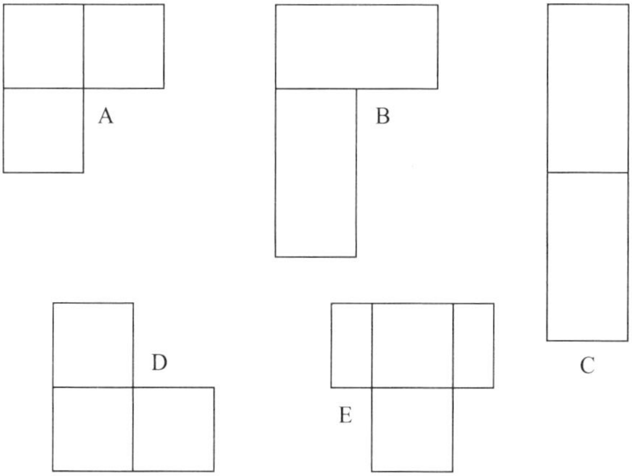

6. 下列选项中的哪一项与其他项不同？

A. 卡里普索　　B. 协奏曲　　C. 咏叹调

D. 船歌　　E. 合唱曲

7. 在括号里填入一个具有和括号左右两边词语意思相近的英语单词。

ascend（攀登）（________）calibration（测量标度）

8. 我从我的果园里摘了一篮苹果。我回家时，给了我的儿子75%的苹果，剩下的苹果中0.625给了我们的邻居，然后我吃掉了剩下的苹果中的一个。最后篮子里只剩两个苹果了。我原来从果园里摘了多少个苹果？

9. 下图中出现了多少条直线？

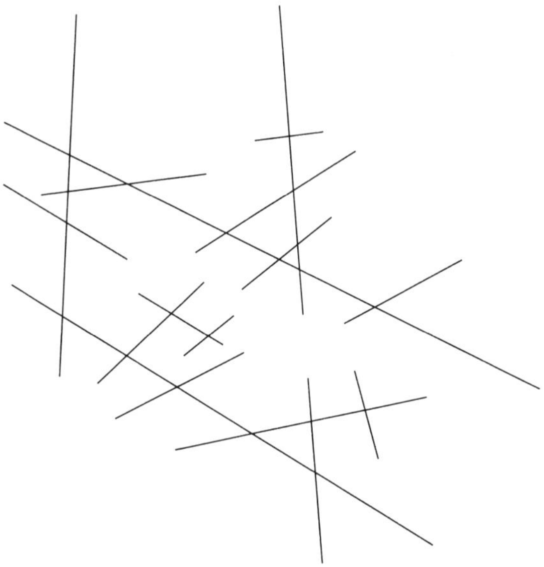

10. 下列选项中哪个词与knack（巧妙的）的意思相反？

A. necessity　　B. surplus　　C. ineptitude

D. facility　　E. quell

11. 把括号中的英语单词重排字母顺序组成一个新词（11个字母），和其他单词组成弗兰克·克兰（Frank Crane）的一句名言。

Your sole（ironic button）to the sum of things is yourself.（你对万物的唯一贡献就是你自己。）

12. 问号处应该填什么数字？

4	2	3	2	5	4
6	7	5	1	7	3
5	1	3	?	6	5

13. 下列选项中的哪一项与其他项不同？

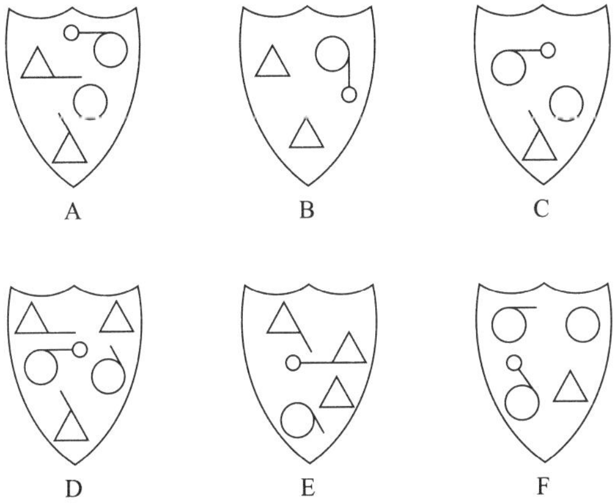

14.把下列4字母词填入字谜格中。

ATOM NOSY COOL LAMP YAWN MAIN SHIP EAST KING VETO PEAK UNIT DARK ZEST ZEAL UNDO STAG TAKE TAME SUCH

15.下表空格处应该填哪四个数字?

2	4	8	3	9	2	4
9	8	3	9	2	4	8
3	4			9	8	3
8	2			2	3	9
4	9	3	8	4	9	2
2	9	3	8	4	2	4
3	8	4	2	9	3	8

16.缺失的部分是下列选项中的哪一个？

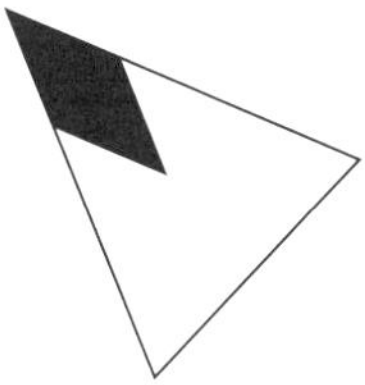

A

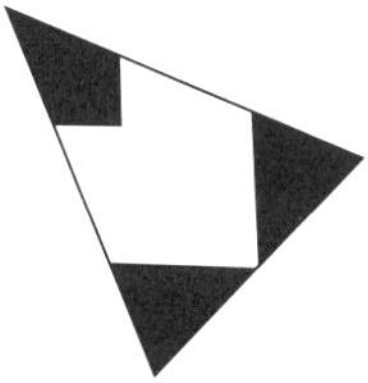

B

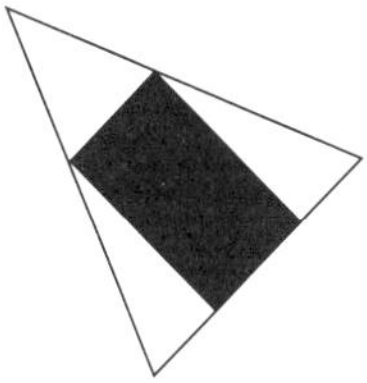

C

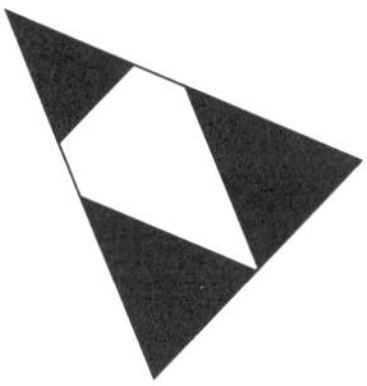

D

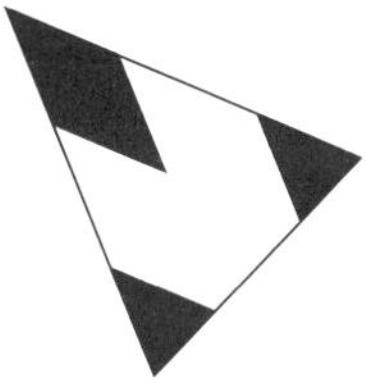

E

17.在括号中填入一个英语单词，使其与括号前后的词语相连各组成一个新的单词或短语。

stone（________）feet

18.最下面一行应该填哪些数字？

3	6	9	15
8	2	10	12
11	8	19	27
19	10	29	39
?	?	?	?

19.以下哪两个词意思最相近？

A.媚态　B.浮躁　C.冷漠

D.适用　E.轻浮　F.敏捷

20. 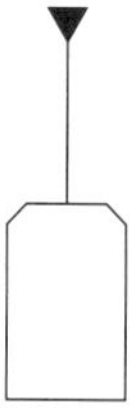 对应 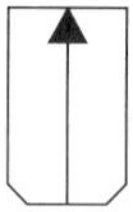，

相当于  对应________。

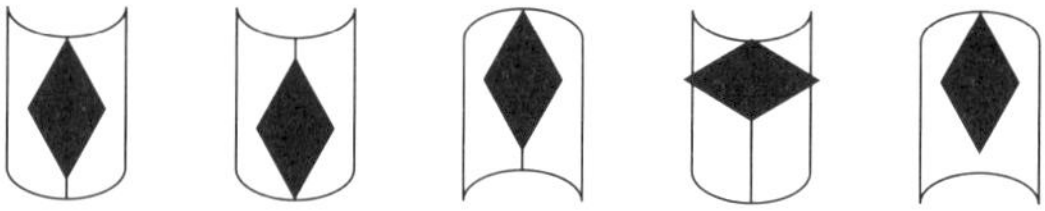

A　B　C　D　E

21.下列选项中的哪一项与其他项不同？

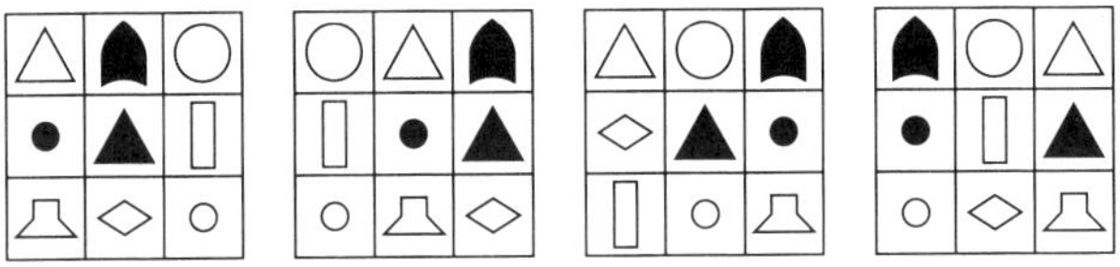

A　　B　　C　　D

22.只改变每个英语单词中的一个字母，使之成为一个英语常用语。（提示：这个常用语的意思是“坦率地”。）

may do fan

23.“苛求的”对应“严格的”，相当于“繁复的”对应_______。

A.难懂的　　B.繁重的　　C.难以捉摸的

D.费力的　　E.复杂的

24.哪个更重：A的重量是自重的六分之一加上60千克，B的重量是46千克加上它自重的三分之一？

25.把所给图形折叠成一个立方体，只能成为选项中的一个。请问是哪一个？

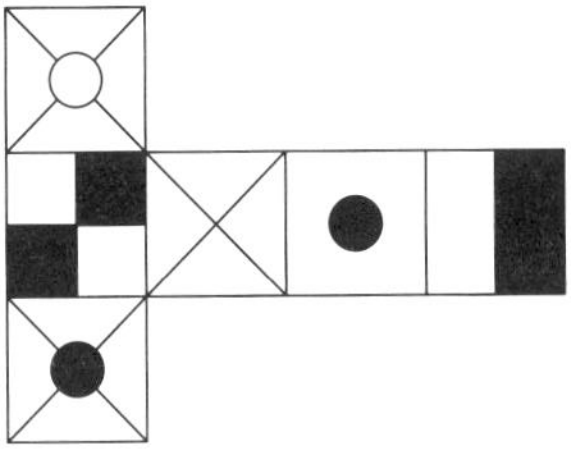

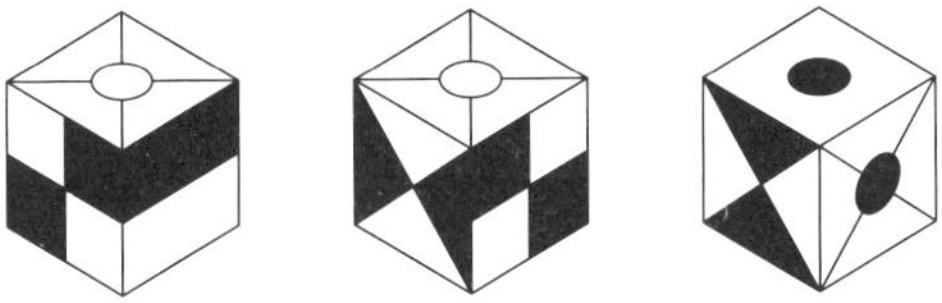

A　　B　　C

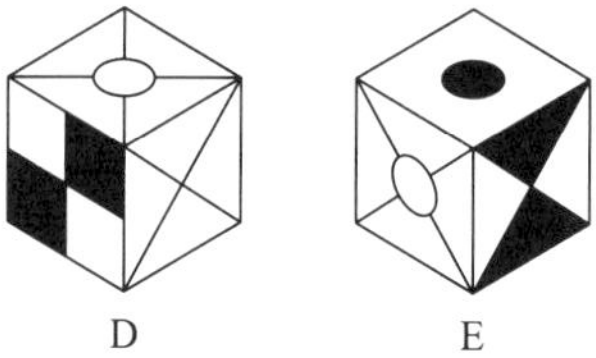

26. 下列选项中的哪一项与其他项不同？

A. 优化　　B. 退步　　C. 改善　　D. 革新　　E. 提高

27. 根据以下序列的规律，下一个数字应该是什么？

25，50，27，46，31，38，39，？

28. 在括号中填入一个具有括号两侧词语意思的单词。

protracted（延长的）（________）desire（渴望）

29. 问号处应该填下列选项中的哪一个图形？

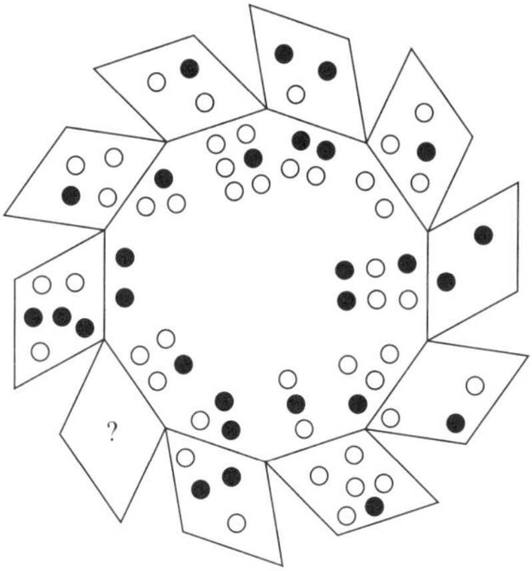

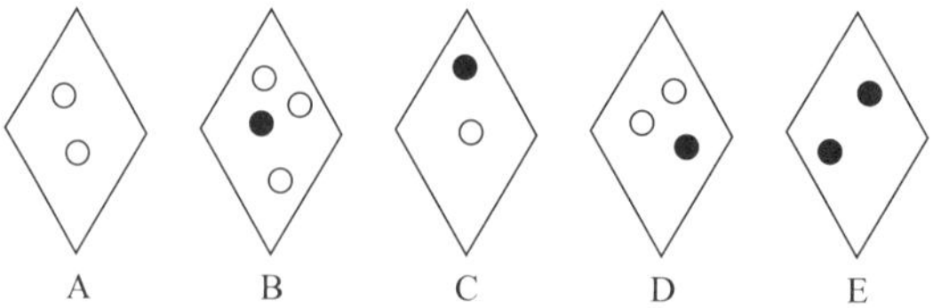

30.问号处应该填什么数字?

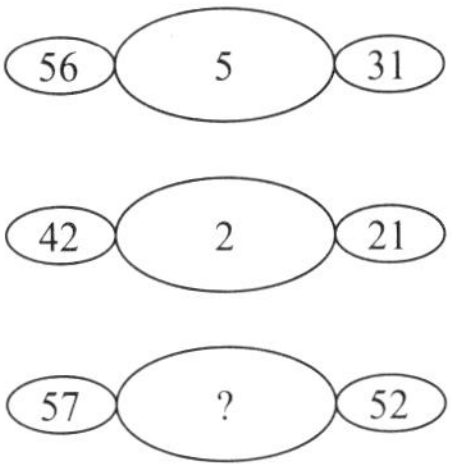

31.以下10个字母能组成的最长的英语单词是什么?

NURDESBOTA

32.选项中的哪个词与ramification(结果)的意思相近?

A. uproar　　B. regulation　　C. collision

D. consequence　　E. stronghold

33.下列选项中的哪一项与其他项不同?

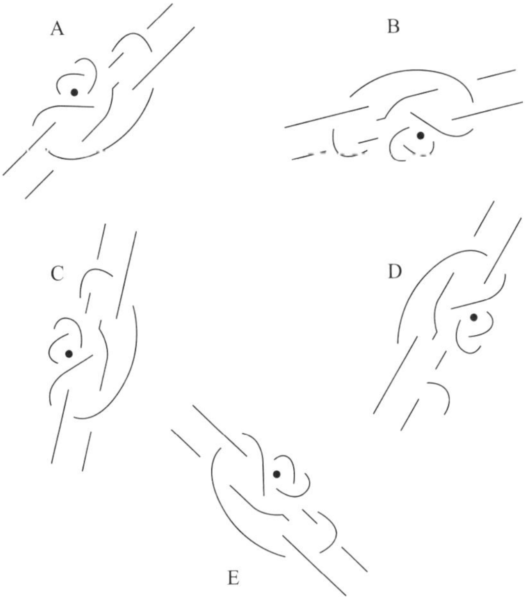

34. 问号处应该填什么数字？

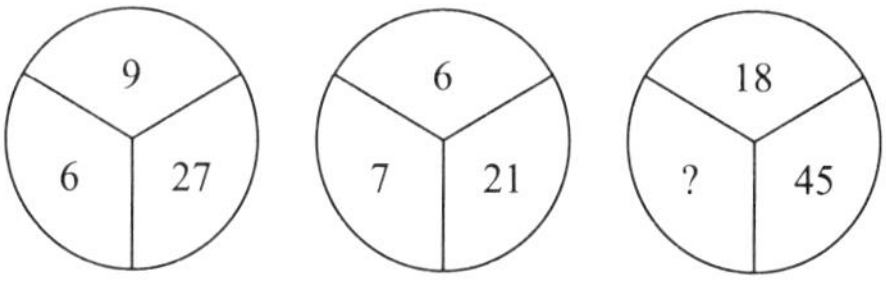

35. 在括号中填入一个英语单词，使其与括号前后的词语相连各组成一个新的单词或短语。

march（________）master

36.  对应 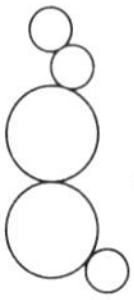，

相当于 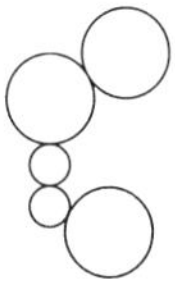 对应________。

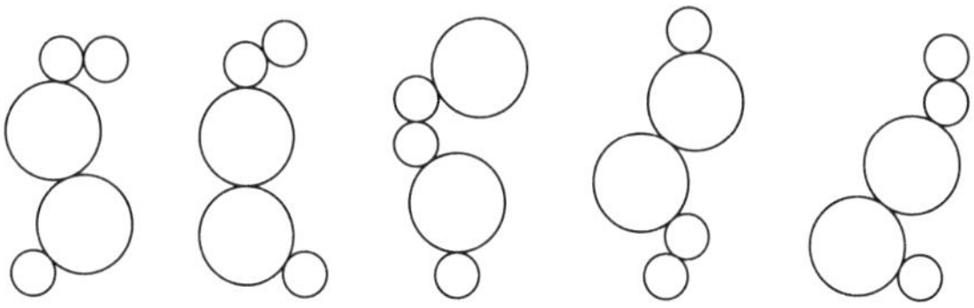

A　　B　　C　　D　　E

37. 问号处应该填什么数字？

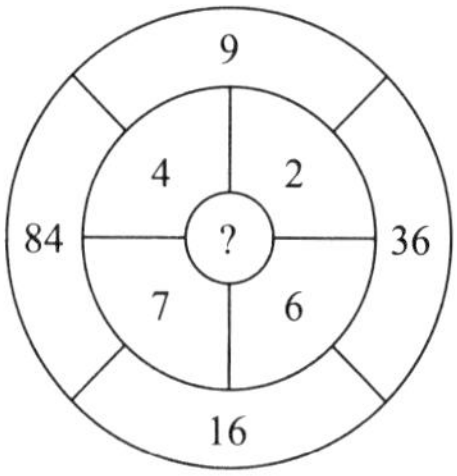

38. UNMARKED SEATS改变字母顺序后能组成哪个英语常用语（单词字母数分别为4、2、7）？（提示：强烈的。）

39. 以下哪两个词意思相反？

A. 古怪的　　B. 寓意的　　C. 卓越的

D. 事实的　　E. 好斗的　　F. 公然的

40. 下列选项中的哪一项与其他项不同？

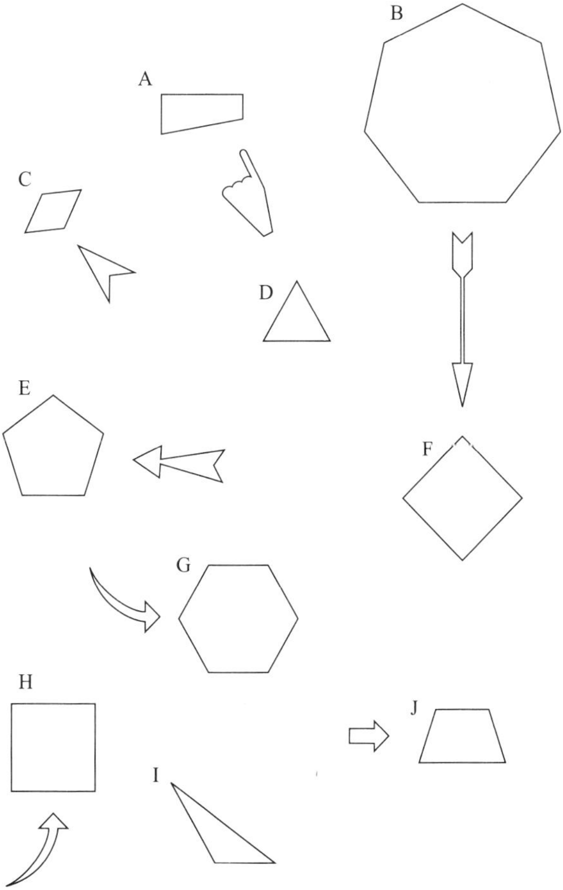

测试16

1. 下列选项中的哪个词与irrefutable（确凿的）的意思最相近？

A. lost　　B. sure　　C. wise　　D. secure　　E. optimal

2. 下列选项中的哪个盾牌与给出的盾牌最相似？

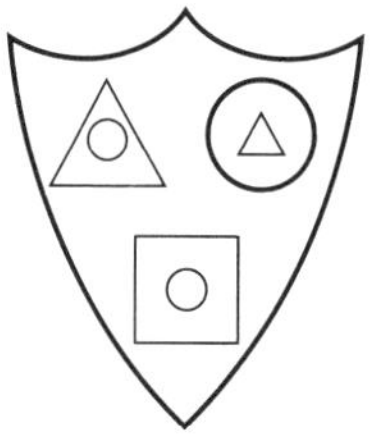

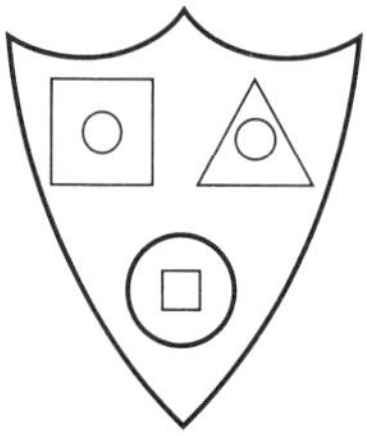

A

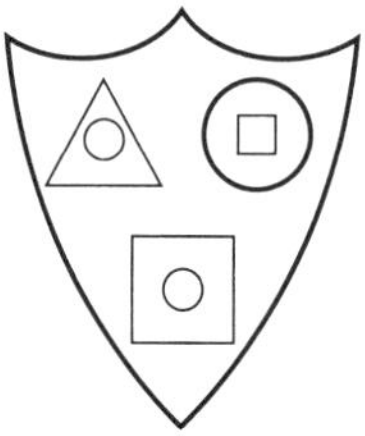

B

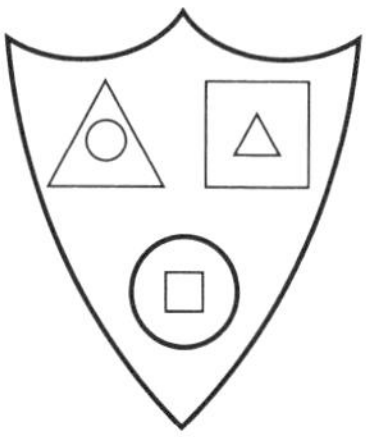

C

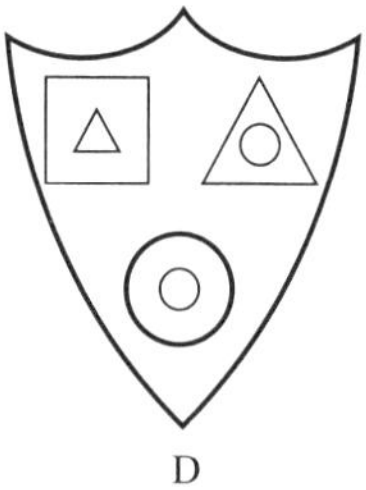

D

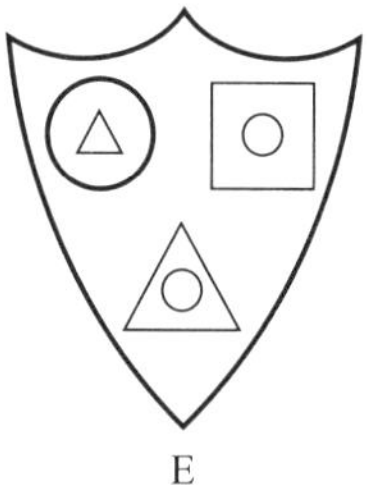

E

3. 在以下空格处填入三个身体部位名称的英语单词（每个都有三个字母），使词语完整。

W_ _ _Y

E_ _ _Y

T_ _ _E

4. 问号处应该填什么数字?

7 5 6 6

5 4 3 4

2 9 4 ?

5. 下列选项中的哪一项与其他项不同?

A. 超越　B. 倾泻　C. 跌落　D. 消退　E. 下垂

6. 问号处应该填下列选项中的哪一个?

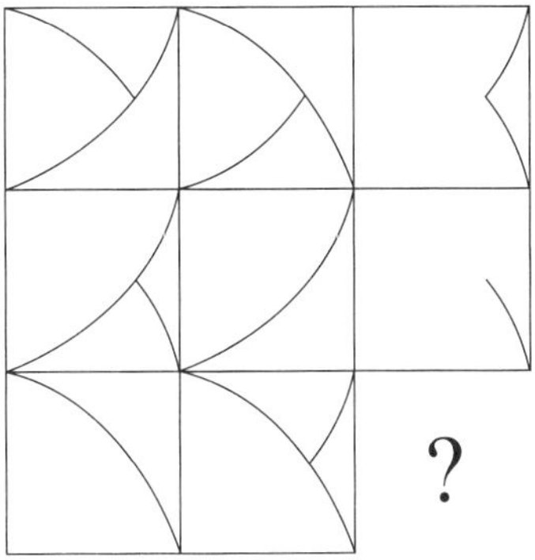

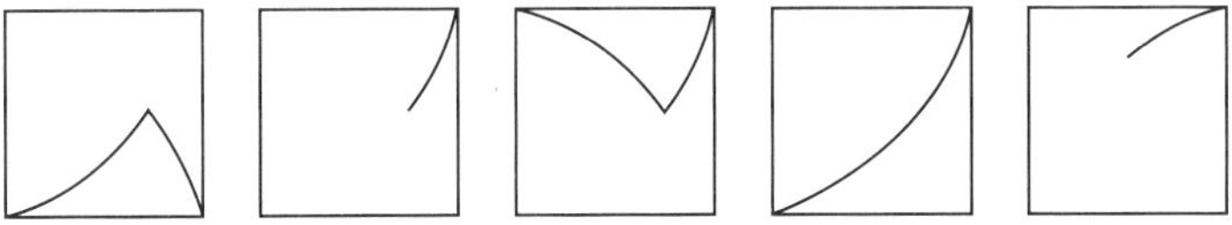

A　B　C　D　E

7. 以下各组字母中只有一组变换字母顺序可以组成一个5字母英语单词。你能找出这个词吗？

MURDC

BEWAP

UNREL

YIGEN

THABL

8. 在括号中填入一个英语单词，使其具有括号两侧单词或短语的意思。

lightly-built（　　　　）give offence to

9. 一辆以每小时90英里的速度行驶的火车进入了一条长3.5英里的隧道。火车长度是0.25英里。从火车头进入隧道到火车尾驶出隧道需要多长时间？

10. auri-（金制）对应gold（黄金），相当于argent-（银质）对应________。

A. brass（黄铜）　B. steel（钢铁）　C. emerald（翡翠）

D. silver（白银）　E. aluminium（铝）

11. 根据以下图形排列的规律，下一个应该是下列选项中的哪个图形？

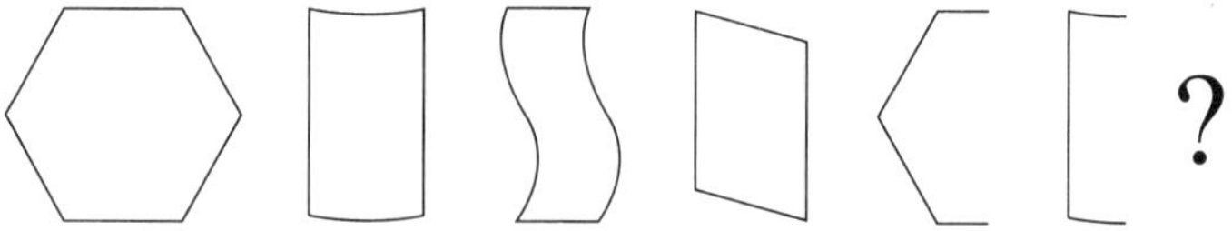

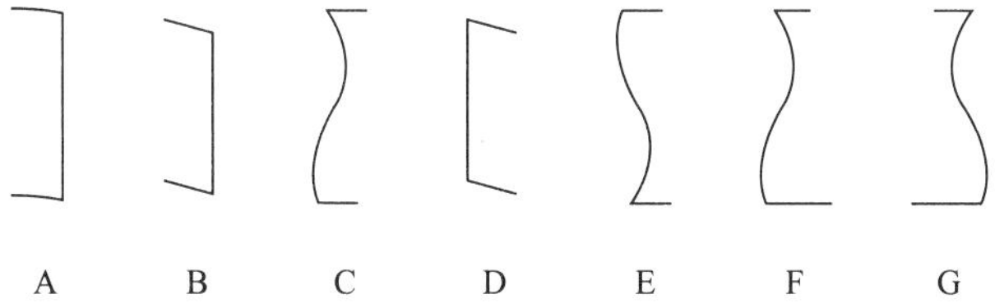

12.问号处应该填什么数字?

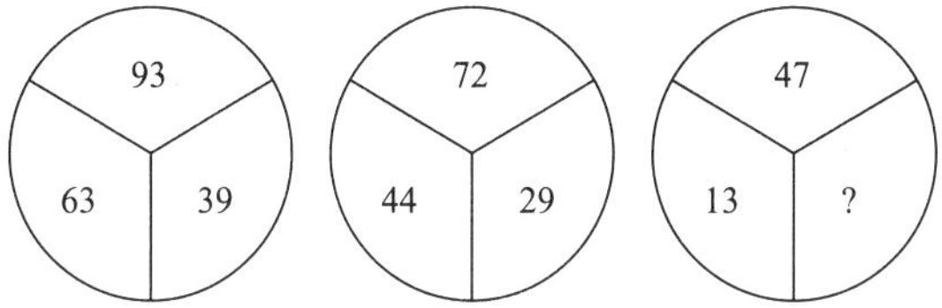

13.下列选项中的哪个词和“通常会”的意思相反?

A.不合时宜　B.几乎不　C.年深日久

D.勉强对付　E.时不时

14.问号处应该填什么数字?

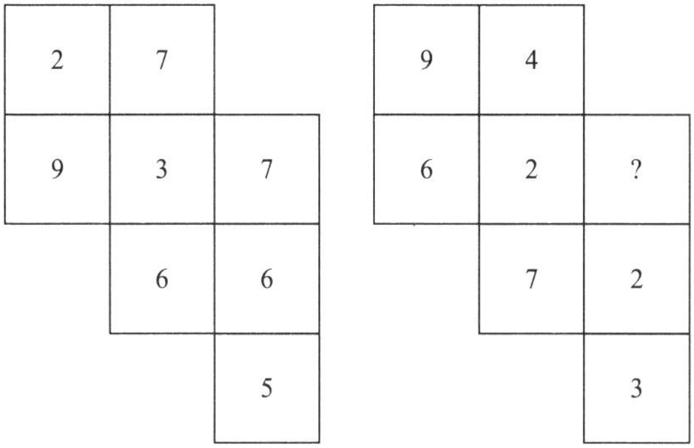

15.在下面这串字母中，字母D左边第二个字母右边的第三个字母左边紧挨着的字母右边第二个字母是什么?

A B C D E F G H

16.下列选项中的哪一项与其他项不同？

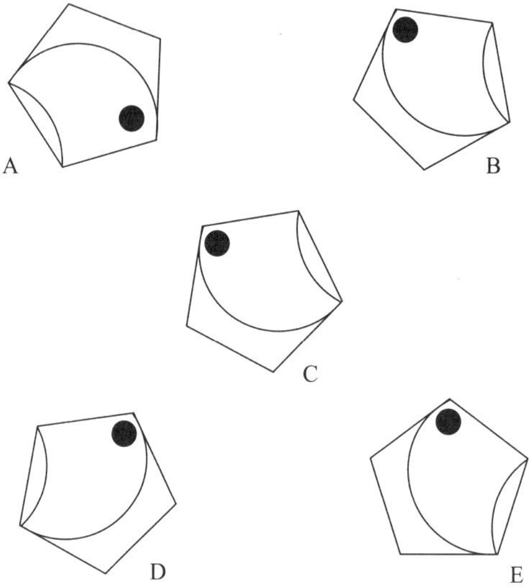

17.问号处应该填什么字母？

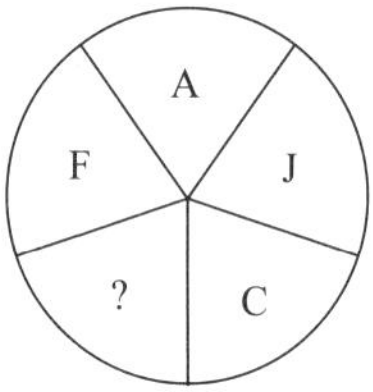

18.根据以下字母排列，可以使人想到哪个英语短语？（提示：这个短语的意思是“高峰会议”。）

C

O N

F E R

E N C E

19. 括号中填入哪个英语单词，可以与括号前后的字母相连组成两个新的英语单词？

IMP（ _ _ _ ）EAR

20. “避难所”对应“收容所”，相当于“养育”对应________。

A. 掩护　B. 抚育　C. 保护　D. 娇惯　E. 免疫

21. fastigiate是什么意思？

A. doubled（双倍的）　B. slippery（狡猾的）

C. closed（关闭的）　D. like a pyramid（金字塔状的）

E. 5-barred gate（五栅门）

22. 用以下两组字母组成一个含6字母的英语单词。（提示：鸟。）

ING　ETS　LOW　LIN　DAF　SWA　MER　NER　ROB　ODI

23. 以下这句“胡德格言”中的元音字母都缺失了。你能补出这些字母吗？（提示：这句话的意思为“开口说话一定要带着脑子”。）

B SR TH BRN S NGGD BFR PTTNG TH MTH N GR

24. 下列缺失的4字母英语单词是什么？（提示：此题答案与英语单词的拼写有关。）

palm

mast

tory

_ _ _ _

ante

earn

nose

25.问号处应该填什么数字？

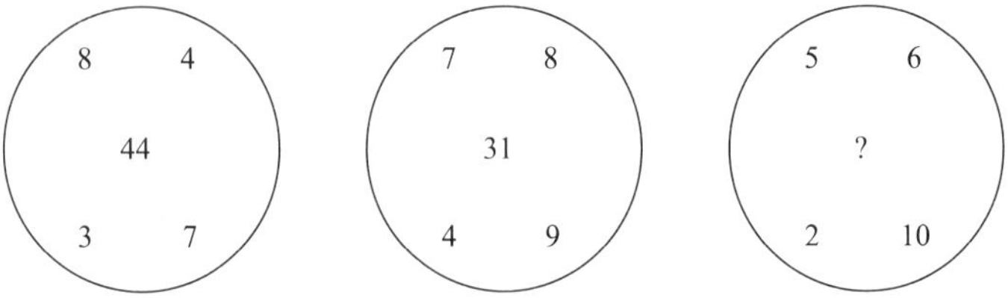

26.你是否能把以下英语单词重新组成一句英语俗话。（提示：这句话的意思是“一个男人只有到了足够的年龄才能了解女人，但这时他已经力不从心了”。）

LIBRARY	A	LIKE	BY
TO	READ	A	COLLECT
WOMAN	HE	TIME	CAN
IS	THE	TOO	A
MAN	A	BOOK	OLD

27.问号处应该填下列选项中的哪个圆圈？

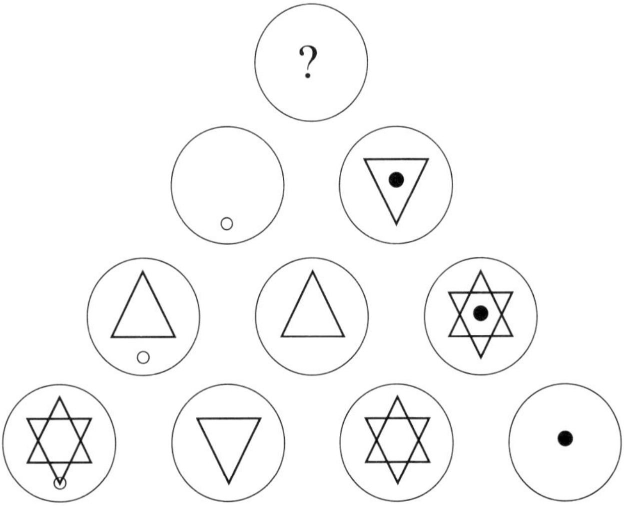

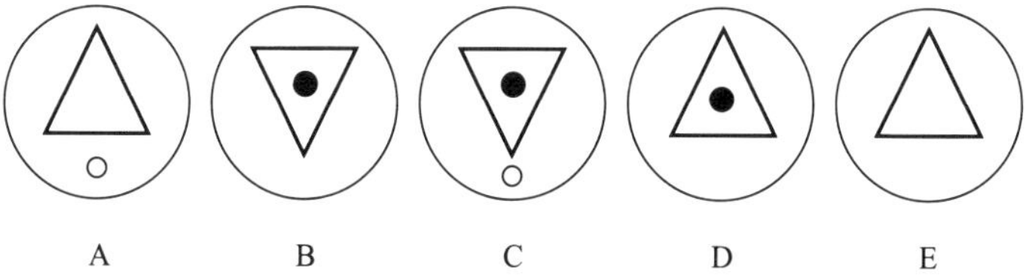

28. 在表格中找出一个满足以下两个条件的数字：

23	36	8	48
7	6	13	16
15	21	3	5
18	25	4	12

（1）它所在的行中不包含平方数；

（2）它所在的列中不包含质数。

29. 在空白处填上字母组成一个英语单词。

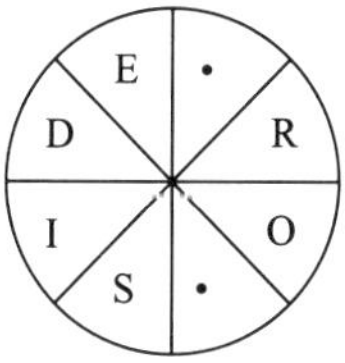

30. 以下这些英语单词有什么共同点？（提示：此题答案与英语单词的拼写有关。）

pond

toga

seal

find

joan

spin

31.把下列两个4字母组合组成一个含8个字母的英语单词。

PEDI BURT GIGA FRAI ETIK NTIC PHON LING CUBB LICY

32.问号处应该填什么数字?

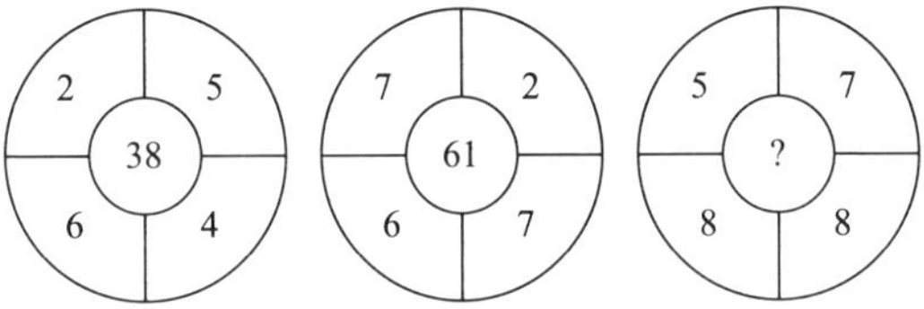

33.把字母填入圆圈，使之拼成两个6字母英语单词，都是一种鱼的名称。

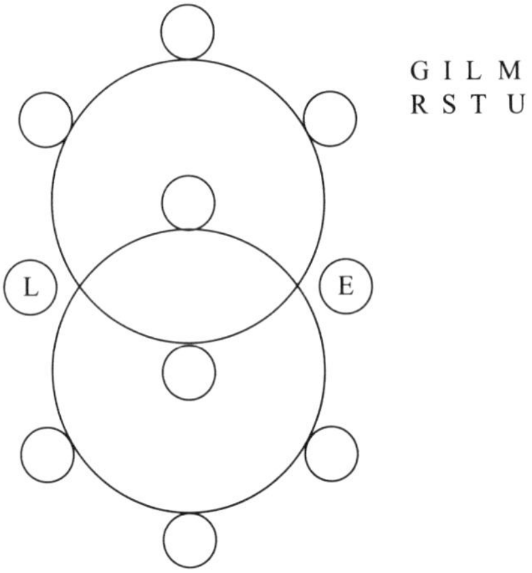

34.下图外面四个圈中的每条线和每个符号都根据以下规则转化到内圈。如果一条线或一个符号在外圈：

出现一次：进入内圈。

出现两次：可能进入内圈。

出现三次：进入内圈。

出现四次：不进入内圈。

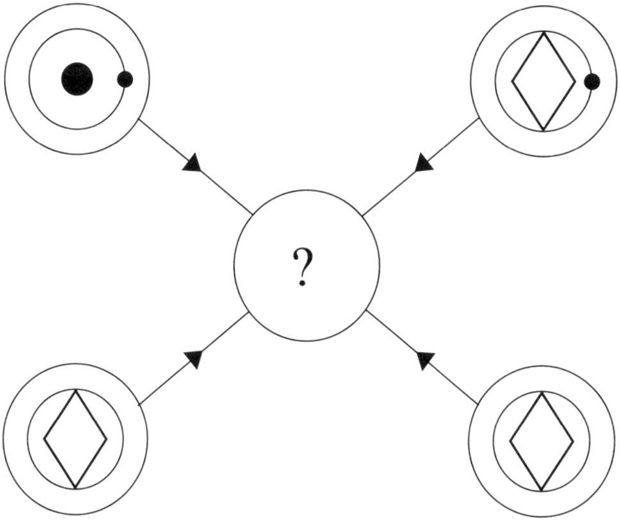

那么以下所示的A、B、C、D、E图形，哪个应该出现在上图的中心位置？

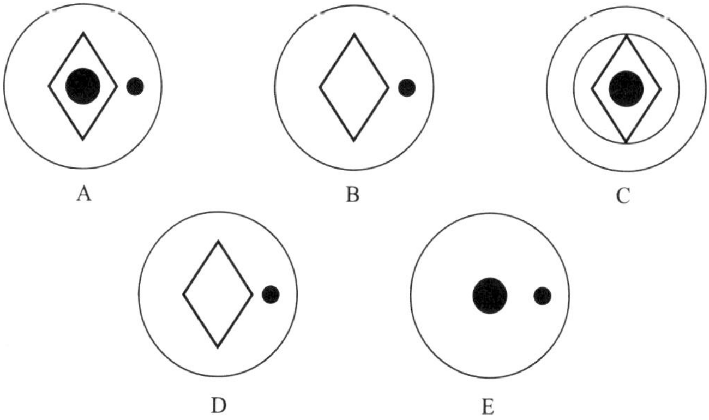

35. 缺失的方块是下列选项中的哪一个?

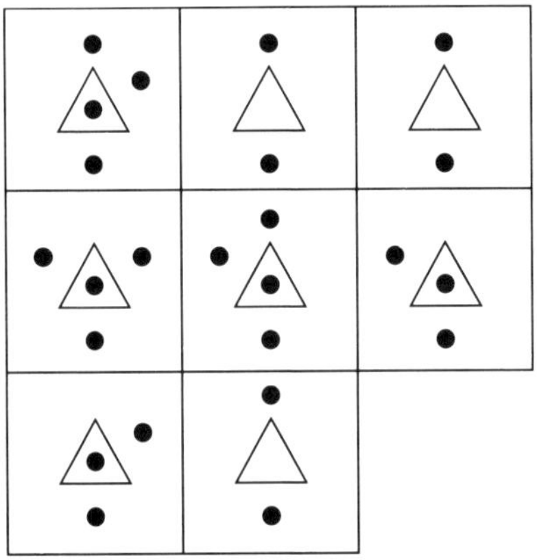

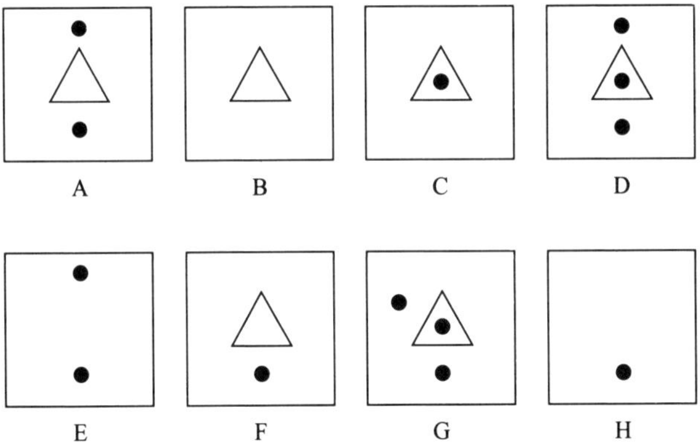

36. 填入元音字母组成一个英语单词:

C R P C

37. “鸢尾”是什么?

A. 一种辣椒

B. 一种马

C. 一种花

D. 一种门框花样

38. 在括号内填入一个单词，使其具有括号两侧单词的意思。

GEM（_ _ _ _ _ _）DUNGBEETLE

39. B栏中哪项不能和A栏中的项组成一个6字母英语单词？

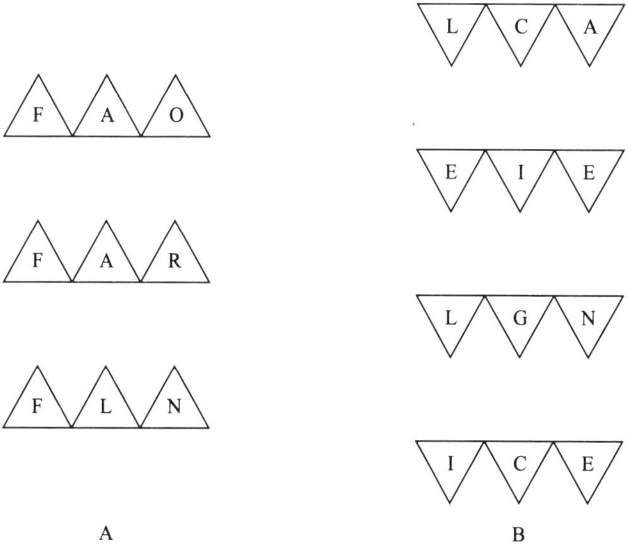

40. 从下图星形的内圈和外圈各拼出一个6字母的拳击术语英语单词。

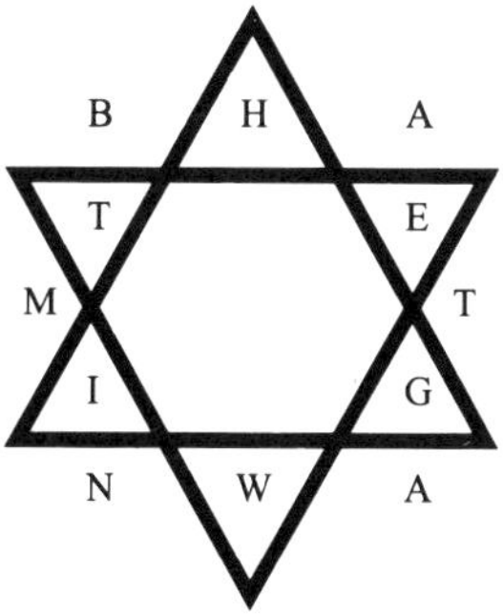

测试17

1. 如果上午9时和15分钟前这两个时间点之间的分钟数，是现在和中午12时之间的分钟数的4倍，那么现在离中午12时有多少分钟？

2. 如果“河里的肉”（6个字母中的3个）是T（ham）es，找出一个词的意思是“在一个国家里很满意”（10个字母中的4个）。

3. 以下哪两个词意思最相近？

A. 抵制　　B. 诉讼　　C. 排斥

D. 制裁　　E. 假定　　F. 意图

4. 问号处应该填下列选项中的哪个盾牌？

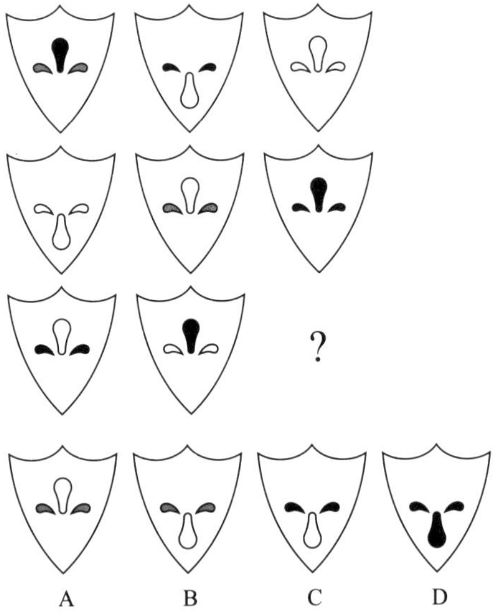

5.“到埃菲尔铁塔顶有多少级台阶？”一个游客问。“896级台阶再加上所有台阶数的一半。”守卫回答。请问到埃菲尔铁塔顶有多少级台阶？

6.补全下面三个英语单词，使第一个单词的最后两个字母是第二个单词的头两个字母，第二个单词的最后两个字母是第三个单词的头两个字母，第三个单词的最后两个字母是第一个单词的头两个字母，完成一个循环。

_ _ M P _ _

_ _ M I _ _

_ _ G A _ _

7.哪两个英语单词发音相似但拼写不同，意思分别为“纯洁的”“被追捕”？

8. 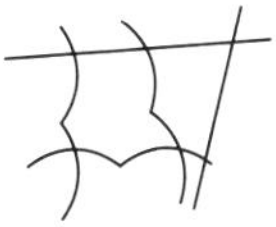 对应 ，

相当于 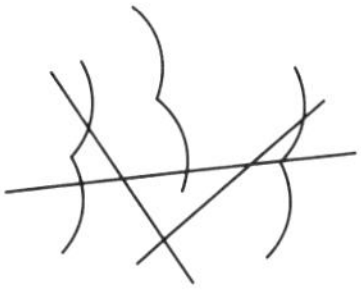 对应________。

A  B 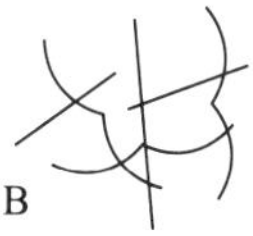 C 

D  E 

9.下列选项中的哪一项与其他项不同？

A.狡猾的　B.精明的　C.狡诈的　D.奸诈的　E.阴险的

10.把短语RAVISH TAIL中的字母填入空白处，每个字母用且只用一次，组成两个英语单词，和其上面的英语单词意思相同。

wait（停顿）　　　　　　pertinent（相关的）

_E_ _T_ _E　　　　　　_E_ _T_ _E

11.问号处应该填哪两个字母？

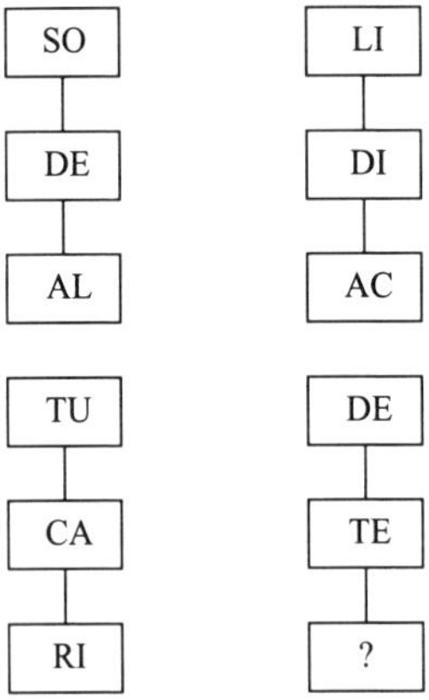

12.问号处应该填什么数字？

72 （68） 41

28 （98） 16

34 （？？） 56

13.“圣马丁节”对应“11月”，相当于“圣烛节”对应______。

A. 1月　B. 2月　C. 3月　D. 10月　E. 12月

14.以下是一个英语常用短语拆分成三个字母的组合且打乱了排列顺序。请复原这个英语短语。（提示：这个短语的意思是“一石二鸟”。）

EST HON OBI LTW ONE RDS WIT KIL

15. 从B栏中找出一个符合A栏规律因此可以填入问号处的英语单词。（提示：此题答案与英语单词的构成方式有关。）

A栏	**B栏**
tape	chip
wood	bell
wine	card
deer	bottle
flag	note
?	

16. 问号处应该填选项中的哪个圆圈？

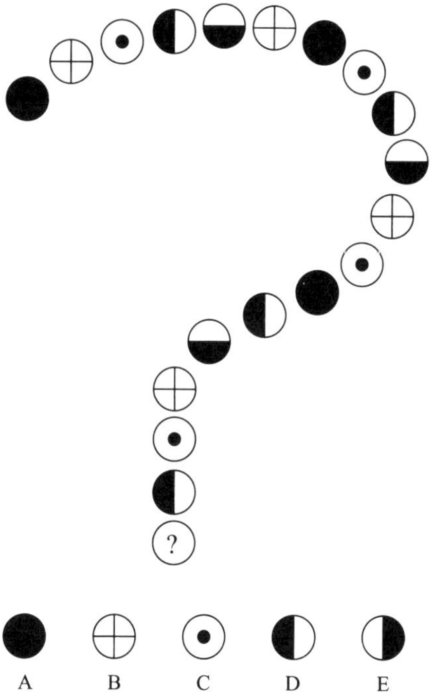

17.以下哪两个英语单词和其他单词不同？（提示：此题答案与英语单词的拼写有关。）

end	use	domains	precast
rub	can	sadness	met
ace	suburbs	panache	ice
presume	special	attempt	aim

18.问号处应该填什么数字？

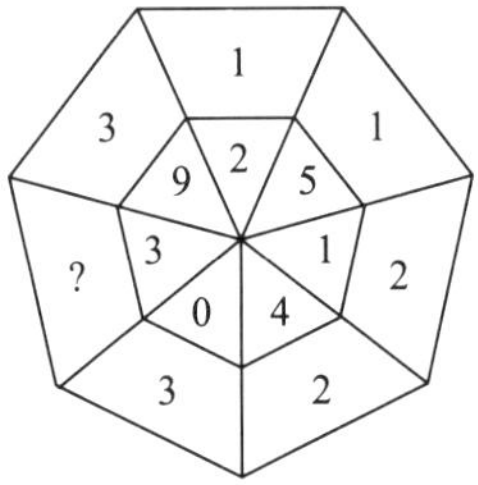

19.下列选项中的哪个词与motley（混杂的）的意思相反？

A. sensible　B. uniform　C. smooth　D. sweet　E. saturnine

20.下列选项中的哪一项与其他项不同？

21. lateen是什么意思？

A. 一种乐器

B. 一种主教的帽子

C. 一种船

D. 一种鸟

22. 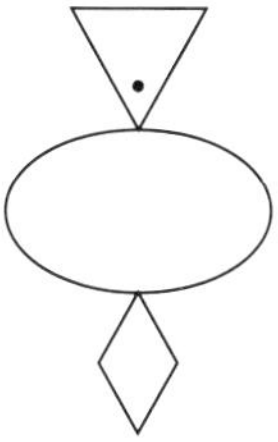 对应 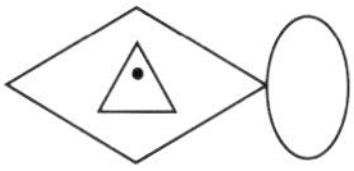，

相当于  对应________。

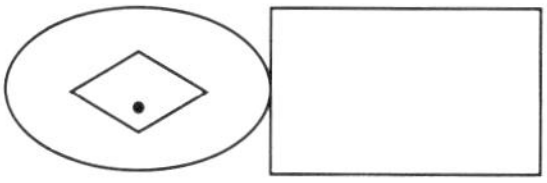

A

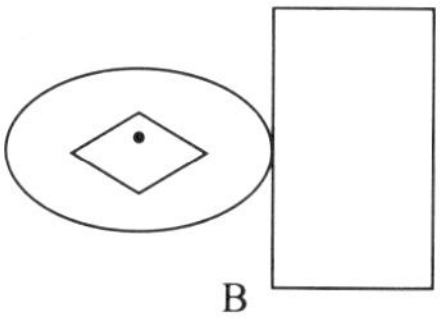

B

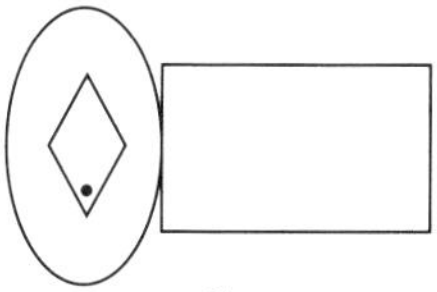

C

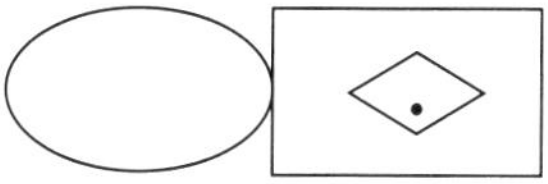

D

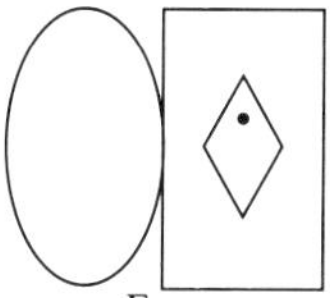

E

23. 把所给图形折叠成一个立方体，不能成为下列选项中的哪一个？

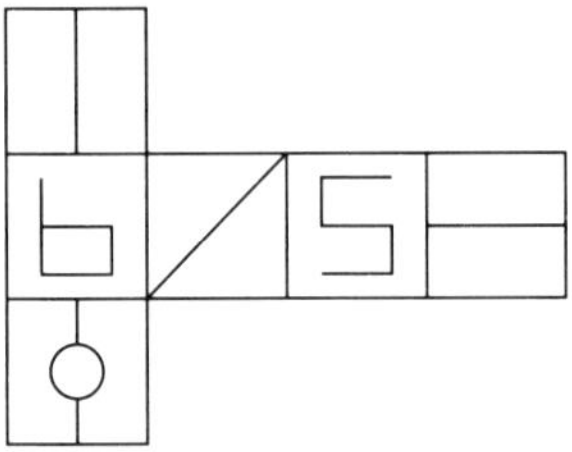

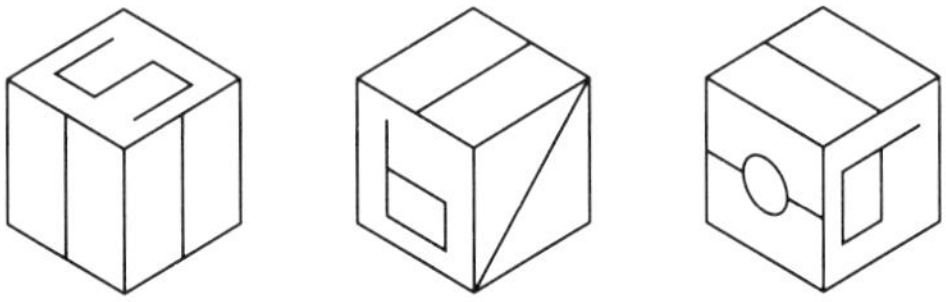

A　　B　　C

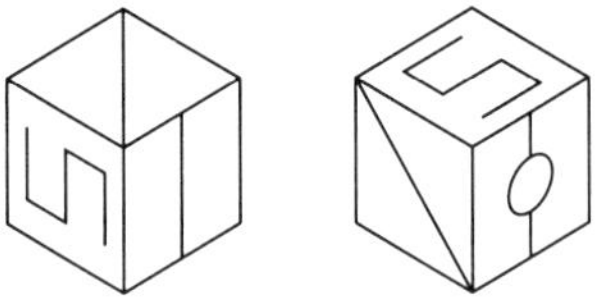

D　　E

24. 补出缺失的字母组成一个英语单词。

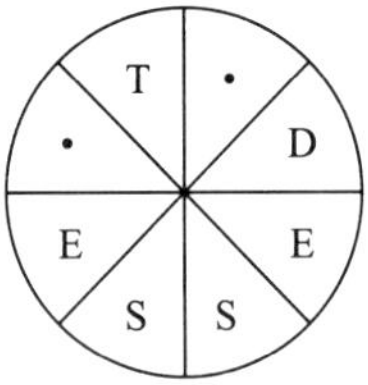

25.把右侧字母填入圆圈中，使下图拼出两个6字母英语单词，均是一种狗的名称。

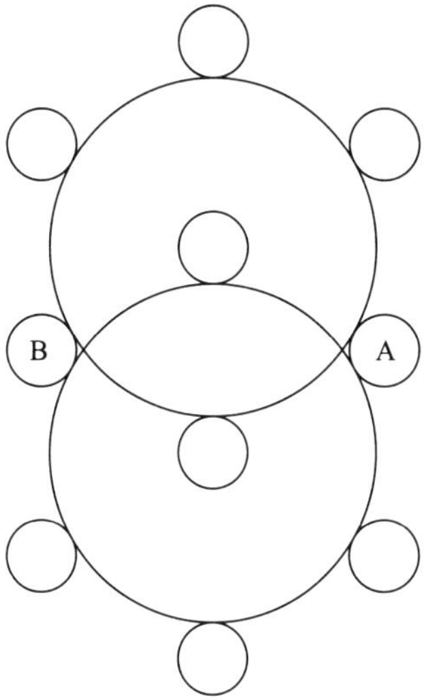

E E E B
G L R T

26.问号处应该填什么数字？

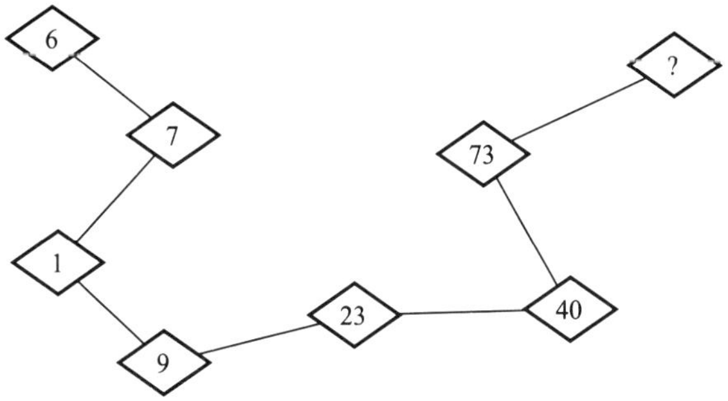

27. 根据下图规律，问号处应该填下列选项中的哪个图形？

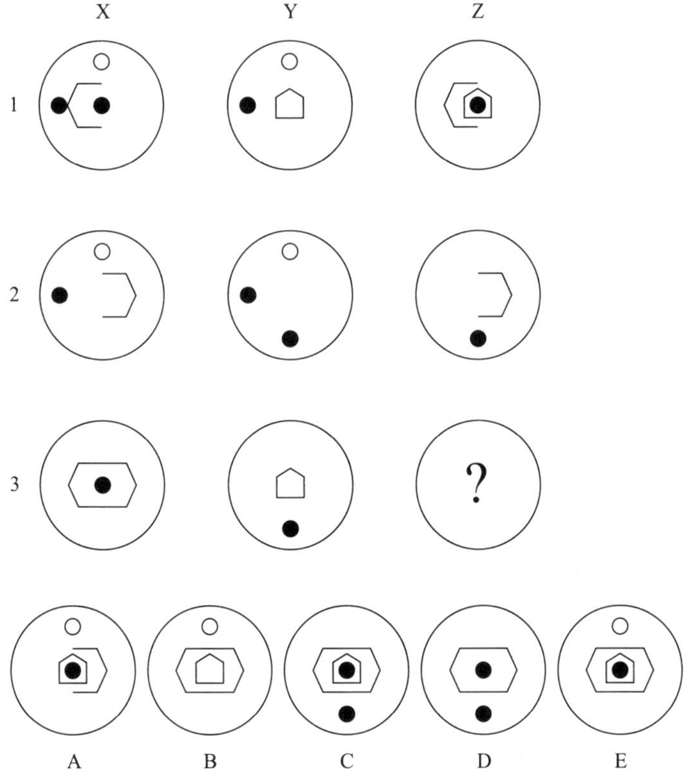

28. 以下哪个词总是与entrecote（带骨牛肉）联系在一起？

A. eels（鳗鱼）

B. cream（奶油）

C. rice（大米）

D. steak（牛排）

29. 以下这句“苏霍姆利诺夫定律”中所有的元音字母都被去掉了，请补回来。（提示：这句话的意思是“穿着最华丽的军队往往会打败仗”。)

TH MST BRLLNTLY DRSSD RMY WLL SLLY LS

30.以下这些英语单词有什么共同点?(提示:此题答案与英语单词的拼写有关。)

calmness(冷静)

undefended(不设防的)

firstly(首先)

sighing(叹息)

disturb(打扰)

31.在以下英语单词前可以加上同一个5字母英语单词,组成新的单词,以下5组单词前分别可以加哪个单词?

_ _ _ _ _ BIRD

_ _ _ _ _ CLUB

_ _ _ _ _ FALL

_ _ _ _ _ JAR

_ _ _ _ _ SCHOOL

32.问号处应该填什么数字?

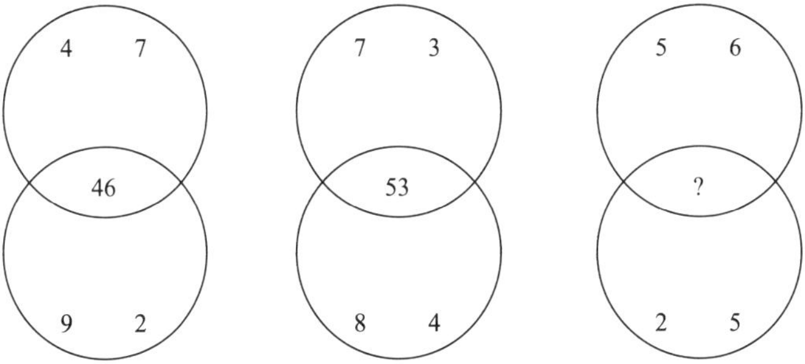

33.连接相邻的圆圈可以组成一个含10个字母的英语单词，每个圆圈只能用一次。

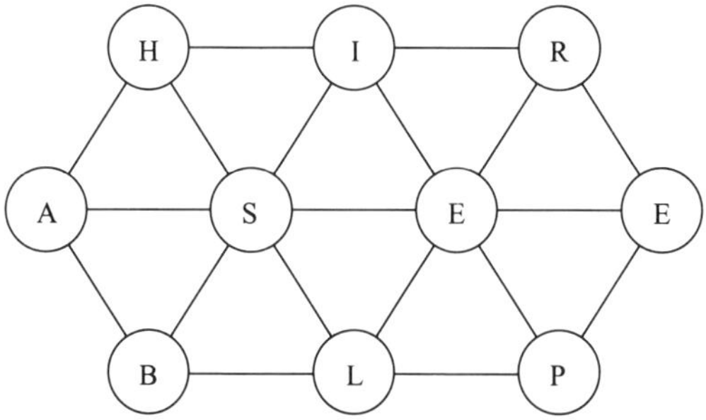

34.下图外面四个圈中的每条线和每个符号都根据以下规则转化到内圈。如果一条线或一个符号在外圈：

出现一次：进入内圈。

出现两次：可能进入内圈。

出现三次：进入内圈。

出现四次：不进入内圈。

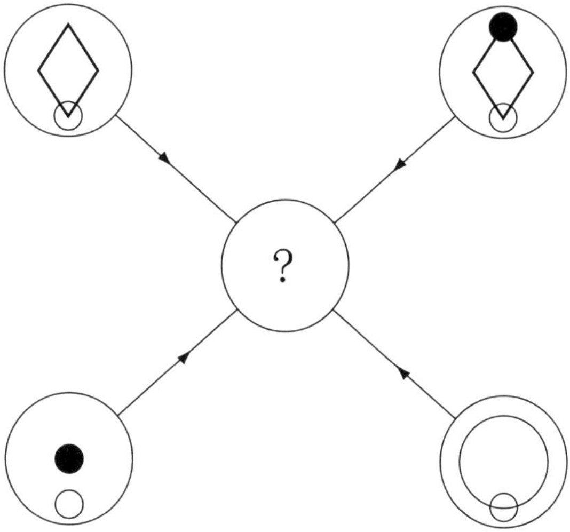

以下所示的A、B、C、D、E图形，哪个应该出现在上图的中心位置？

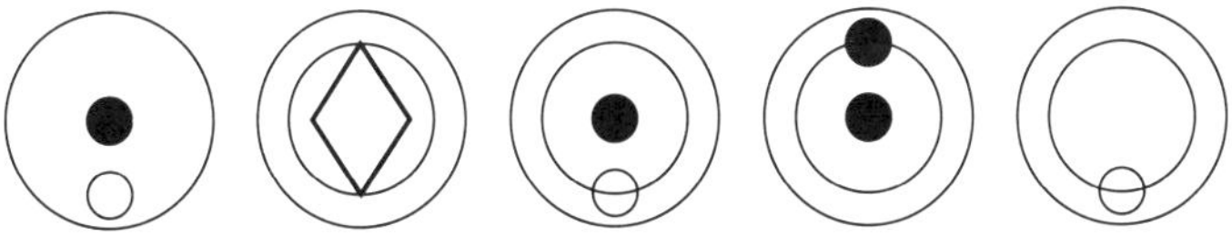

A B C D E

35.缺失的部分是下列选项中的哪一个？

A B C

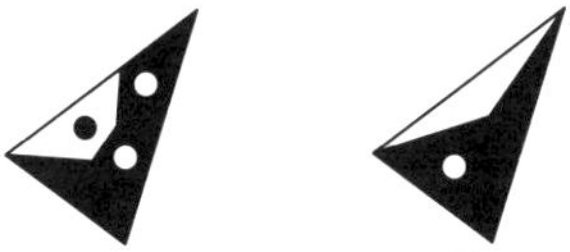

D E

36.变换PETES LAD的字母顺序，组成一个新的英语单词。

37.用以下两个3字母组合组成一个6字母英语单词。（提示：鱼。）

ICE MER RIN SAR SAL WHA PLA DIN LER MAN

38. 以下哪一项不是一种船？

A. brougham　　B. frigate　　C. barque

D. cutter　　E. dromond

39. 下图可以拼出哪个英语常用语？（提示：这个常用语的意思是“工业革命”。）

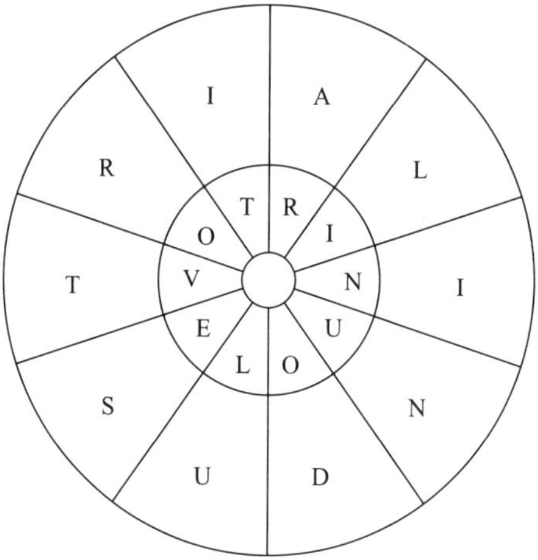

40. 填空组成一个8字母英语单词。

_A_R_D_N

测试18

1.问号处应该填以下下列选项中的哪一项?

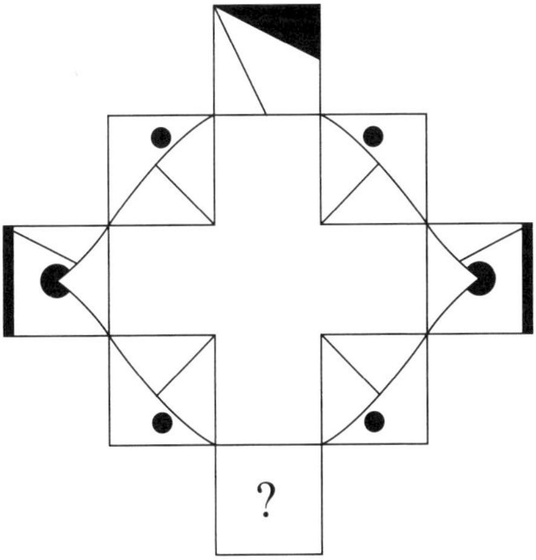

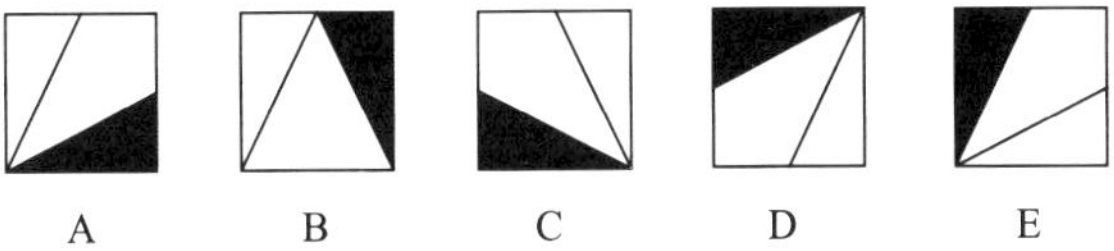

2. 问号处应该填什么数字？

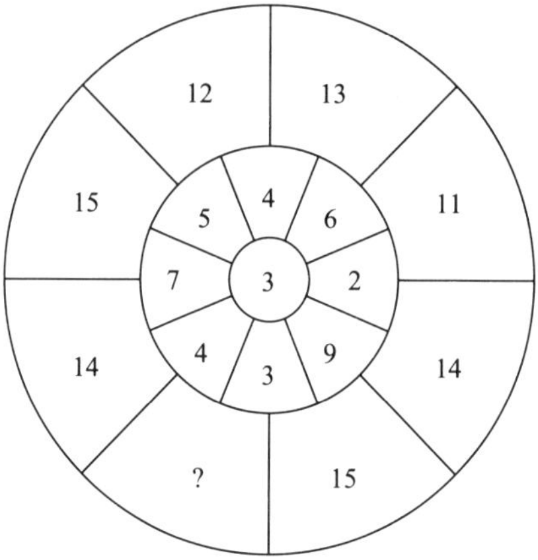

3. 以下哪组英语单词改变字母顺序不能成为一种狗的名称？

A. LOOPED

B. NO SLAM

C. BAG EEL

D. SAIL UK

E. BASTES

4. 观察以下这组英语单词：

mountain, wine, spoon, tennis

现在从以下英语单词中选出一个和上面这组单词具有某个特殊的共同点。（提示：此题答案与英语单词的构成方式有关。）

Saturday, friendship, manners, hope, chant

5. 根据规律，下一个图形应该是下列选项中的哪一个？

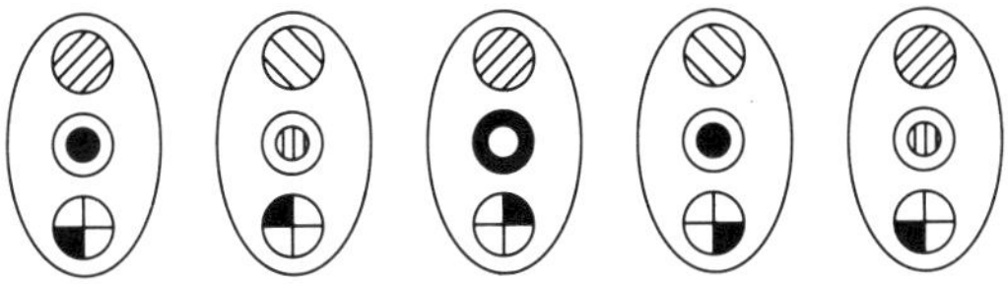

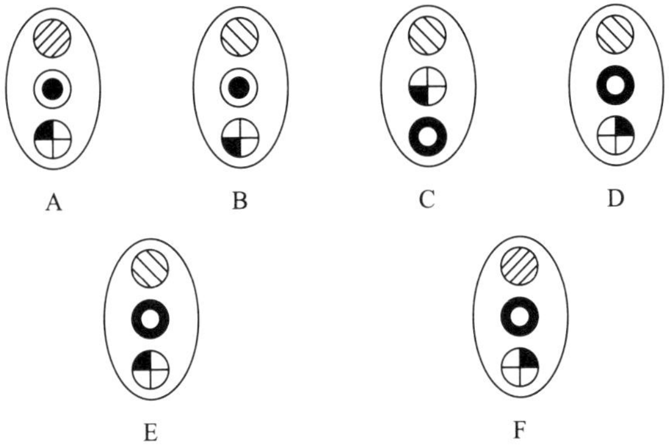

6. 找到起始点，通过线段连接字母，拼出一个英语常用短语（单词字母数分别为3、2、4、5）。（提示：这个短语的意思是“棒极了”。）

注：如果通过三角形的一条边连接字母，可能必须经过不在答案中的字母。

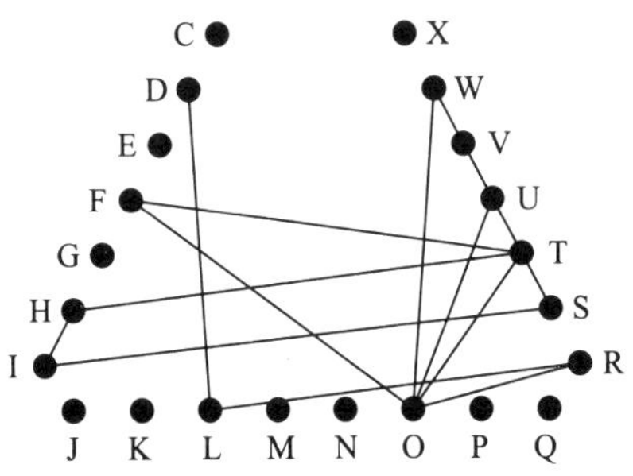

7.哪个英语单词可以填入括号中，从而和括号前后的单词相连组成两个新的单词。

high（　　）beat

8.只改变以下每个英语单词中的一个字母，使之成为一个英语常用短语。（提示：这个短语的意思是“各就各位”。）

ail sands of neck

9.每个方块中哪个数字与众不同？

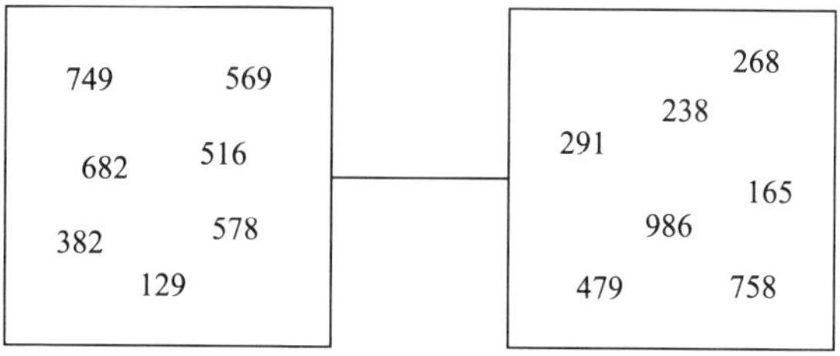

10.哪个3字母英语单词可以放到以下字母后面，组成五个新的英语单词？

F_ _ _

H_ _ _

P_ _ _

CH_ _ _

FL_ _ _

11. 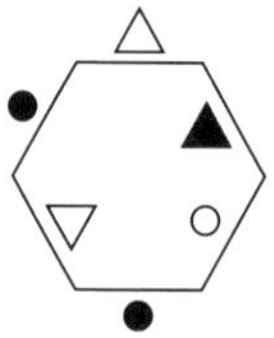 对应 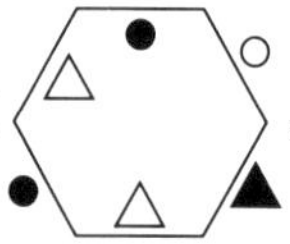，

相当于 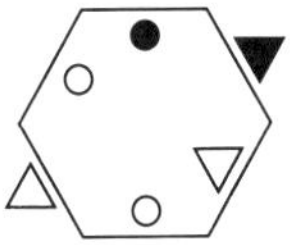 对应________。

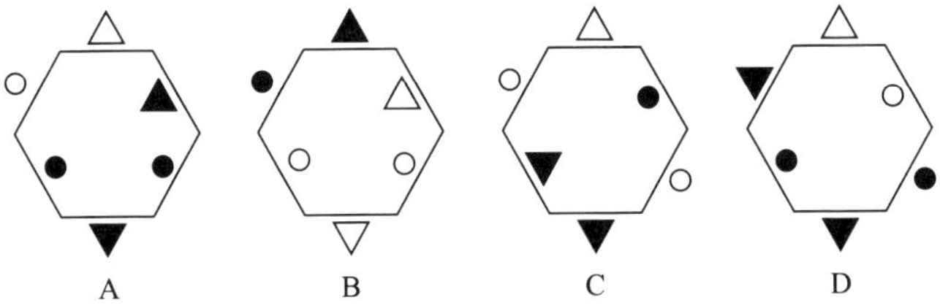

12. meerschaum是什么意思？

A.一种硬的白色矿石

B.一种清晨做的祈祷

C.一种令人不安的体验

D.一种生活方式

E.一尊塑像

13.问号处应该填什么数字？

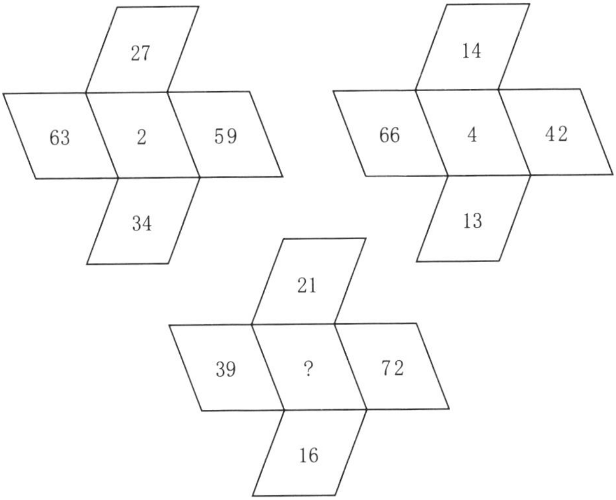

14. 问号处应该填下列选项中的哪个六边形？

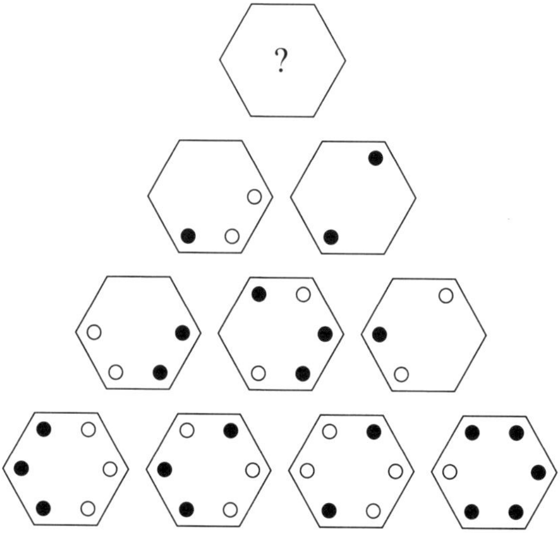

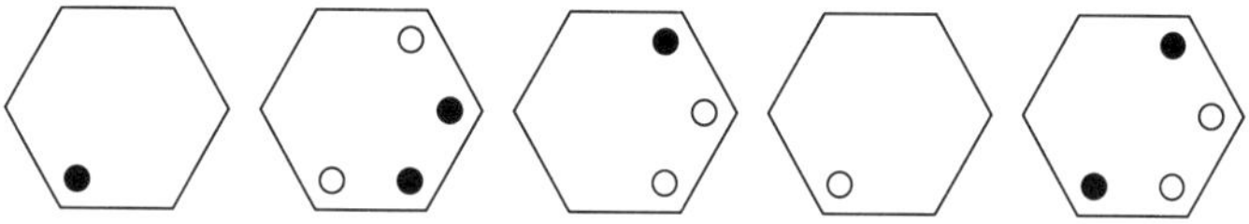

A　B　C　D　E

15. 请把缺失的字母填入短线上方，成为两个英语单词并组成一个短语。（提示：短语的意思是“团体旅行”。）

T O D C O D R C N T E

_

_

_ _ _ _ U _ _ _ _

_

16.下列选项中哪两个词词义最接近?

A.管教　　B.分裂　　C.爆裂

D.抢夺　　E.裂开　　F.示意

17.下列选项中哪两个词词义完全相反?

A.贪婪的　　B.矜持的　　C.干净的

D.粗糙的　　E.慷慨的　　F.反常的

18.问号处应该填什么数字?

			1			
		2		2		
	2		1		5	
3		1		2		9
	2		3		3	
		2		3		
			?			

19. “便鞋”对应“拖鞋”,相当于“木鞋”对应________。

A.鞋　　B.靴子　　C.鹿皮鞋

D.凉鞋　　E.木屐

20.下列选项中的哪一项与众不同?

A.快速的　　B.草率的　　C.迅速的

D.急速的　　E.飞快的

21. mantua是什么意思?

A.帽子　　B.动物　　C.外衣

D.昆虫

22. 下列序列的下一个数字是什么？

$^{1}/_{2}$，$^{2}/_{3}$，$^{8}/_{9}$，$1^{5}/_{27}$，？

23. “享乐主义”对应“愉悦”，相当于“唯美主义”对应______。

A. 道德　　B. 完美　　C. 思想

D. 知觉　　E. 现实

24. 把下列两个4字母的组合组成一个8字母英语单词。

CONT PINE LLON BANT INUI EFFI CALA DINE TERA PAPI

25. 问号处应该填什么数字？

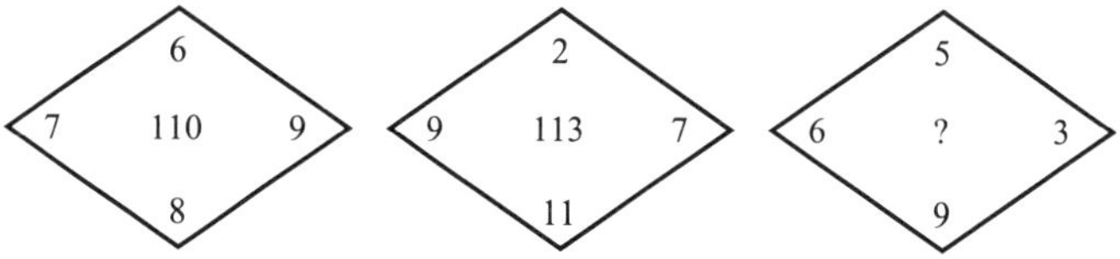

26. 把右侧字母填入圆圈中，组成两个动物名称的6字母英语单词。

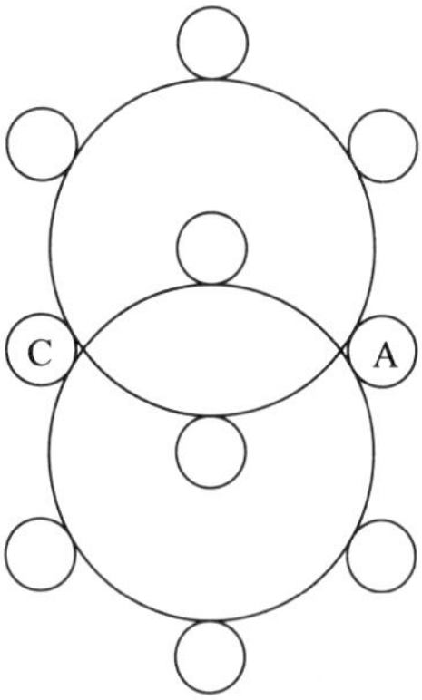

A A A K
J L L P

27. 问号处应该填下列选项中的哪个圆圈?

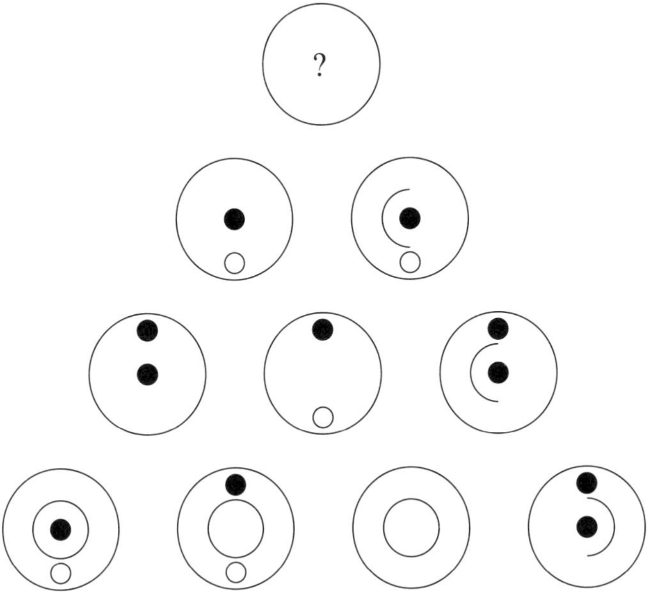

A B C D E

28. hacienda是什么意思?

A. 一种植物

B. 一个村庄

C. 一条山脉

D. 一个农场

E. 一种舞蹈

29. 以下这句来自朱迪丝·科恩（Judith Cohen）的话被拿掉了所有的元音字母。请你补出这些字母。（提示：这句话的意思是“小威廉·泰尔头痛”。）

WLLM TLL JR HD HDCHS

30. nescient是什么意思？

A. 令人愉快的

B. 耳背

C. 愚昧的

D. 迟疑的

31. 以下数列中的下一个数字是什么？

$^{1}/_{4}$，$^{3}/_{8}$，$^{9}/_{16}$，$^{27}/_{32}$，$1^{17}/_{64}$，？

32. 以下哪个圆圈不能组成一个英语单词？

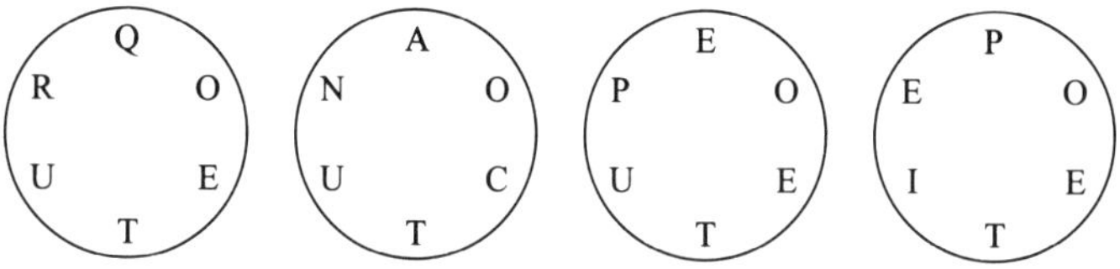

A　B　C　D

33. 在空格处填上字母，组成两个英语同义词。

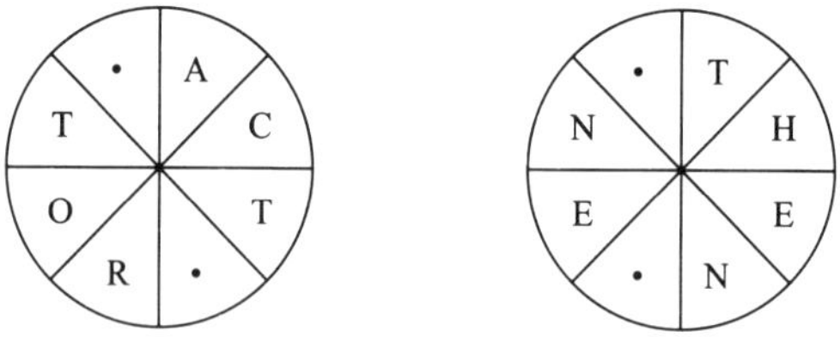

34. 下图外面四个圈中的每条线和每个符号都根据以下规则转化到内圈。如果一条线或一个符号在外圈：

出现一次：进入内圈。

出现两次：可能进入内圈。

出现三次：进入内圈。

出现四次：不进入内圈。

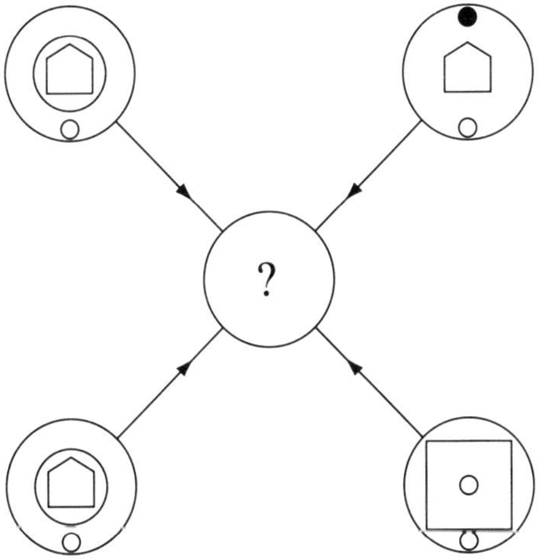

那么以下所示的A、B、C、D、E图形，哪个应该出现在上图的中心位置？

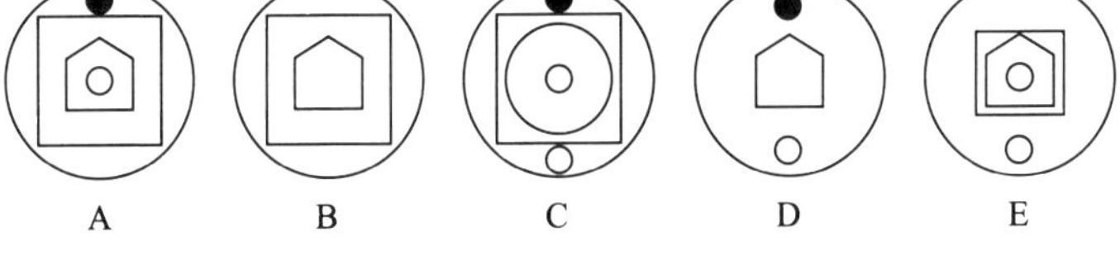

35. 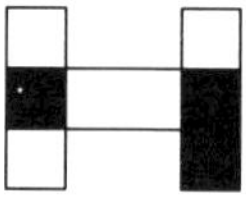 对应 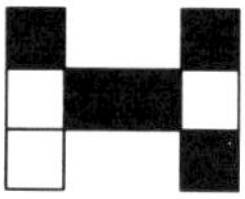

相当于  对应________。

A　B　C　D　E

36. 问号处应该填下列选项中的哪个六边形？

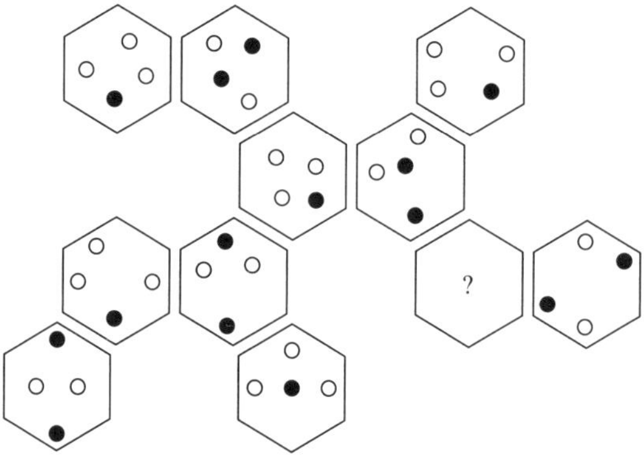

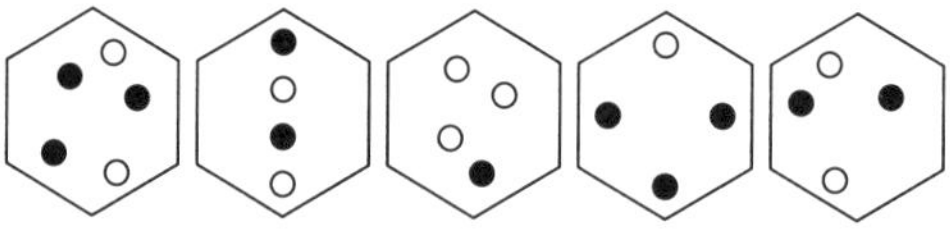

A　B　C　D　E

37. 以下哪项重排字母顺序后组成的英语单词不是航海术语？

A. RANIME

B. CRANOH

C. EBONAC

D. YEHCOK

E. YAPIRC

38. 问号处应该填什么数字？

8，10，$9\frac{3}{4}$，$8\frac{1}{4}$，$11\frac{1}{2}$，$6\frac{1}{2}$，？

39. 通过连接各个圆圈组成一个含10个字母的英语单词。

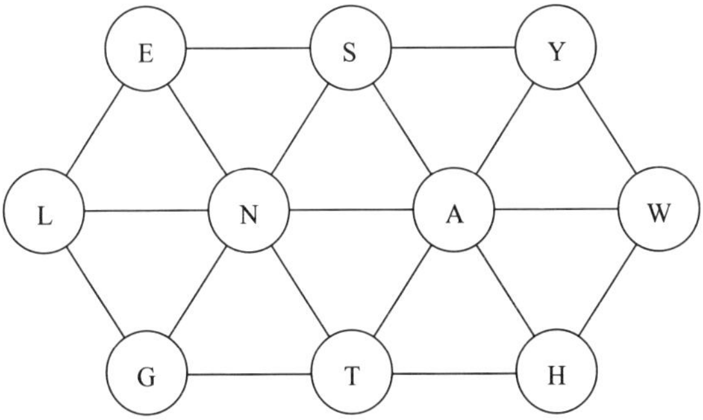

40. 找出在方块中通过任意方向连接字母能组成的最长的英语单词，每个字母只能用一次。

B	X	W	O	S
I	Q	U	R	K
C	T	E	J	L
P	V	H	M	Y
F	A	G	D	N

测试19

1. 下图中多少个圆圈内部有一个黑点？

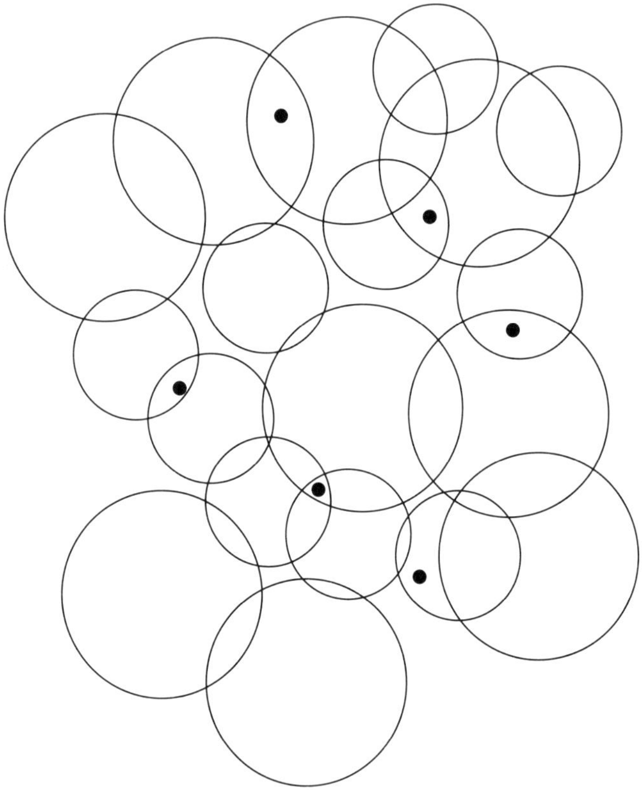

2. 下列选项中的哪一项与众不同？

A. 花药　　B. 花朵　　C. 柱头　　D. 花瓣　　E. 花蜜

3. 填出最后一行的数字。

7	4	9	2
11	16	9	13
22	20	24	25
?	?	?	?

4. 在括号中填入一个英语单词，具有与括号两边词语相近的意思。

game bird（可捕猎的鸟）(　　　　　) cower（畏缩）

5. 哪两个押韵的英语单词意思是“新的提示”？

6. 问号处应该填哪个符号？

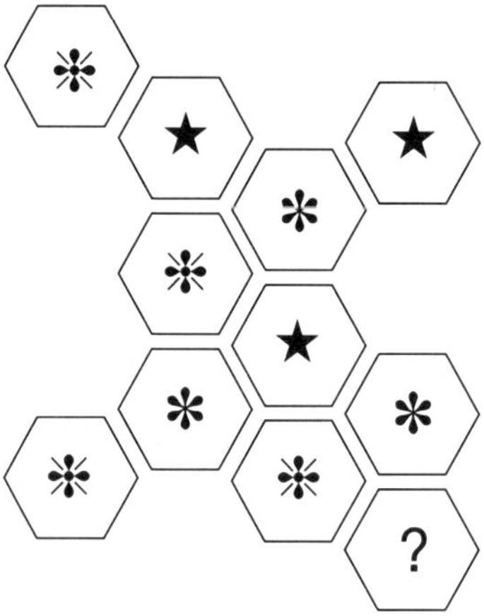

7.以下哪项重排字母顺序不能组成ANAGRAMMATICALLY这个词？

A. MANIACALLY TAG ARM

B. ILL MAY MAGNA CARTA

C. CLARITY AN AMALGAM

D. TINY MAGICAL ALARM

E. A MAGICAL MANLY ART

F. ARM MANLY GALACTICA

G. MY A CARNAL MAIL TAG

H. ARMY GALA CLAIMANT

I. ALARMING MALAY CAT

8.以下数列问号处应该是什么数字？

759，675，335，165，？

9.找到起始点，并顺时针拼出一个英语短语（单词字母数分别为5、2、3、6）。下图只显示了部分字母，请补充缺失的字母。（提示：这个短语的意思是“黄道十二宫”。）

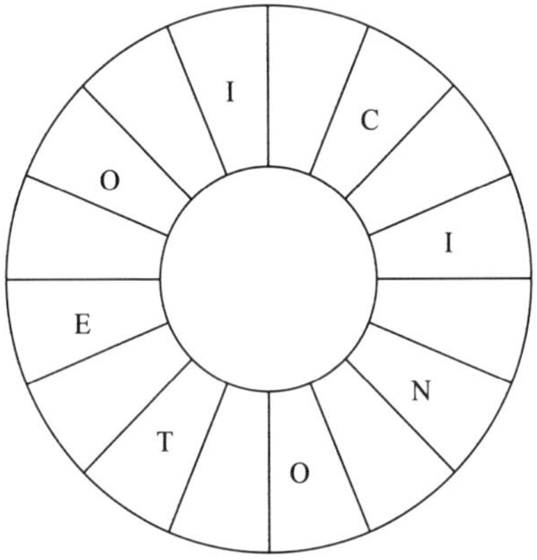

10. 以下哪两个词意思完全相反？

A. 政客　　B. 首长　　C. 歹徒

D. 随从　　E. 练习　　F. 起诉人

11. 问号处应该填下列选项中的哪个方形？

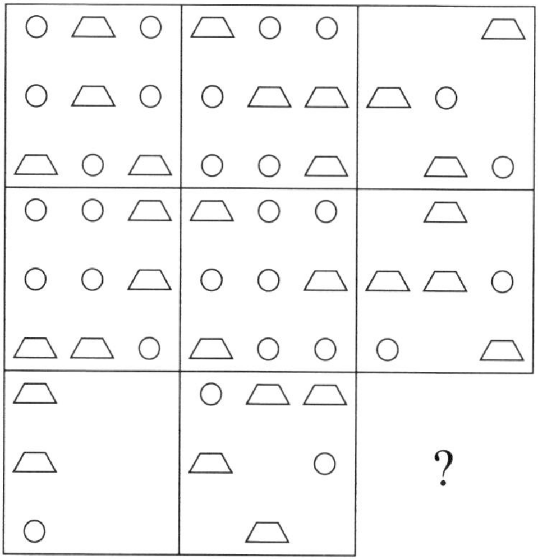

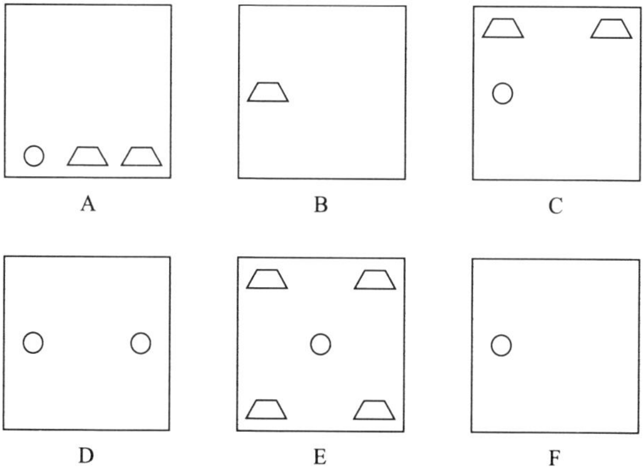

12. 问号处应填什么数字?

15	20	19	20
14	23	9	?
5	15	24	?

13. 哪一个词与众不同?（提示：此题答案与英语单词的拼写有关。）

auctioneers, executioner, postponed,erroneously, weaponless

14. 问号处应该填什么数字?

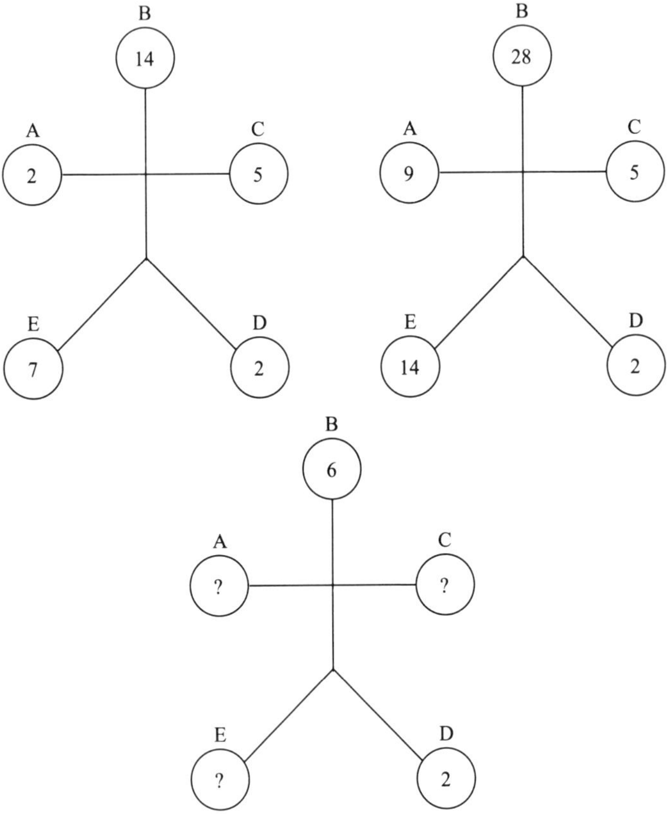

15.“成功”对应“获胜”，相当于“败北”对应________。

A.策划　　B.折磨　　C.破坏　　D.失利　　E.卑躬屈膝

16.问号处应该填什么字母？

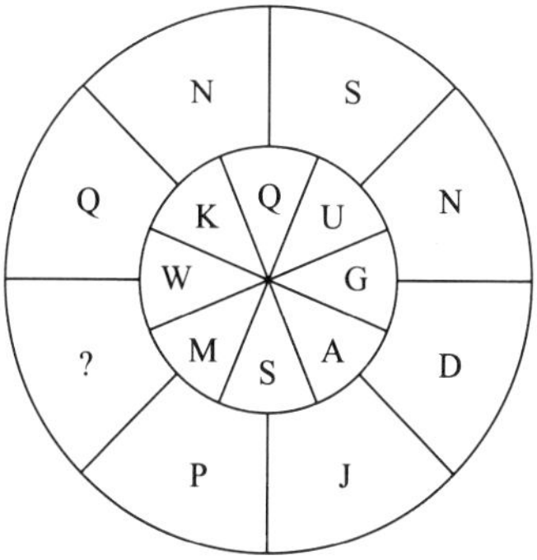

17.根据下面的提示猜出四个6字母英语单词。每个单词里都包含同样的三个字母，以XYZ表示。XYZ是一个常见的3字母英语单词。

XYZ_ _ _　最值得尊敬的

_ XYZ_ _　来回翻转

_ _XYZ_　严厉责备

_ _ _XYZ　维护

18.根据规律，以下序列的下一个图形是什么？

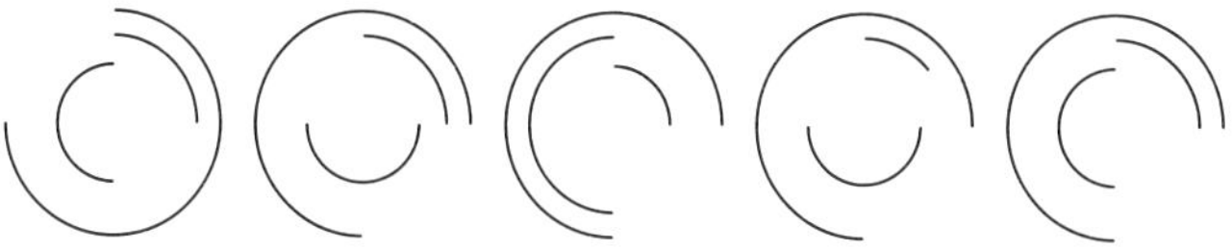

A　B　C　D　E

19. 以下哪两个词的词义最接近？

A. 暴躁的　　B. 快活的　　C. 易怒的

D. 精明的　　E. 冒险的　　F. 下流的

20. 一辆车以每小时40英里的平均速度行驶了一段高速公路的一半路程，另一半路程的平均行驶速度为每小时60英里。这辆车全程的平均速度是多少？

21. 通过圆圈内部的线条连接字母，组成一个10字母英语单词。如果下一个字母离上一个字母的距离少于等于4个字母，则可沿着圆周连接，否则以直线连接。（提示：使小的东西变大。）

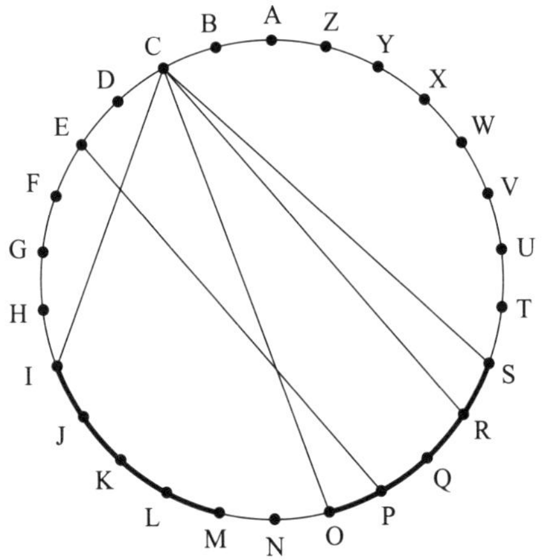

22. 连接两个3字母的部分组成一个6字母英语单词。（提示：动物。）

GER BOL EPR GER TLY BAL SHE BAD CAT TIG

23. kibble是什么意思？

A. iron bucket（铁桶）

B. card game（纸牌游戏）

C. a quarrel（一种箭）

D. fruit（水果）

24. 下列选项中的哪一项与众不同？（提示：此题答案与英语单词的拼写有关。）

A. midge（蠓）

B. bassoon（巴松管）

C. solemn（表情严肃的，庄严的）

D. dabbled（涉猎，嬉戏）

E. brilliant（巧妙的，聪颖的）

F. coding（编码系统）

G. carpet（地毯）

25. 把右侧字母填入圆圈中，组成两种鸟的6字母英语单词。

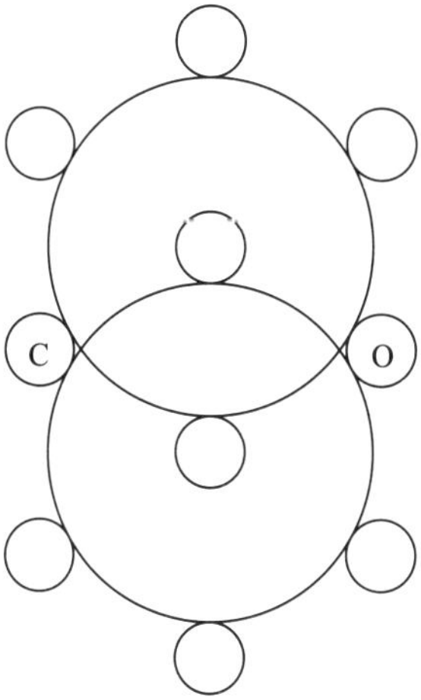

C G H H
K O U U

26. 根据下图，你能写出哪个英语短语？（提示：这个短语的意思是“错综复杂”。）

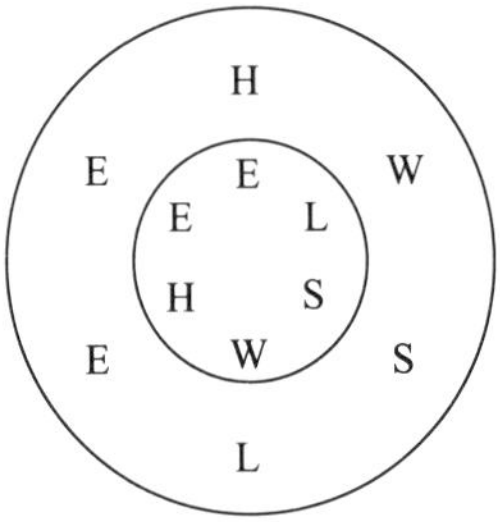

27. 下图标记为1A到3C的九宫格中，应该包含其上和其左具有相同字母和数字的方格中的所有线条和符号。比如，2B格中应该包含方格2和方格B中所有的线条和符号。其中有一个方格是不正确的，请问是哪一个？

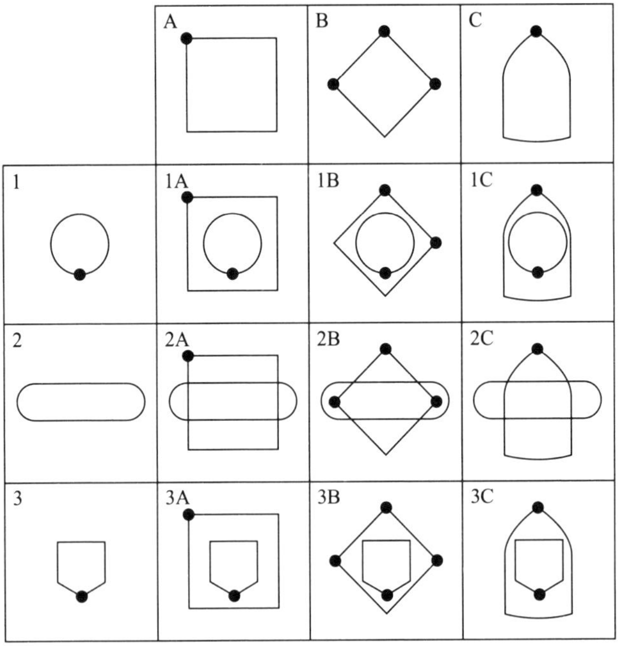

28.哪一个4字母英语单词可以放在以下所有单词的前面，并组成新的英语单词？

_ _ _ _ BAKED

_ _ _ _ BOILED

_ _ _ _ BOARD

_ _ _ _ BACK

_ _ _ _ HEADED

29.补出下列英语单词中缺失的元音字母，并组成一句英语俗语。（提示：这句话的意思是“光线越暗，丑行越重”。）

TH DMMR TH LGHT TH GRTR TH SCNDL

30. jacana是什么？

A. bird（一种鸟）　　B. fish（一种鱼）

C. insect（一种昆虫）　　D. animal（一种兽类）

31.以下哪个英语单词改变字母顺序后不能组成一种鸟的名称？

A. TCTALE

B. RYCANA

C. NIRMEL

D. FIFPUN

E. ETIPEW

32.问号处应该填什么数字？

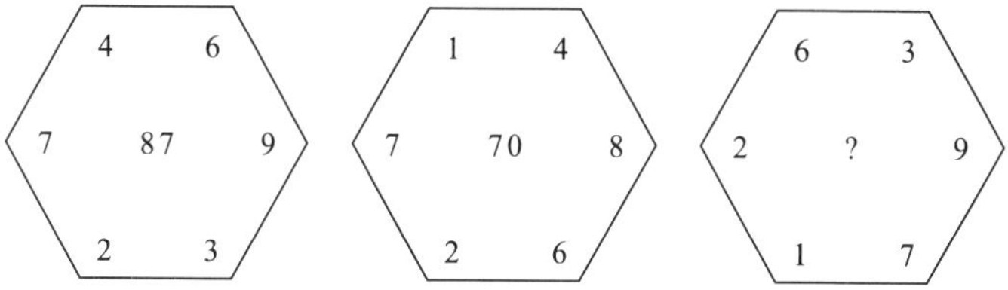

33. 补出缺失的字母组成一个英语单词。

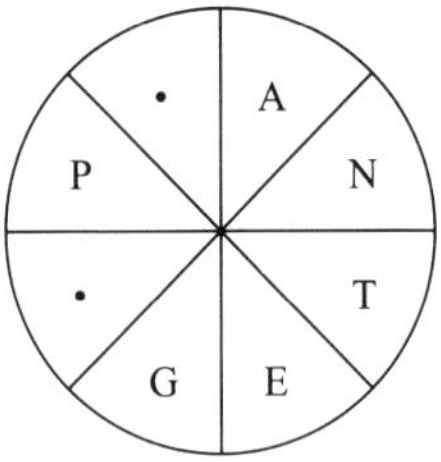

34. 下图外面四个圈中的每条线和每个符号都根据以下规则转化到内圈。如果一条线或一个符号在外圈：

出现一次：进入内圈。

出现两次：可能进入内圈。

出现三次：进入内圈。

出现四次：不进入内圈。

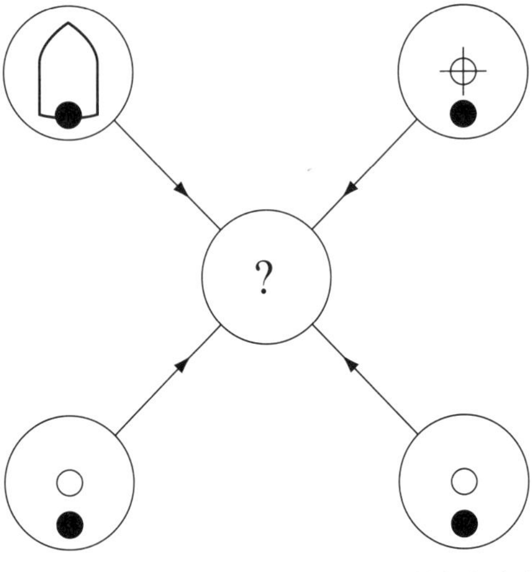

那么以下所示的A、B、C、D、E图形，哪个应该出现在上图的中心位置？

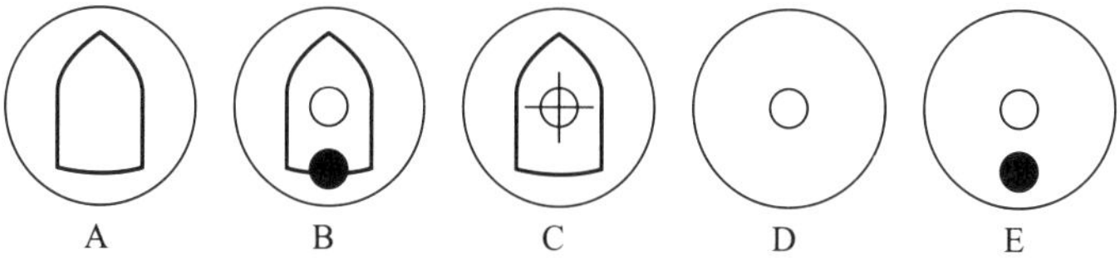

35. 以下这些英语单词有什么共同点？（提示：此题答案与英语单词的构成方式有关。）

A. alone

B. hold

C. anger

D. mask

E. force

36. 写出PAUL RICE改变字母顺序后可以组成的一个英语单词。

37. 用以下两个4字母组合组成一个8字母英语单词。

COCH, MAND, GERM, TONS, HLEA, LOCY, FRAC, TROC, ITES, IDIO

38. 下列英语单词有什么共同点？（提示：此题答案与英语单词的拼写有关。）

A. cashed

B. helmet

C. soaking

D. sublime

E. plummet

39. 补出图中缺失的字母，拼出两个反义的英语单词。

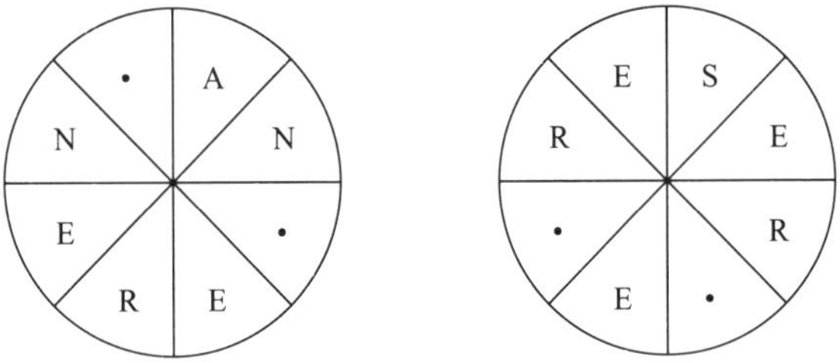

40. 从我出生开始，我每年都会收集生日蛋糕上的蜡烛，每年的蜡烛数就是我的岁数。到今年为止，我一共收集了325根蜡烛。我今年多大？

测试20

1. 一位雕塑家在制作一尊雕像。最初的大理石重250千克。第一周雕塑家去掉了大理石的30%，第二周去掉了剩余部分的20%，第三周去掉了剩余部分的25%并完成了雕像。最终雕像的重量是多少？

2. 下列选项中哪个词与espousal（拥护，支持）的意思最相近？

A. advocacy

B. suspicion

C. agreement

D. bias

E. honesty

3. 哪个英语单词与其他单词不同？（提示：此题答案与英语单词的拼写有关。）

A. relating

B. triangle

C. rambling

D. integral

E. altering

4.哪个图形与其他图形不同？

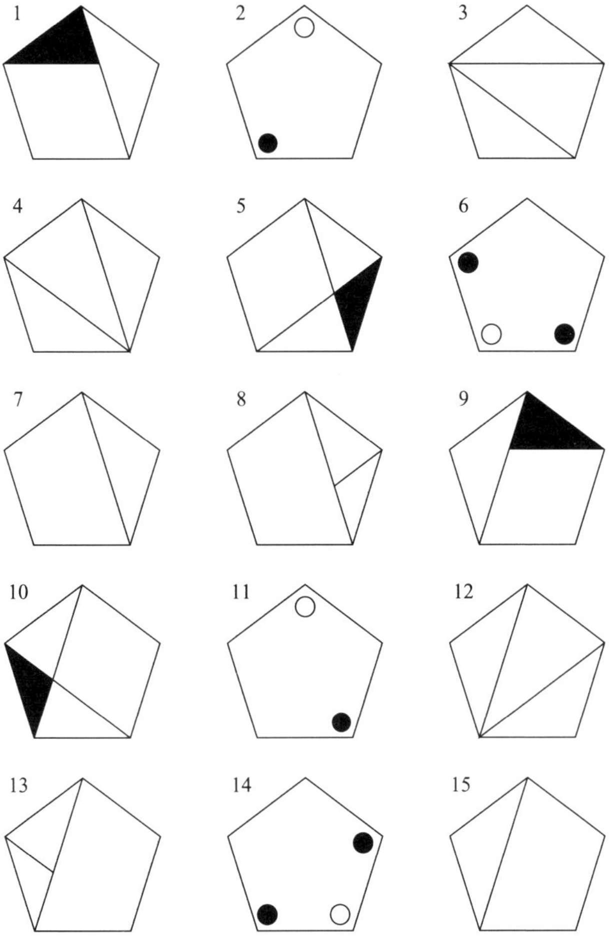

5.哪个数字与其他数字不同？

159，248，963，357，951，852

6.星期日、星期一、星期二、星期三、星期四、星期五、星期六

周五前一天之后的两天之前三天之后一天之前两天是哪天？

7.问号处应该填下列选项中的哪一个?

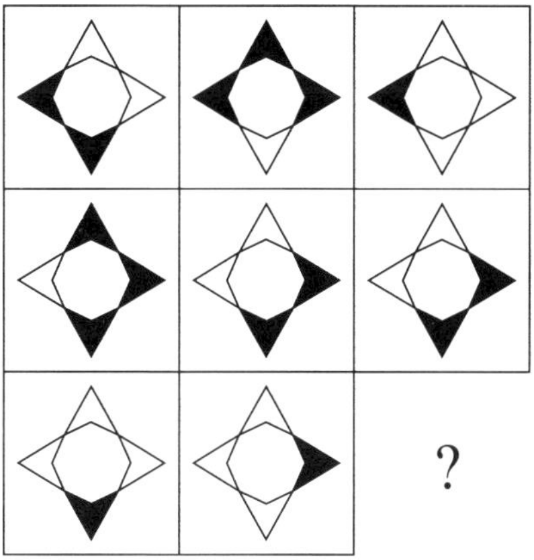

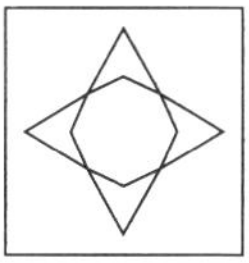

A

B

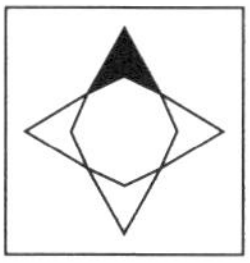

C

D

E

F

8.使用以下字母（每个字母使用一次）能组成的最长的英语单词是什么?

NUHRIAKMTE

9.除了都有5个字母，以下英语单词还有什么共同点?（提示：此题答案与英语单词的拼写有关。）

groom, spank, plaid, breve

10.下列选项中的哪一项与其他项不同？

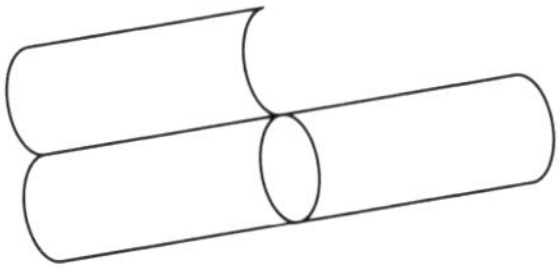

A

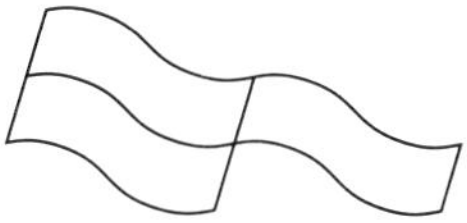

B

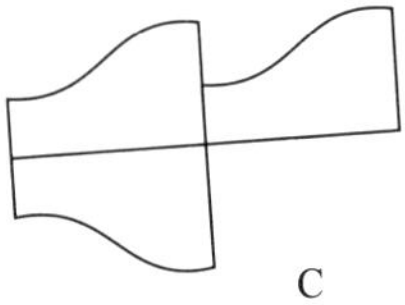

C

D

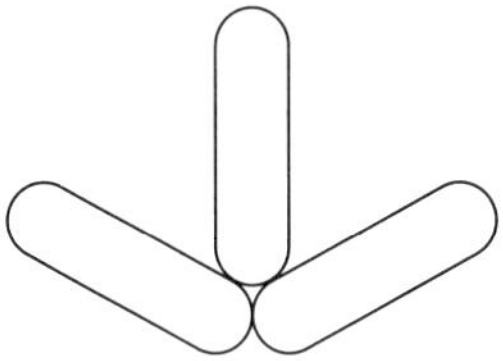

E

11.问号处应该填哪个四位数？

4342（3176）1726

7995（7516）2162

8418（？？？？）1725

12.“斜边”对应“三角形”，相当于“弦”对应________。

A.多边形

B.圆锥形

C.菱形

D.圆形

E.七边形

13. 在最下边一行填入一种水果名称的英语单词，使从上到下组成九个3字母英语单词。

A　S　P　C　R　O　F　M　C

R　I　E　A　U　D　O　A　O

_　_　_　_　_　_　_　_　_

14. 从下图的四角字母之一开始，按顺时针方向沿着九宫格的四条边移动，最后到中心的字母结束，补出空缺处的字母并组成一个包含9个字母的英语单词。

S	–	E
E	–	R
D	D	A

15. 如果在一个表示"河"的英语单词中含有表示"肉"的英语单词（6个字母中的3个字母）是T(HAM)ES，那么你能在莎士比亚的一出戏剧英文名里找到表示"重建"的英语单词吗（10个字母中的3个字母）？

16. 只改变以下每个英语单词的一个字母，使之变成一句英语常用语。（提示：这句常用语的意思为"全力以赴"。）

WE AIL AND ILL

17. 在下图中找出两个8字母英语单词，一个在内圈顺时针拼出，一个在外圈逆时针拼出，两个单词意思相反。请补出缺失的字母。

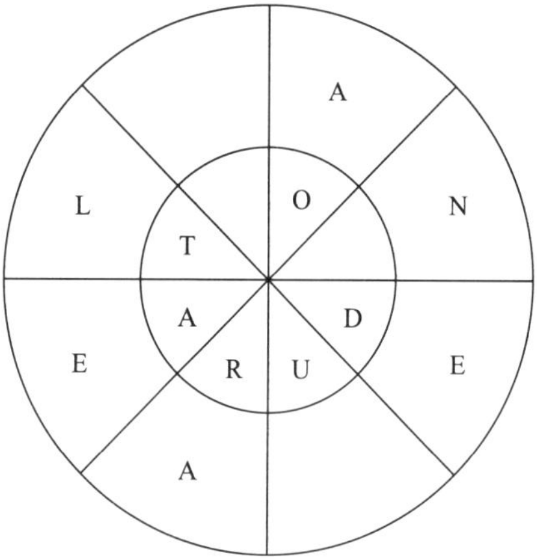

18.根据规律，所给图形的下一个图形应该是什么？

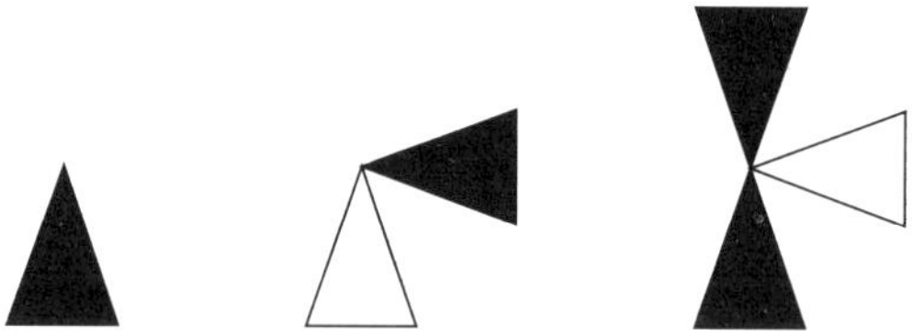

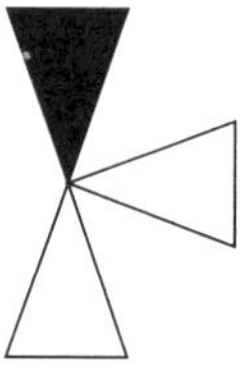
A

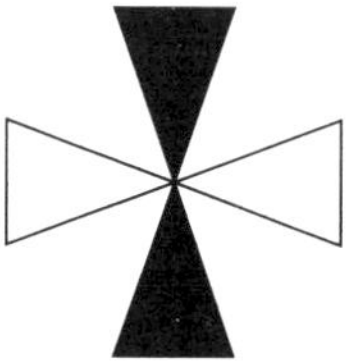
B

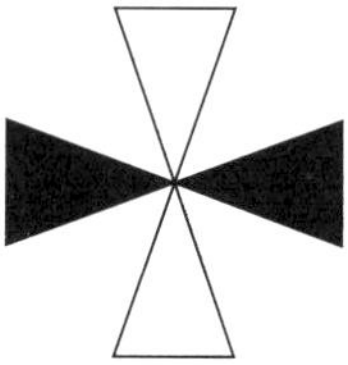
C

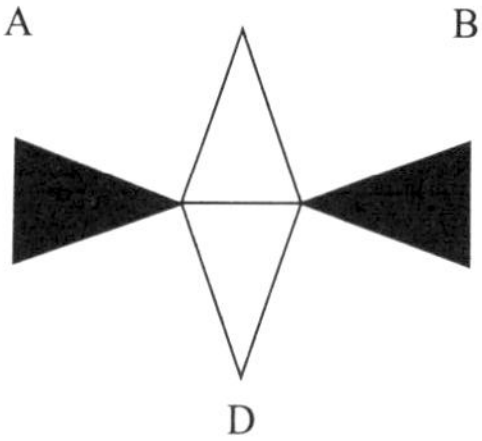
D

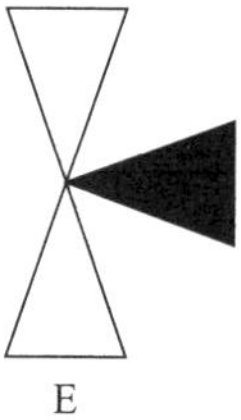
E

19. 使用Nomad Robs Camel这个报纸标题，每个字母用一次，拼出三种鱼的英语单词。

20. 问号处应该填什么数字？

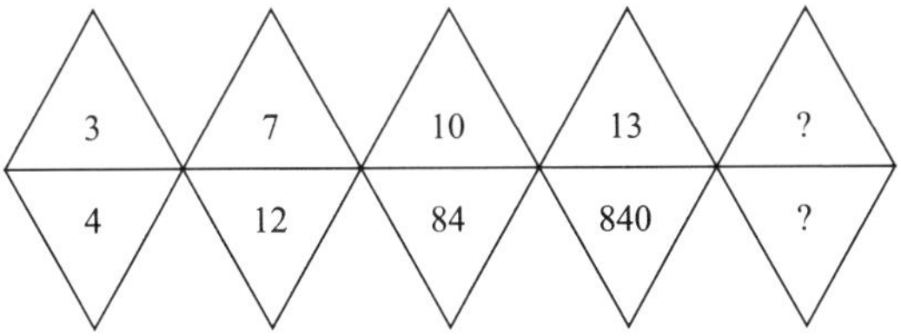

21. 把数字1～5填入圆圈，满足：

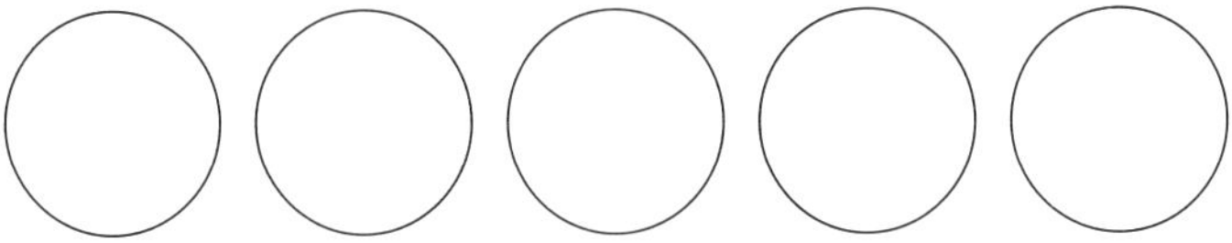

数字2和4及其之间所有数字之和为15；

数字3和2及其之间所有数字之和为11；

数字5和4及其之间所有数字之和为12；

数字1和3及其之间所有数字之和为9。

22. 哪一个英语单词与其他单词不同？（提示：此题答案与英语单词的拼写有关。）

A. tackled（应付，处理，解决）

B. scarlet（猩红的，鲜红的）

C. grammar（语法）

D. godetia（古代稀）

E. stacking（使成堆地放在……）

F. starving（挨饿）

23. 以下数列的下一个数字是什么？

$^{7}/_{8}$，$-^{7}/_{24}$，$^{7}/_{72}$，$-^{7}/_{216}$，？

24. pumpion是什么？

A. drink（饮料）

B. pumpkin（南瓜）

C. carriage（马车）

D. type of cheese（一种奶酪）

25. 连接相邻的圆圈，拼出一个10字母英语单词（每个圈中的字母只能用一次）。

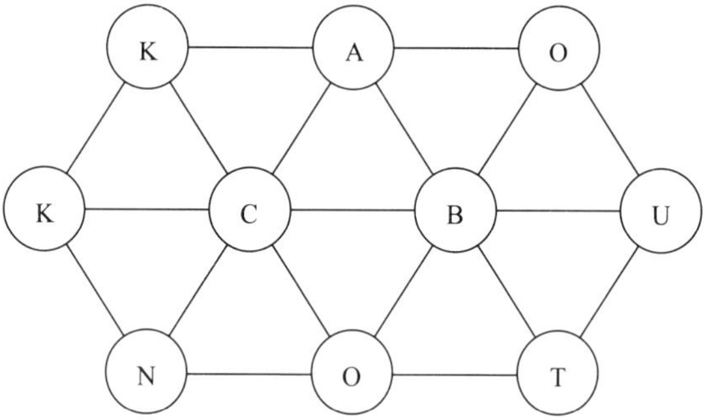

26. 请把以下表格中的英语单词重新排列成一句俗话。（提示：这句话的意思是“无论你行驶在哪条路上，你总会遇到路障和逆风，以及运气不佳”。）

EVERY	AND	IS	HILL
AGAINST	NO	WHICH	THE
WAY	ALWAYS	LUCK	TIME
YOU	BAD	JUST	RIDE
WIND	UP	MATTER	IT

27. 问号处应该填下列选项中的哪个圆圈？

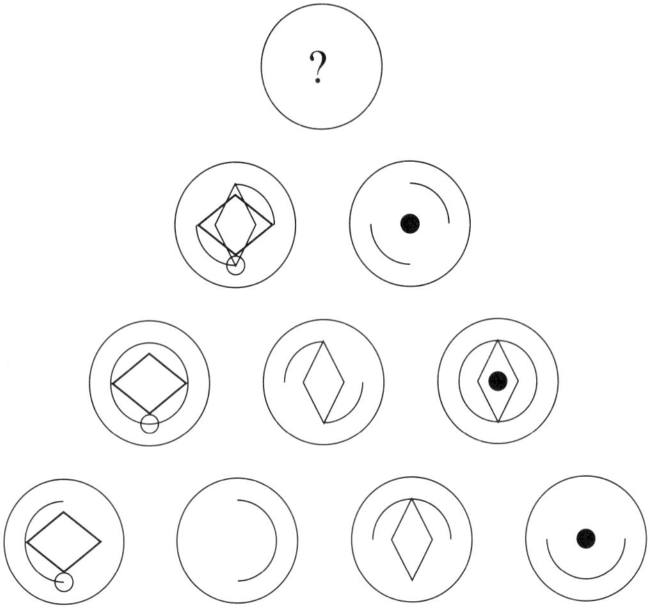

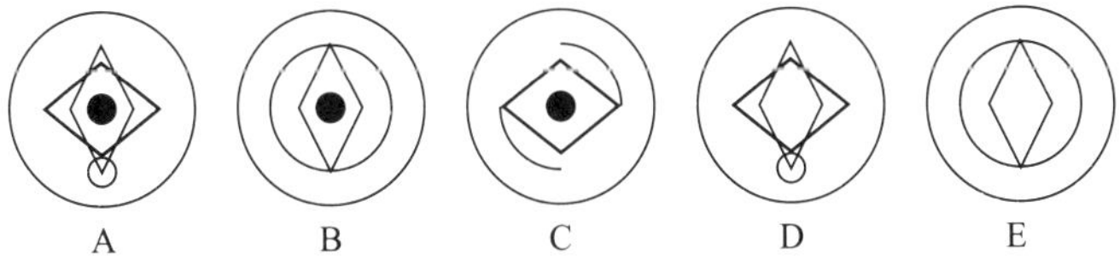

28. 哪两个词意思相反？

A. 严谨　　B. 警告　　C. 煽动　　D. 平息

E. 冲动　　F. 奇迹　　G. 抵抗　　H. 解散

29. 补上缺失的元音字母组成一句英语俗语。（提示：这句俗语的意思为“傻瓜总是重蹈覆辙”。）

FLS RSH N WHR FLS HV BN BFR

30.在下列选项的哪个五边形中添加一个圆点，可以满足所给图形中的圆点满足的所有条件？

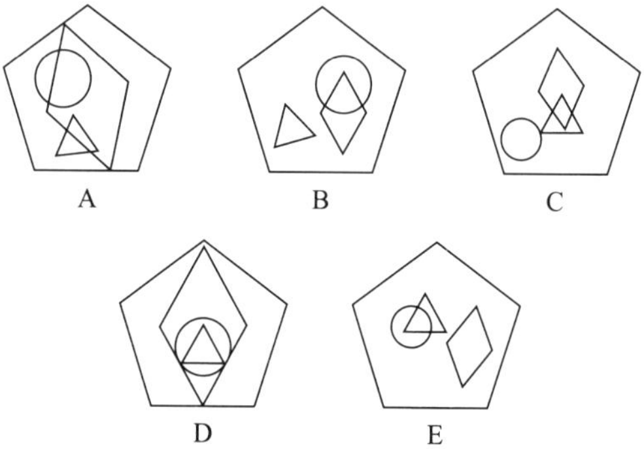

31.以下哪项重新排列字母顺序后不能组成一种树的英语单词？

A. LIOWWL　　B. CUPESR　　C. VATRAC

D. CICAAA　　E. DODERA

32.补全两个同义英语单词，顺时针或逆时针都可以。

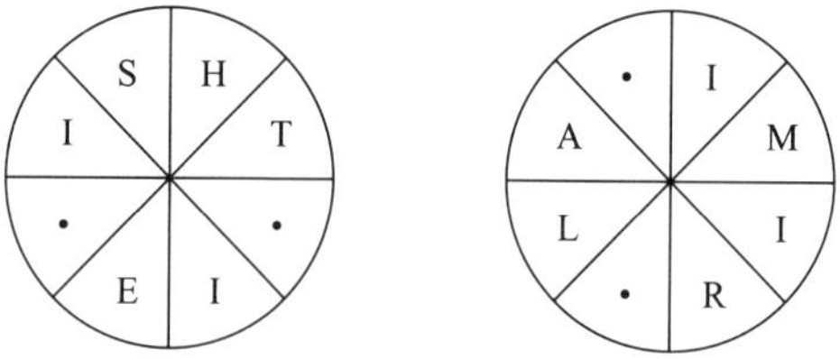

33. 在括号内填入一个英语单词，同时具有括号两侧词语的意思。

SHEPHERD'S STAFF（_ _ _ _）ROGUE

34. 下图外面四个圈中的每条线和每个符号都根据以下规则转化到内圈。如果一条线或一个符号在外圈：

出现一次：进入内圈。

出现两次：可能进入内圈。

出现三次：进入内圈。

出现四次：不进入内圈。

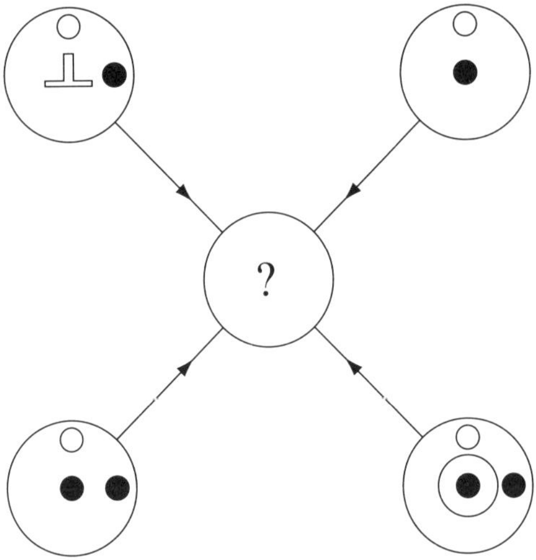

那么以下所示的A、B、C、D、E图形，哪个应该出现在上图的中心位置？

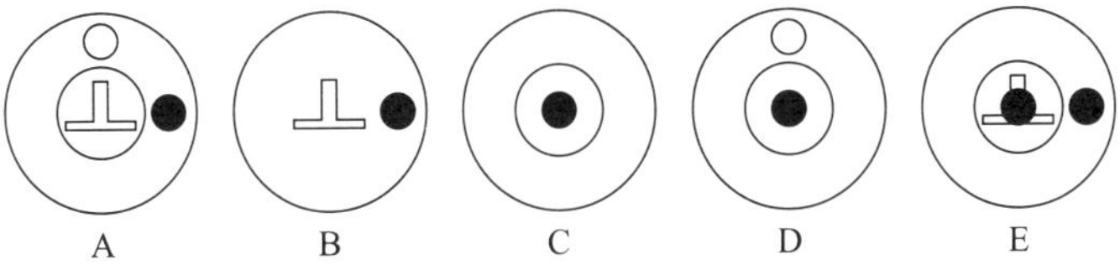

35. 下列选项中的哪两个词意思相近？

A. 虚伪的　　B. 壮观的　　C. 小集团

D. 车厢　　E. 原型　　F. 小团体

36. 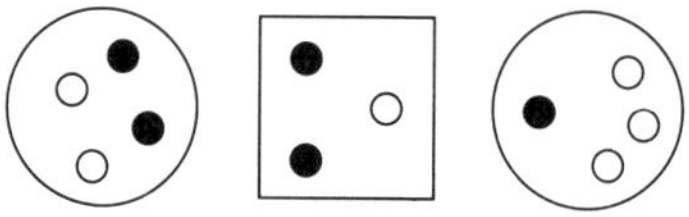 对应 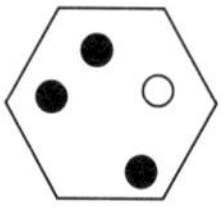，

相当于  对应________。

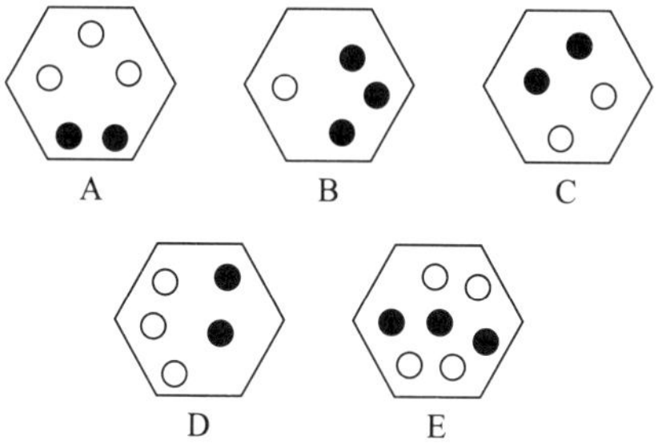

37. 以下哪个英语单词改变字母顺序后不能成为一位美国总统的名字？

A. RACRET　　B. ROOVHE　　C. PINCHAL

D. TAMRUN　　E. SLIWNO

38. 下列选项中的哪个词和其他词不同？

A. 火箭筒　　B. 榴霰弹　　C. 大砍刀

D. 鱼叉　　E. 富矿脉　　F. 火绳钩枪

39. 补出图中缺失的字母，拼出两个反义的英语单词。

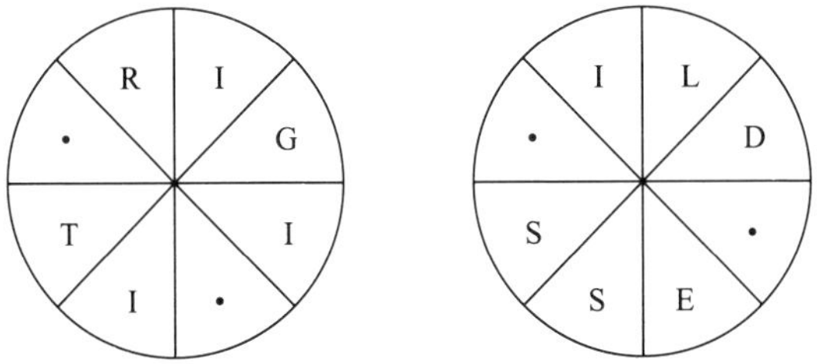

40. 问号处应该填什么数字？

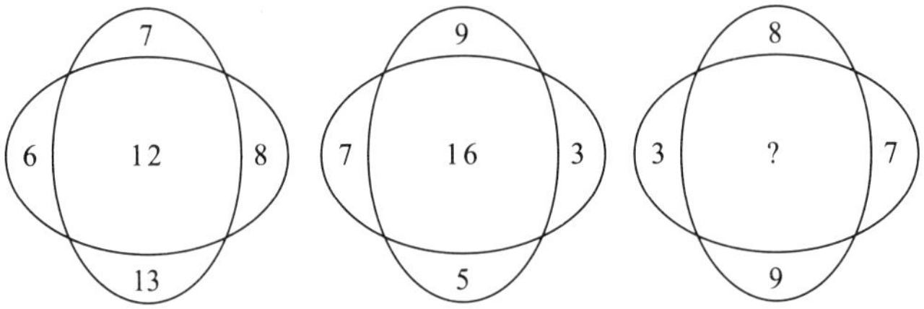

测试21

1. 下列选项中的哪一项和其他项不同？

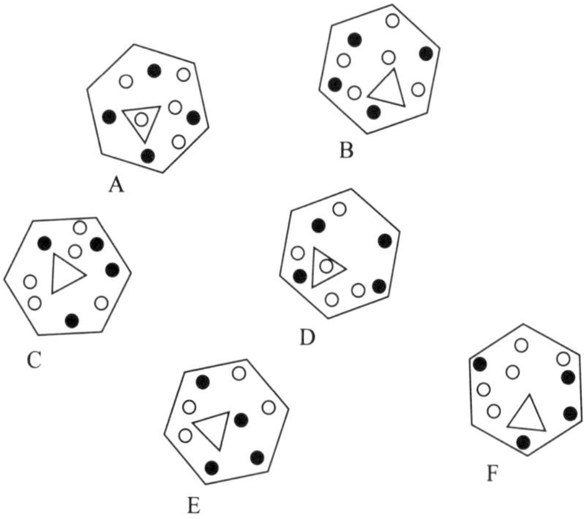

2. 从中心的字母Q开始，沿着相邻的字母到外部的字母Z，有多少种方式可以拼出QUIZ这个词？

Z

Z I Z

Z I U I Z

Z I U Q U I Z

Z I U I Z

Z I Z

Z

3. “脚形的”对应“脚”，相当于“肾脏形的”对应________。

A. 心脏　　B. 肾脏　　C. 牙齿　　D. 鸟喙　　E. 手指

4. 哪个词和其他词不同?

A. 五年间　B. 五行诗　C. 四行诗　D. 梅花形　E. 五角大楼

5. MOOD SLEEP 这两个英语单词改变字母顺序后可以组成哪两个意思相近的英语单词?（提示：静坐。）

6. 问号处应该填什么字母?

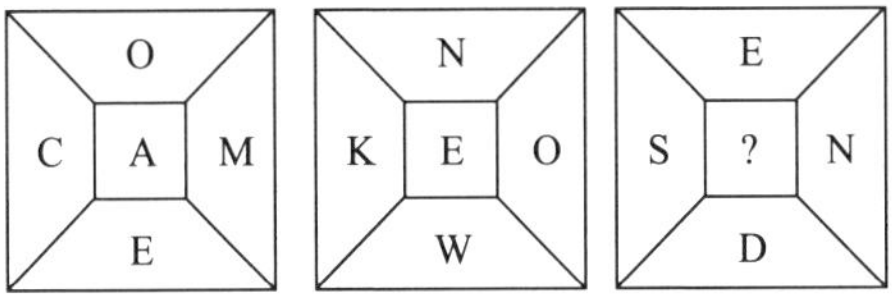

7. 下图中有多少条直线?

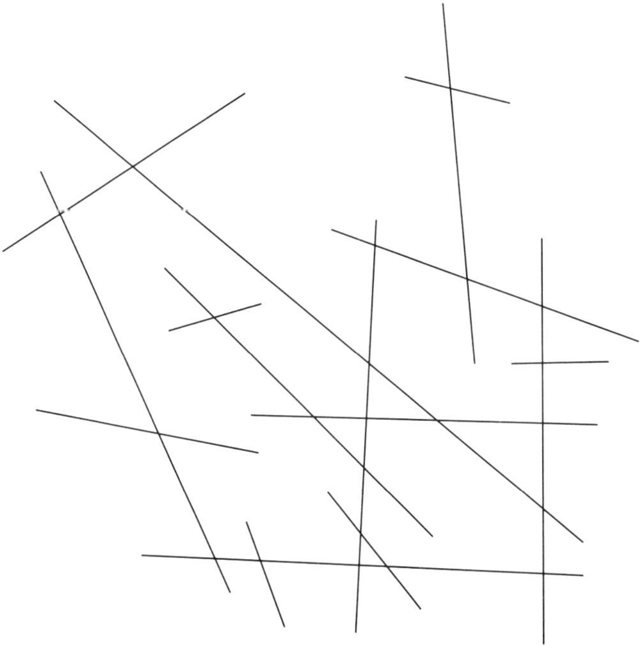

8.线段AB的长度是多少？（注：此图不合比例，请按标出的数据计算。）

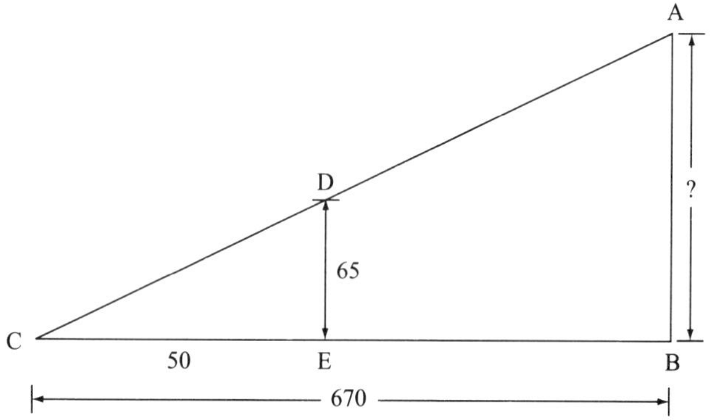

9.填出缺失的字母，补全三种动物的英语单词。

_ A _ G _ R

_ O _ K _ Y

_ A _ B _ T

然后把填出的9个字母重排顺序，组成两个英语单词（字母数分别为6和3），意思与“行贿”对应。

10.把下列单词填入下面的方阵中：

XENON	HOAX	PEA
ONION	HOLE	EWE
NINJA		DIG
NEWEL		SHY
LAUGH		DEW
SALON		OWE

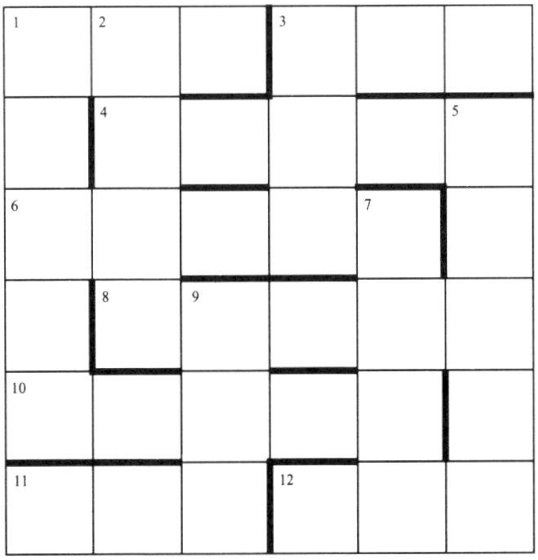

11.问号处应该填哪个图形？

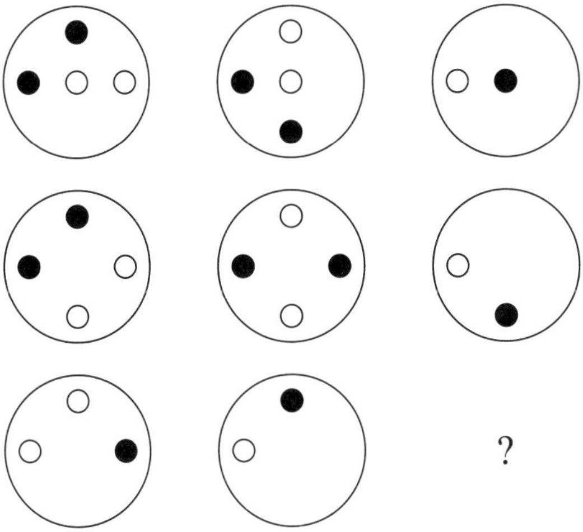

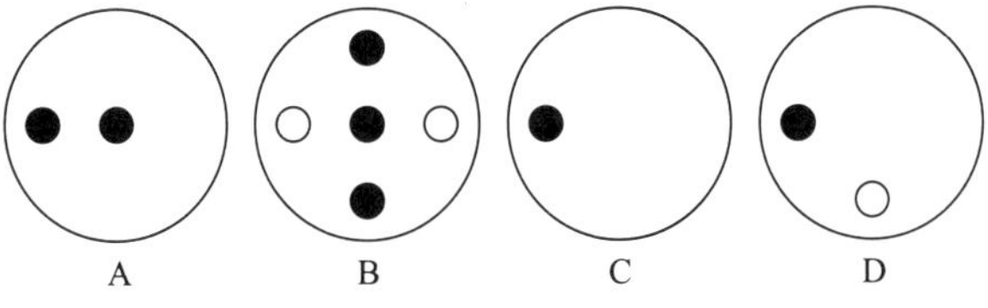

12. 问号处应该填什么数字？

15	2	7	10
7	8	3	4
21	6	11	16
13	4	7	?

13. 根据以下提示，你能够想出哪两个押韵的英语单词？

森林里卖花的

14. 以下哪项改变字母顺序后不能成为一种船的英语单词？

A. ARK NET　　B. LAY LEG　　C. NUCHAL

D. BETASK　　E. SPA MAN

15. 找到起始点，通过线段连接字母拼出一个英语常用语（提示：这句常用语的意思为“充满欢笑”，英语单词字母数分别为6、2、6。）

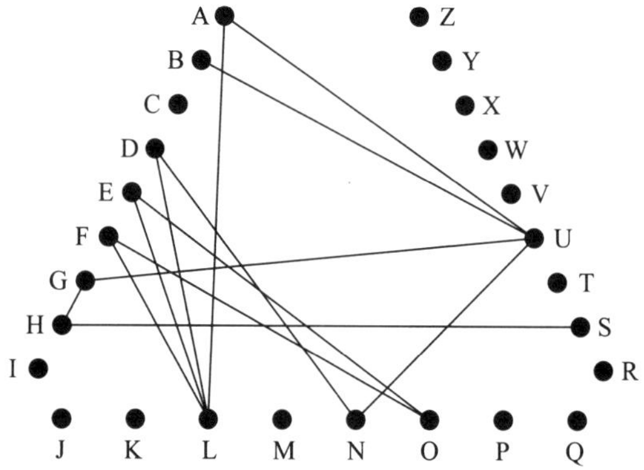

16. 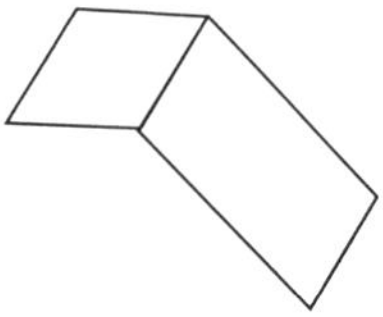 对应 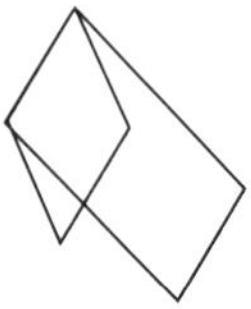，

相当于 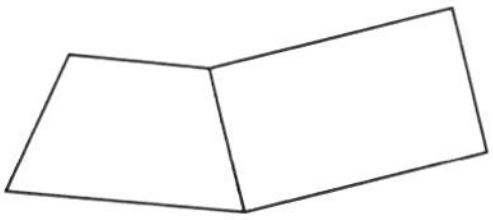 对应________。

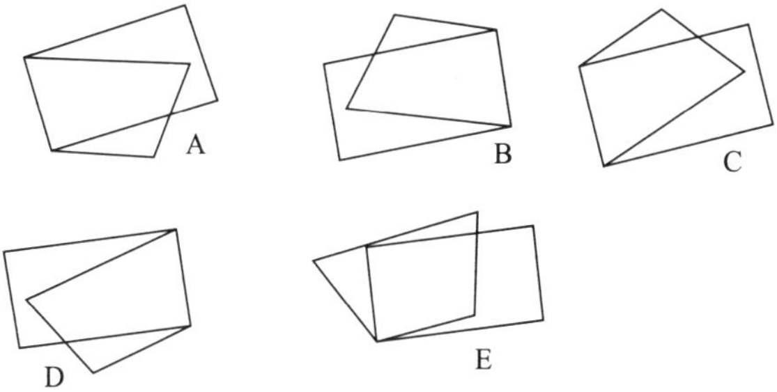

17. 以下哪两个词意思最相近？

A. 讲话　　B. 传闻　　C. 暴怒

D. 自夸　　E. 谣传　　F. 摘录

18. 哪个数字与其他数字不同？

9421，7532，9854，8612，6531，8541

19. 找到起始点并在空白处补出缺失的字母，顺时针拼出一个英语常用语。以下只显示了部分字母。（提示：这句常用语的意思为“细心呵护”，英语单词字母数分别为6、6、4。）。

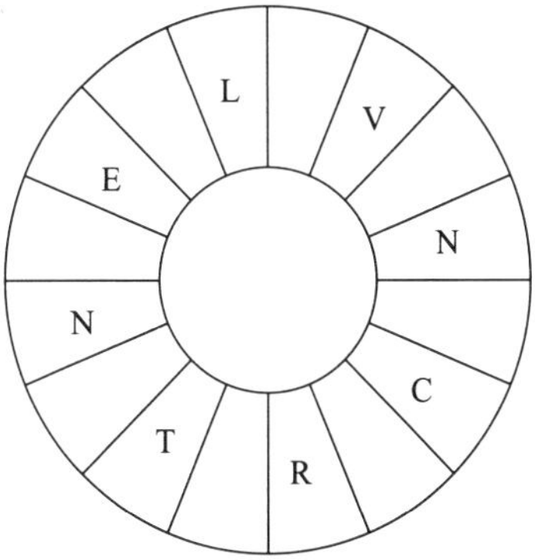

20. 只改变每个英语单词中的一个字母，使之成为一个英语常用短语。（提示：这个短语的意思为“成熟些”。）

ACE FOUR ACE

21. 问号处应该填哪个五边形？

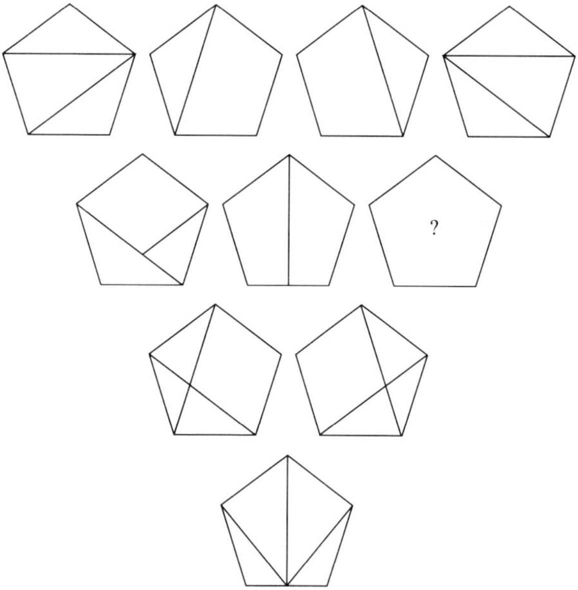

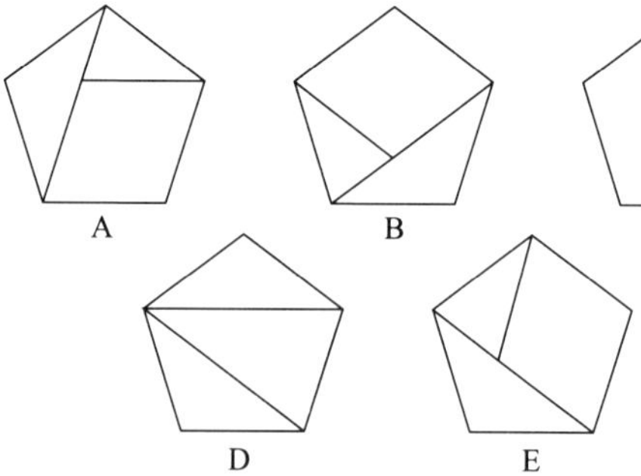

22.哪个5字母英语单词可以放在下列词语前边组成5个新词?

_ _ _ _ _ RUNNER

_ _ _ _ _ AGE

_ _ _ _ _ LINE

_ _ _ _ _ RANK

_ _ _ _ _ MAN

23.下图外面四个圈中的每条线和每个符号都根据以下规则转化到内圈。如果一条线或一个符号在外圈：

出现一次：进入内圈。

出现两次：可能进入内圈。

出现三次：进入内圈。

出现四次：不进入内圈。

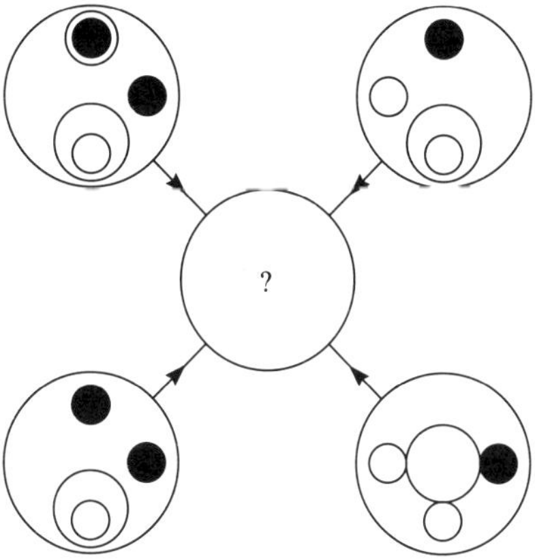

那么以下所示的A、B、C、D、E图形，哪个应该出现在上图的中心位置?

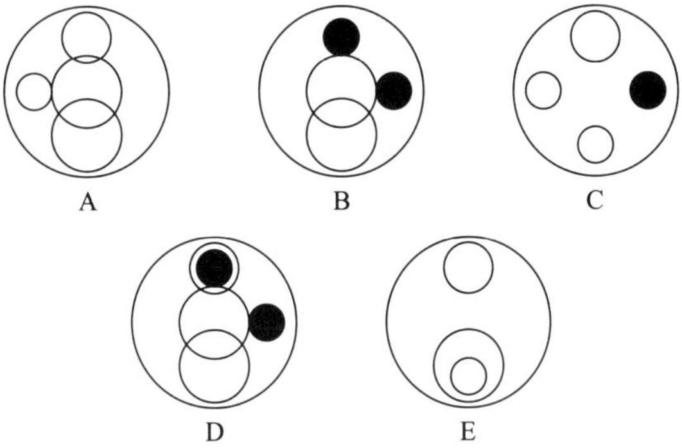

24. 用下列3字母组合中的两个组成一种动物的英语单词。

ONE, POL, VIC, ERA, BIS, UNA

25. 下列哪个圆圈中的字母不能组成一个英语单词?

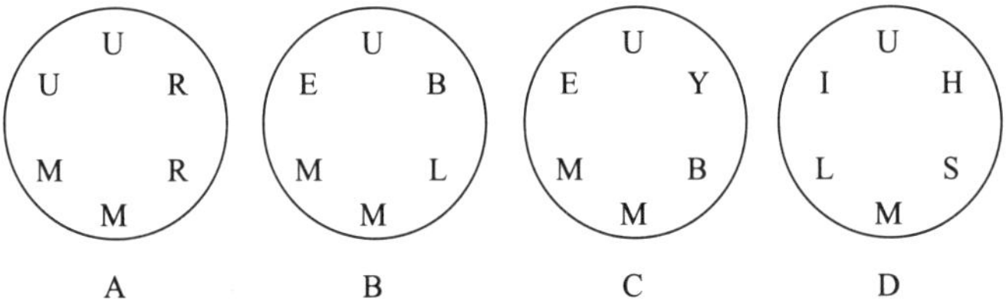

26. 填出缺失的字母并组成两个反义的英语单词。

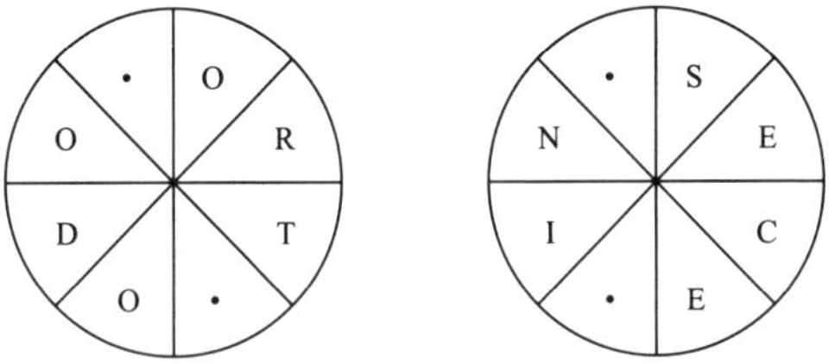

27.问号处应该填下列选项中的哪个标志？

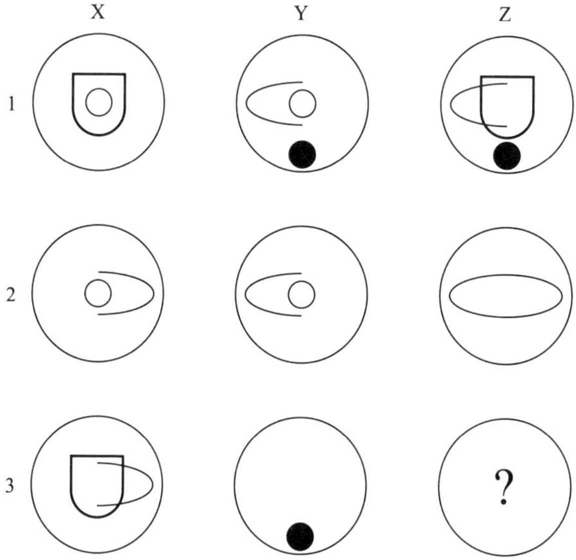

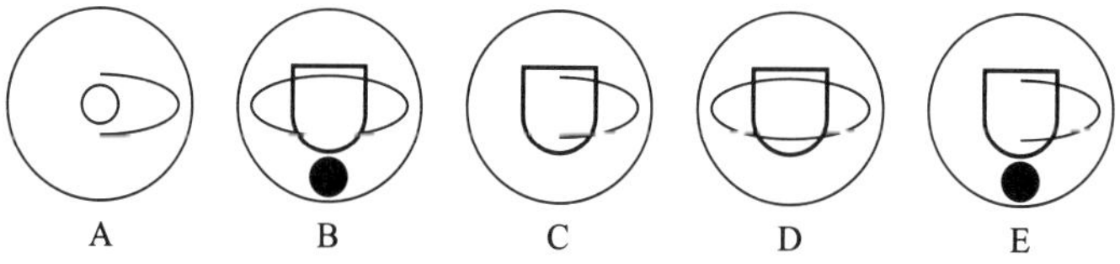

28.下列选项中的哪一项与其他项不同？（提示：此题答案与英语单词的拼写有关。）

A. timer

B. loots

C. repel

D. times

E. spots

29. 把SHOT PILL重新排列字母顺序，使之成为一个英语单词。

30. plié是什么意思？

A. a climbing tool（一种登山工具）

B. a ballet movement（一种芭蕾舞动作）

C. a pie（一种馅饼）

D. a fencing stroke（一种击剑法）

31. 根据规律，接下来两个字母是什么？

A, F, H, K, N, ?, ?

32. 填出缺失的字母，组成一个8字母英语单词。

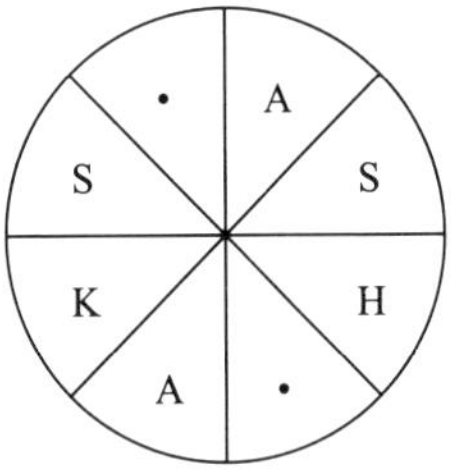

33. 填出缺失的字母，组成两个同义的英语单词。

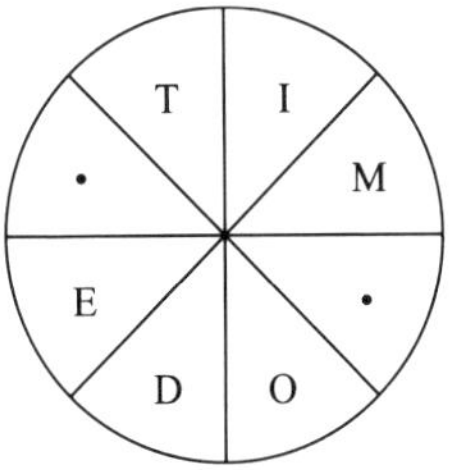

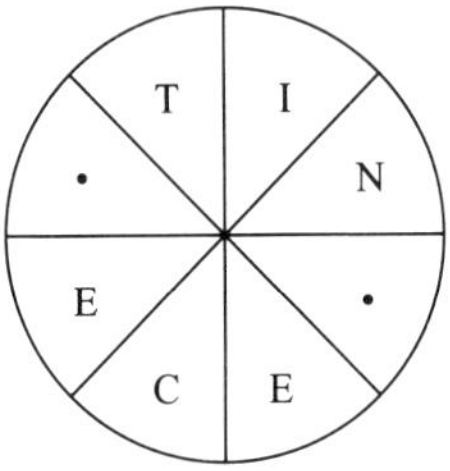

34. 下图外面四个圈中的每条线和每个符号都根据以下规则转化到内圈。如果一条线或一个符号在外圈：

出现一次：进入内圈。

出现两次：可能进入内圈。

出现三次：进入内圈。

出现四次：不进入内圈。

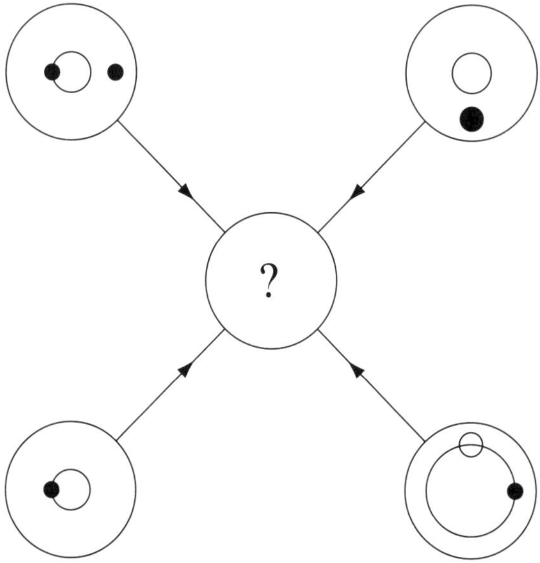

那么以下所示的A、B、C、D、E图形，哪个应该出现在上图的中心位置？

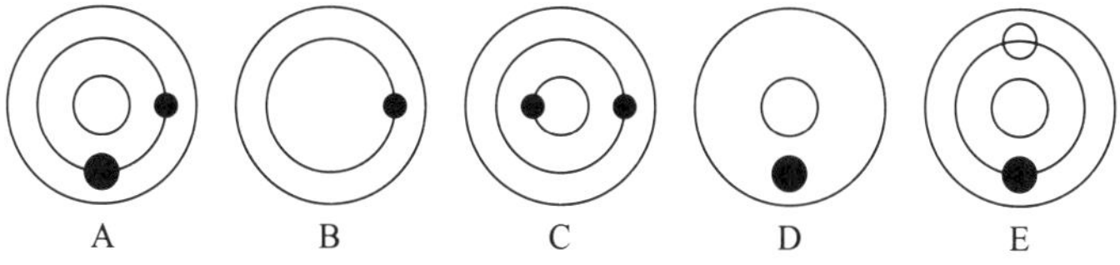

35. 填出下面缺失的元音字母，组成一句英语俗语。（提示：这句俗语的意思为“打了晚饭铃，就最好上晚饭”。）

WHN TH BLL RNGS THR HD BTTR B SM SPPR

36. 以下哪项改变字母顺序后不能组成一个岛的英语名称?

A. LICSLY

B. NAGPEN

C. KENROY

D. DOLNON

E. YANMAC

37. 只用A、K、L、I这4个字母组成一个6字母英语单词。

38. 用以下两个4字母组合组成一个8字母英语单词。

RONI, DAMA, TION, RENI, POEN, PENT, AGOS, MACA, GADE, TICS

39. 问号处应该填什么数字?

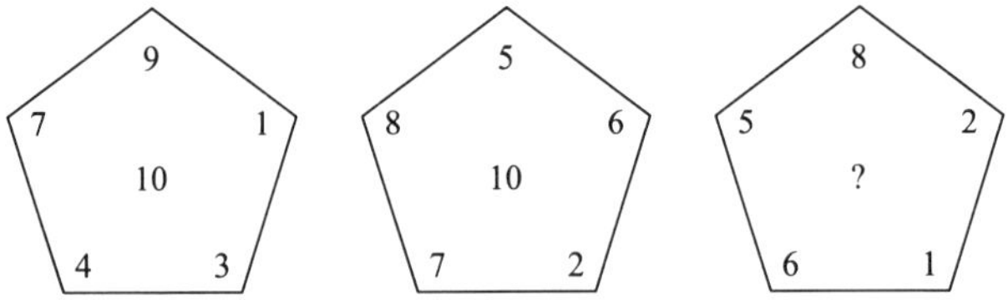

40. 连接相邻的圆圈组成一个10字母英语单词(每个圆圈只能用一次)。

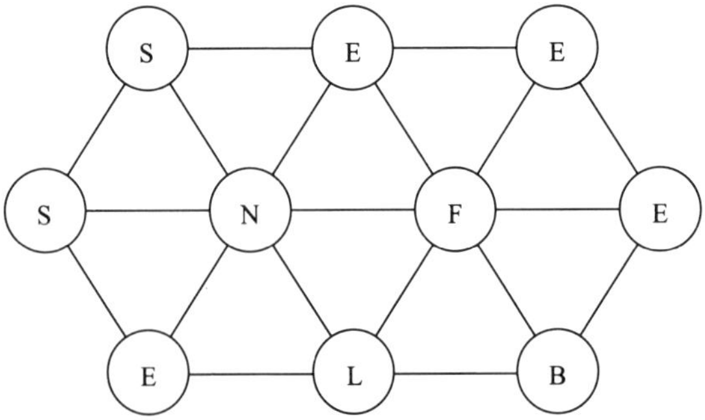

测试22

1. 下面大圈的问号处应该填入A、B、C、D、E、F中的哪个小圆圈？

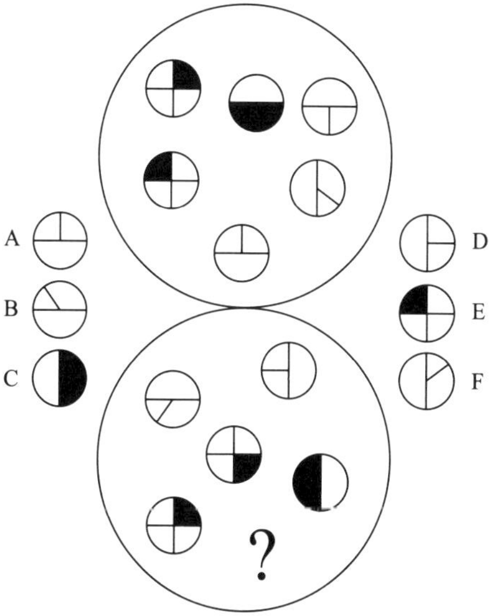

2. 每次只改变一个字母成为一个新的英语单词，中间经过三个单词把SEEK变成FIND。

SEEK

_ _ _ _

_ _ _ _

_ _ _ _

FIND

3. 以下给出了skilful的6个同义词。按顺序从以下同义词中分别取一个字母，拼出skillful的另一个同义词：

able，adept，dextrous，proficient，accomplished，competent

4.MUTINY (MILKY) MEEKLY

根据以上规律，下面的括号中应该填哪个英语单词？（提示：此题答案与英语单词的拼写有关。）

ALIGHT（_ _ _ _ _）BONNET

5. 问号处应该填什么数字？

7

5 9

8 8 4

10 3 10 7

1 ? 8 3 11

6. 问号处应该填什么字母？

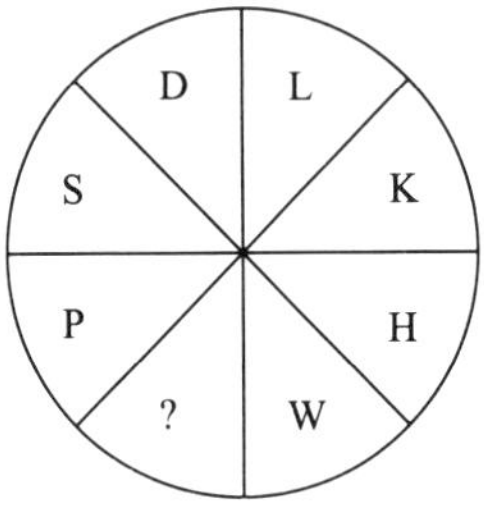

7.问号处应该填下列选项中的哪一项?

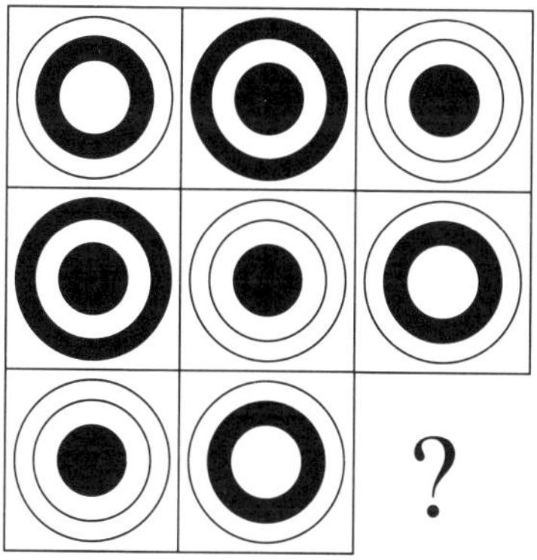

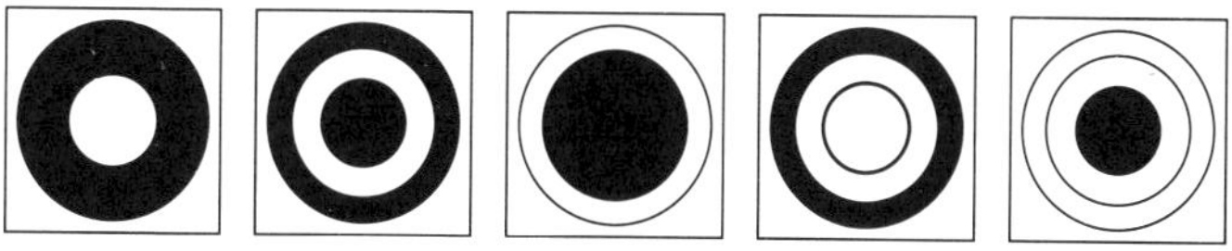

A　　B　　C　　D　　E

8.在最近的一次选举中，四位候选人共获得93648票，当选人分别超出其他三位对手25627票、10681票和5924票。请问每名候选人的得票数是多少?

9.根据规律，接下来应该出现哪两个字母?

A, D, I, P, Y, CF, DI, FD, ?

10.填出下面缺失的英语单词:(提示：此题答案与英语单词的拼写有关。)

DART (STRANDED) SEND

DINE (DILIGENT) ?

11. A B C D E F G H

字母E左边紧邻的字母右边第三个字母左边的第二个字母右边紧邻的字母右边第二个字母是什么？

12. 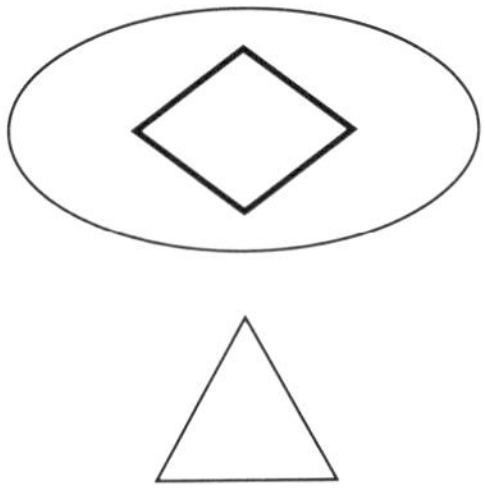 对应 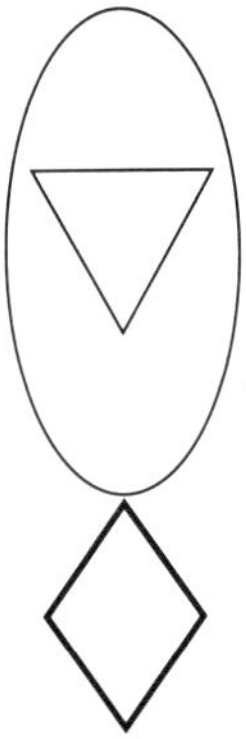，

相当于 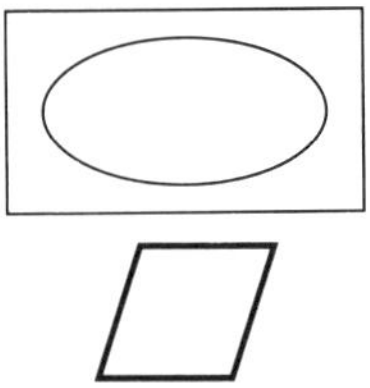 对应________。

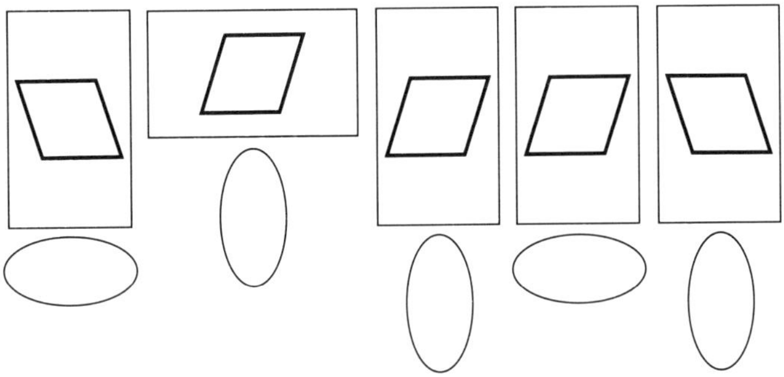

A　　B　　C　　D　　E

13. 在括号内填入一个英语单词，具有与括号两边词语相同的意思。

circuit（　　　）splash

14. 问号处应该填什么数字？

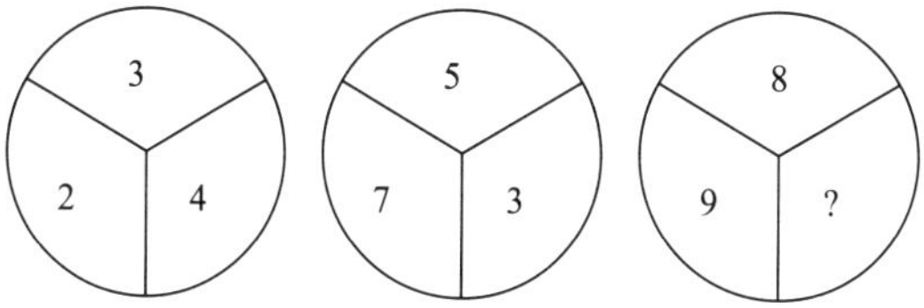

15. 找到起始点，横向或纵向连接相邻的字母，但不可斜向连接，补出缺失的字母并拼出一个12字母英语单词。

_ E E _

T _ I P

A L R E

16. plenary的意思是什么？

A. easy to bend（容易弯曲）

B. overabundance（过于充沛）

C. able to absorb（能够吸收）

D. open to all（对所有人开放）

E. acceptable（可接受的）

17. 只改变下列每个英语单词的一个字母，使之成为一句英语短语。（提示：这句短语的意思为“畅销”。）

TO LIVE NOT MAKES

18. 下列选项中的哪两个词意思最相近？

A. 容纳　　　　B. 蒙骗　　　　C. 记分

D. 闲聊　　　　E. 诓骗　　　　F. 缠绕

19. 问号处应该填什么数字？

4	7	3	8	9	2
?	9	0	2	5	1
5	1	6	3	5	9

20. 根据规律，下图序列的下一个图形应该是下列选项中的哪一项？

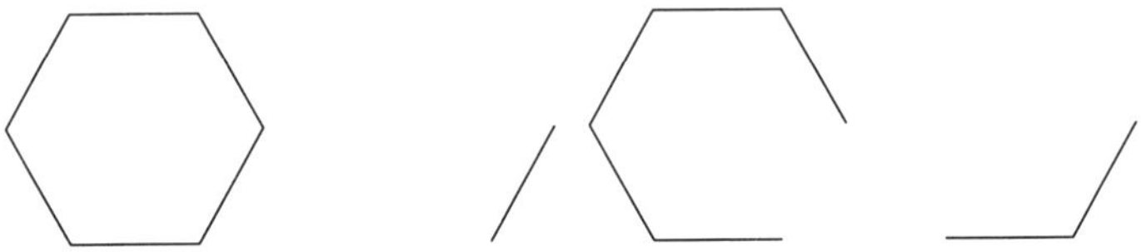

A

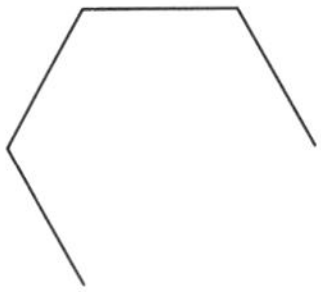

B

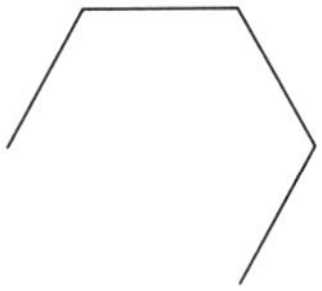

C

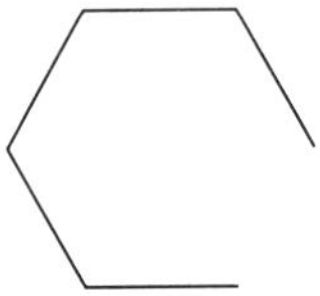

D

E

21. 下列选项中的哪一项不属于服饰？

A. togue（无檐帽）

B. hassock（蒲团）

C. cassock（袈裟）

D. chapeau（帽子）

22. 填出下面缺失的元音字母，组成一句英语俗语。（提示：这句俗语的意思为“天才的书桌总是凌乱不堪”。）

CLTTRD DSK MN F GNS

23. picot是什么？

A. sword fish（剑鱼）

B. jewellery（首饰）

C. fabric（织物）

D. loop of thread（线圈）

24. 填出缺失的字母，拼出两个同义的英语单词（顺时针或逆时针都可以）。

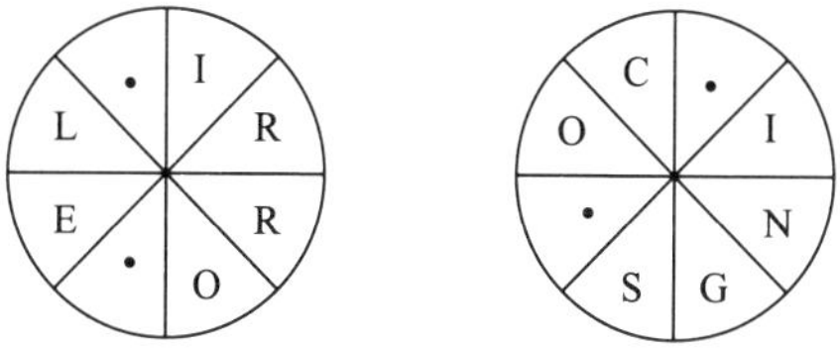

25. 下图表示哪个英语短语？（提示：这个短语的意思是“国内税”。）

PORTTAXUGAL

26. 填出缺失的字母，组成一个英语单词。

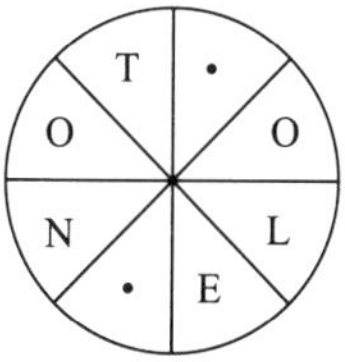

27. 下图标记为1A到3C的九宫格中，应该包含其上和其左具有相同字母和数字的方格中的所有线条和符号。比如，2B格中应该包含方格2和方格B中的所有线条和符号。其中有一个方格是不正确的，请问是哪一个？

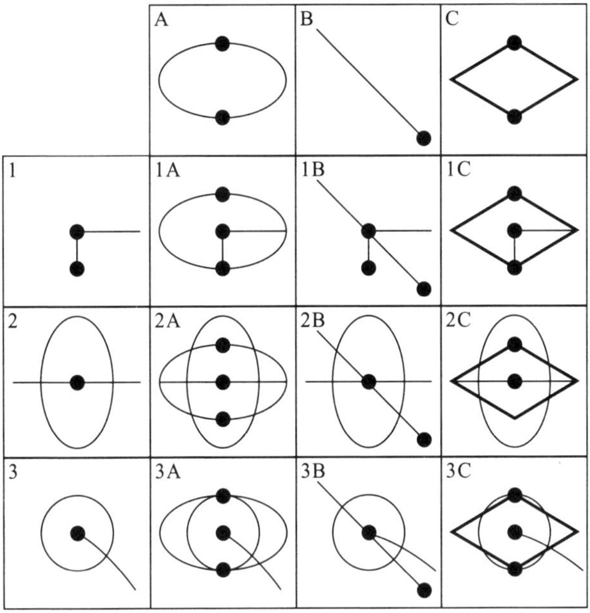

28. 变换下列英语单词的字母顺序，使之成为一个英语单词。

HEED LARKS

29. 问号处应该填什么数字？（提示：此题答案与罗马数字的写法有关。）

AVIATOR=6

FIXTURE=9

WIZSRDS=1

DIVERSE=?

30. 只用以下4个字母，组成一个6字母英语单词。

L I W O

31. 问号处应该填什么数字？

0.67，0.69，0.48，0.88，0.29，1.07，？

32. 拼出一个10字母英语单词。

_A_A_R_P_S

33. 填出缺失的字母，组成两个同义的英语单词。

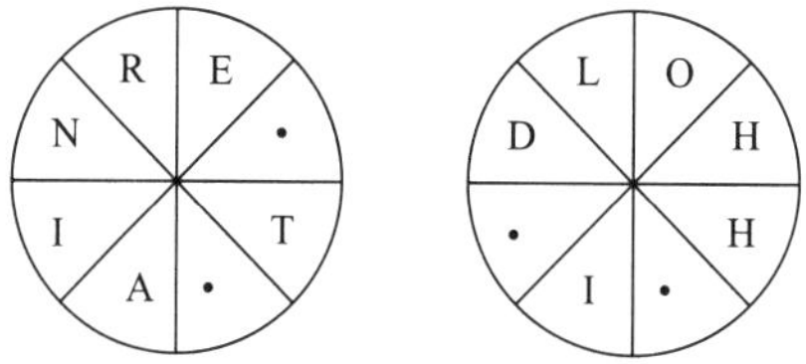

34. 下图外面四个圈中的每条线和每个符号都根据以下规则转化到内圈。如果一条线或一个符号在外圈：

出现一次：进入内圈。

出现两次：可能进入内圈。

出现三次：进入内圈。

出现四次：不进入内圈。

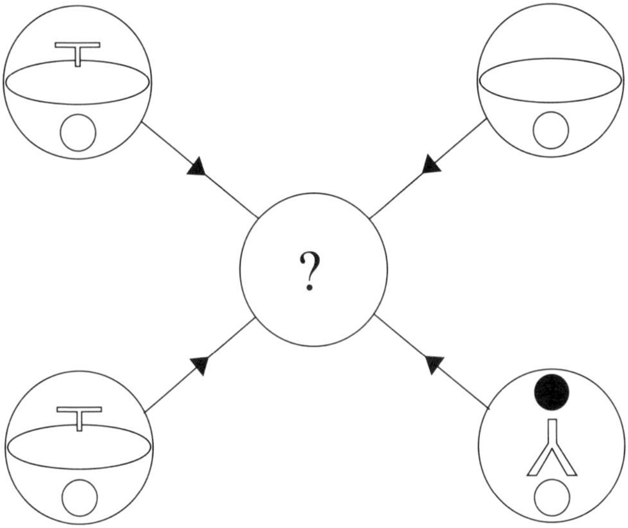

那么以下所示的A、B、C、D、E图形，哪个应该出现在上图的中心位置？

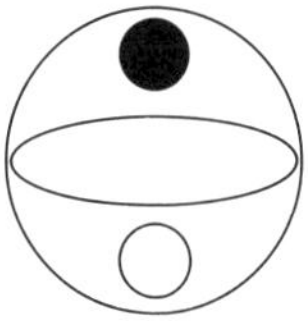

A

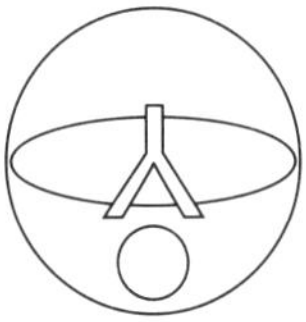

B

C

D

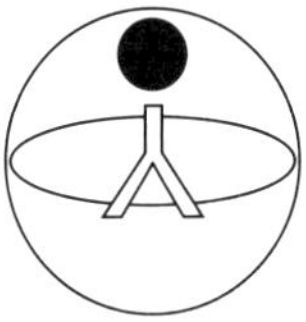

E

35. langlauf是哪项运动？

A. boating（划船）

B. fishing（钓鱼）

C. skating（滑冰）

D. skiing（滑雪）

36. 问号处应该填什么数字？

71	63	4	2	19
32	8	16	25	34
9	12	43	61	7
4	35	26	18	?

37. 如果把所给图形折叠成一个立方体，不可能成为下列选项中的哪一个？

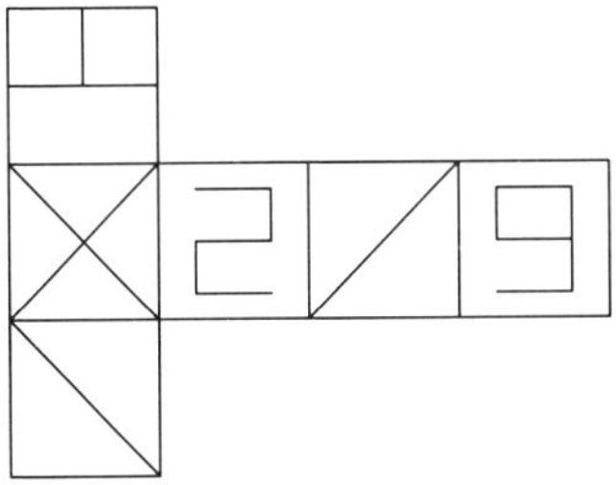

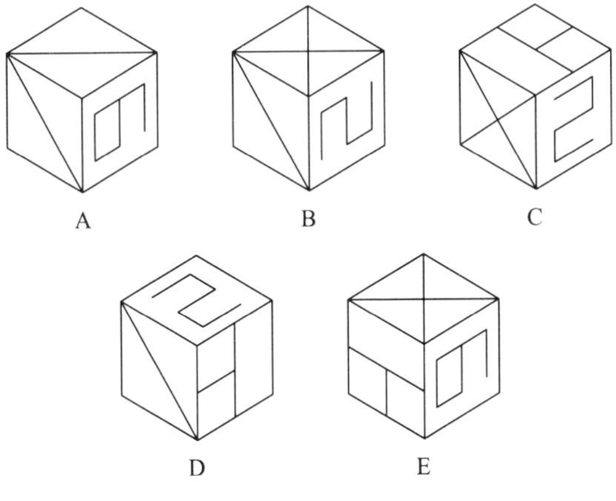

38.根据样例，以下括号中缺失的国家名称是什么？（提示：此题答案与英语单词的拼写有关。）

blade（Bangladesh）gnash

lover（___________）salad

39.任意方向连接下图中的10个字母组成一个英语单词（每个字母只能使用一次）。

Z	D	S	L	H
X	J	O	P	W
E	Y	M	R	F
C	I	G	T	U
V	N	A	K	B

40.问号处应该填什么数字？

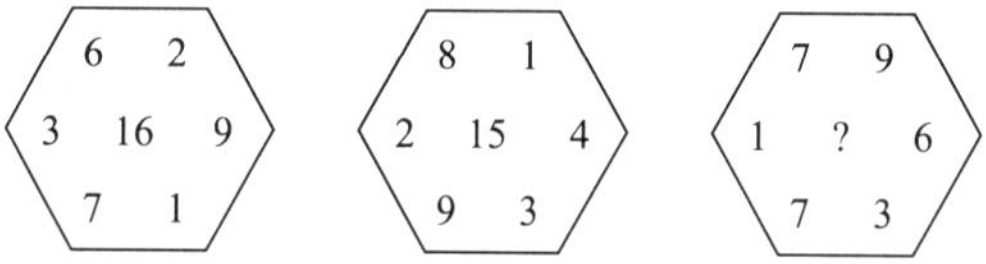

测试23

1.根据规律，以下序列的下一个图形应该是下列选项中的哪一个？

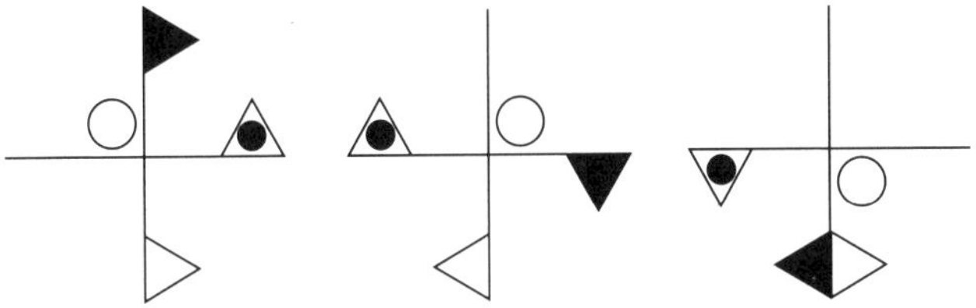

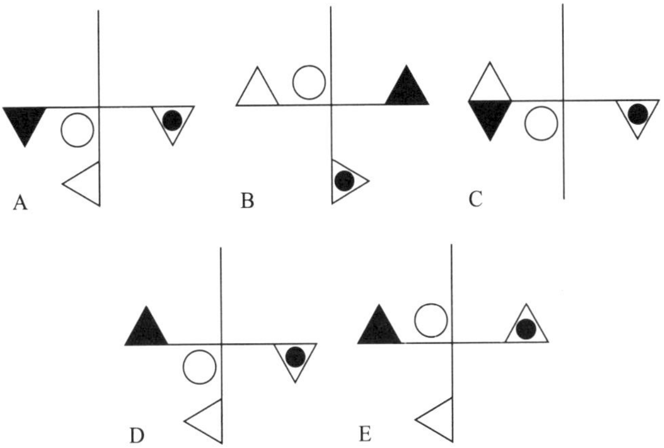

2.一袋土豆的重量是16千克除以其重量的四分之一。这袋土豆有多重？

3.“裂缝”对应“峡谷”，相当于“平顶山”对应________。

A. 沙漠　　B. 山脉　　C. 平原

D. 小山　　E. 高原

4. 以下哪两个词意思相反？

A. 入境　　B. 曲折　　C. 古怪

D. 温暖　　E. 简单　　F. 肥沃

5. 把下列小方块填入九宫格中，使之满足：每两个小方块紧邻的字母可以组成一个2字母英语单词，同时大方块外侧的字母能够顺时针组成一个12字母英语单词。

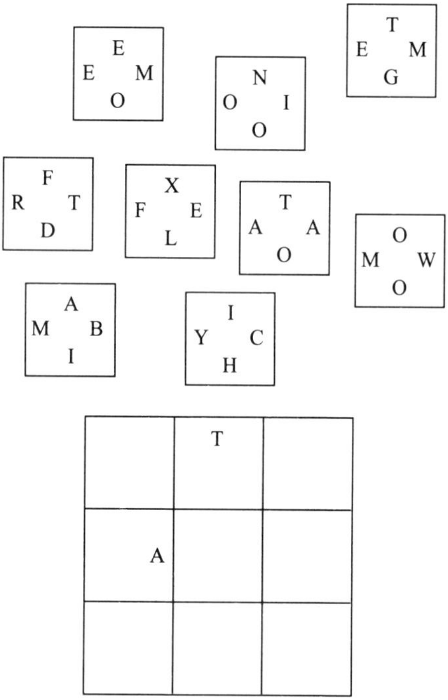

6.下列选项中的哪一项与其他项不同?

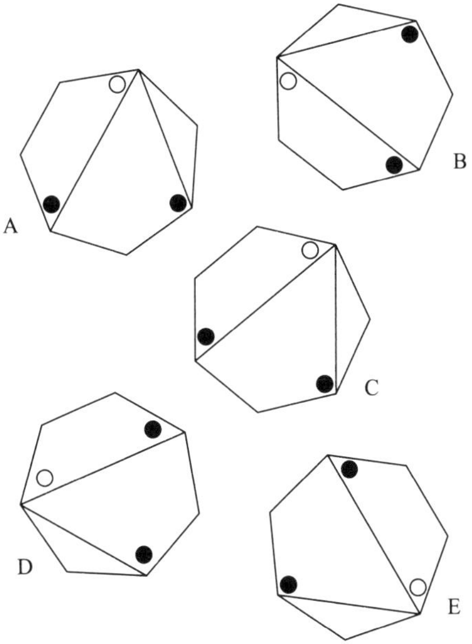

7.如果A星球花两年才能绕太阳运转一周，而B星球只需一年，那么下次它们和太阳排成一条直线是什么时候?

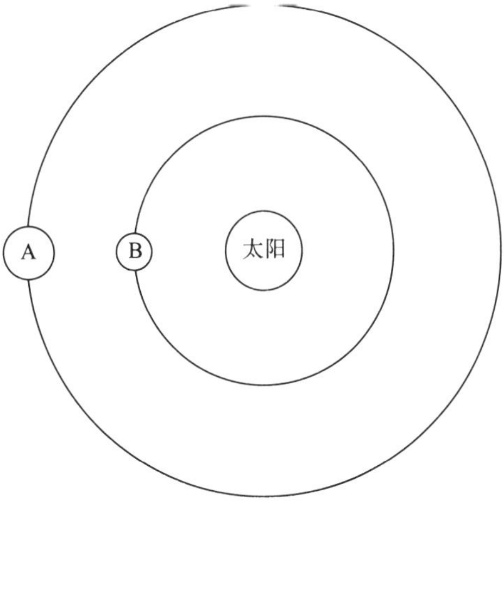

8. 一个常用英语短语被分解为3个字母一组，而且打乱了顺序。请找出这句英语短语。（提示：这个短语的意思是“迎难而上”。）

EBU EHO ETH LLB RNS TAK YTH

9. 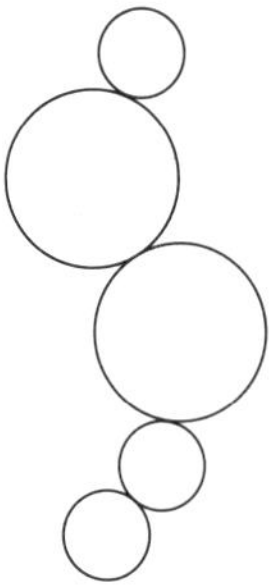 对应 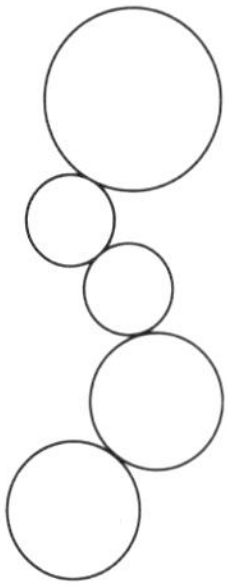 ，

相当于 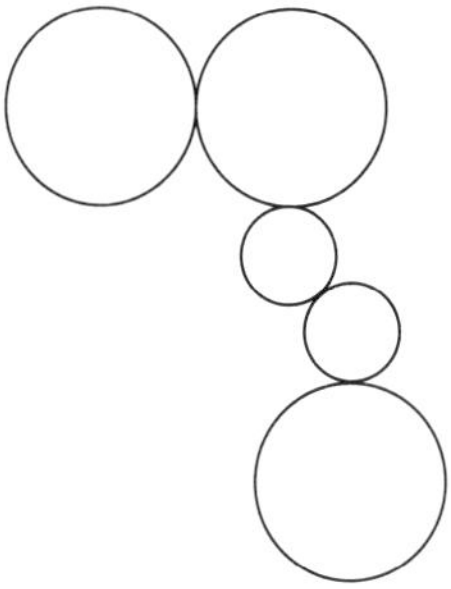 对应________。

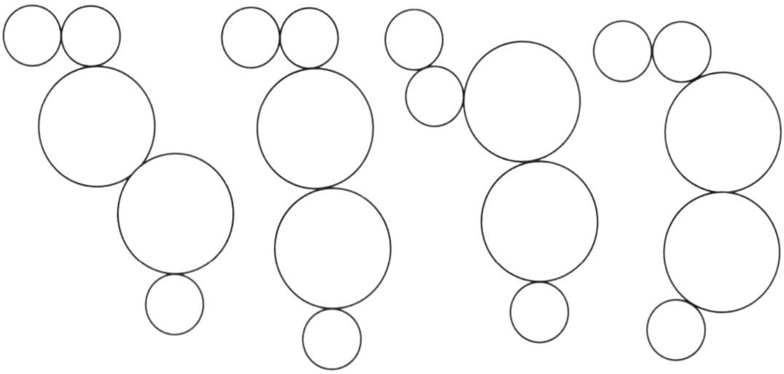

A　　B　　C　　D

10.下图中心缺失的字母是什么?

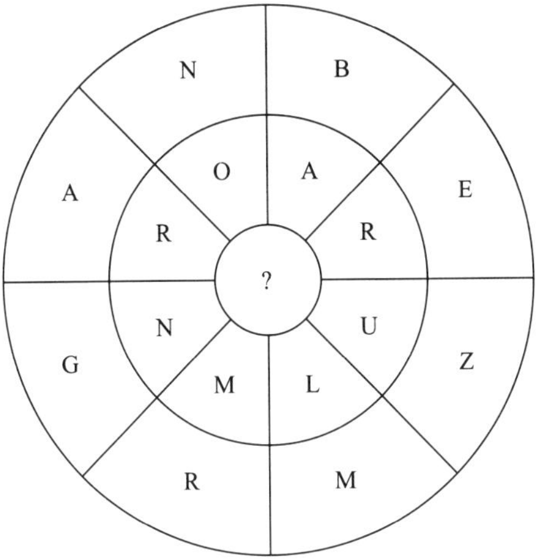

11.问号处应该填什么数字?

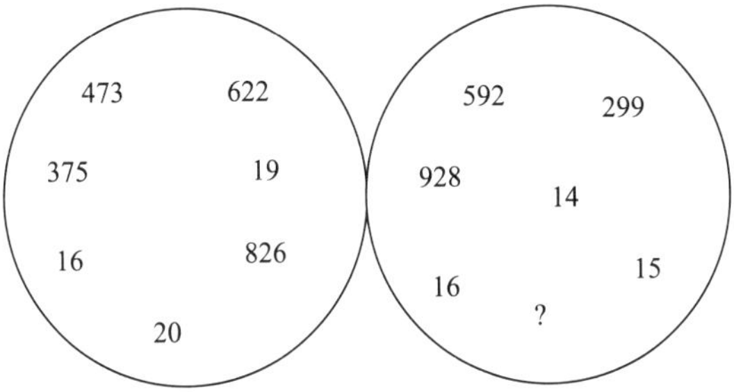

12.哪个莎士比亚笔下的人物名字可以填入最底下一行，使从上到下能够组成9个3字母英语单词。

M	A	W	H	H	H	W	B	S
I	C	A	A	U	I	H	A	E
_	_	_	_	_	_	_	_	_

13. 以下序列的下一个图形应该是下列选项中的哪一个？

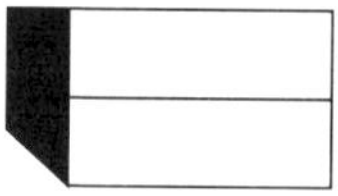

A

B

C

D

E

14. 只改变以下每个英语单词的一个字母，使其成为一句英语常用语。（提示：这句常用语的意思为“准备好”。）

AS SHE READS

15. 把以下词语重排字母顺序，使其成为一个英语单词。

BARGAIN OIL

16.问号处应该填什么数字？

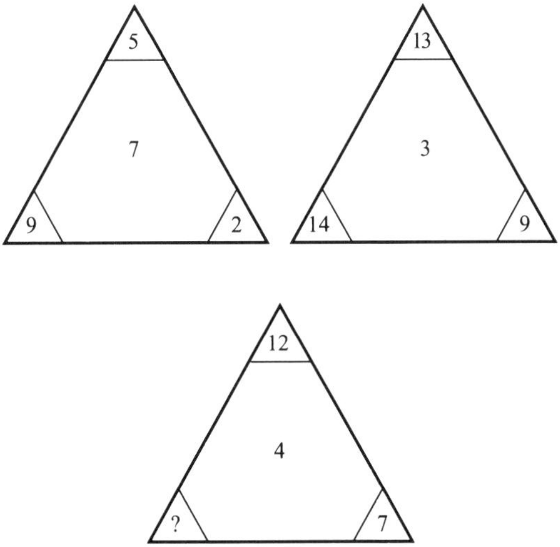

17.使用以下报纸文章标题中的每个字母，且每个字母只用一次，拼出三种水果的英语单词。

No! An Amenable Groan

18.把以下字母填入下图，拼出两个英语单词，组成一个短语。（提示：短语的意思为“同卵双胞胎”。）

W L N I S T A T E C N D

_

_

_ _ _ _ _ I _ _ _

_

_

19.如果“河里有肉”是T（ham）es，那么你能找出一个英语单词表示“教堂里有猴子”（6个字母中的3个字母）吗？

20. 找到起始点，横向或纵向连接相邻的字母，但不可斜向连接，补出缺失的字母并拼出一个12字母英语单词，

_ S Y _

T _ A O

A S C _

21. 在以下空缺处填上同一个4字母英语单词，组成新词。

_ _ _ _ HOPPER

_ _ _ _ LET

_ _ _ _ BUD

_ _ _ _ LIKE

_ _ _ _ AGE

22. 改变TORE GASH的字母顺序，使其组成一个新的英语单词。

23. 问号处应该填什么数字？

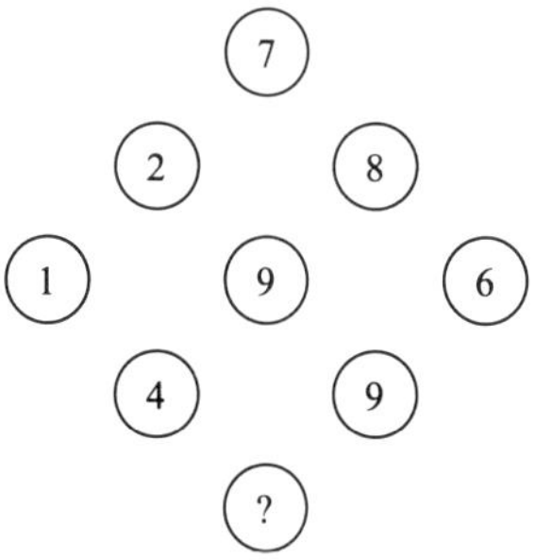

24. 问号处应该放多重的东西才能使天平达到平衡？

25.顺着相邻的圆圈移动，找出一个10字母英语单词（每个圆圈只能使用一次）。

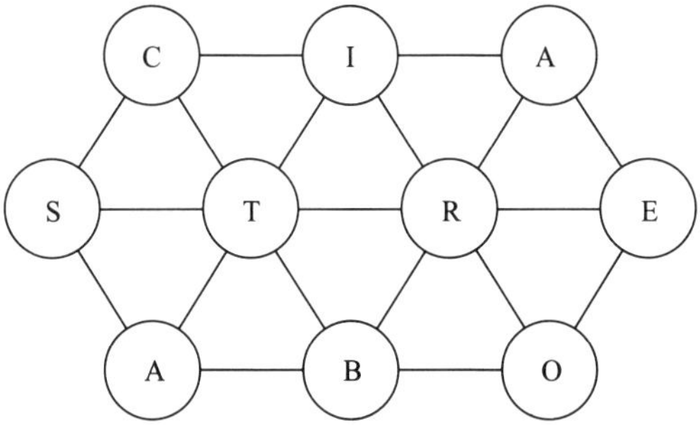

26.填出缺失的字母，组成两个同义的英语单词。

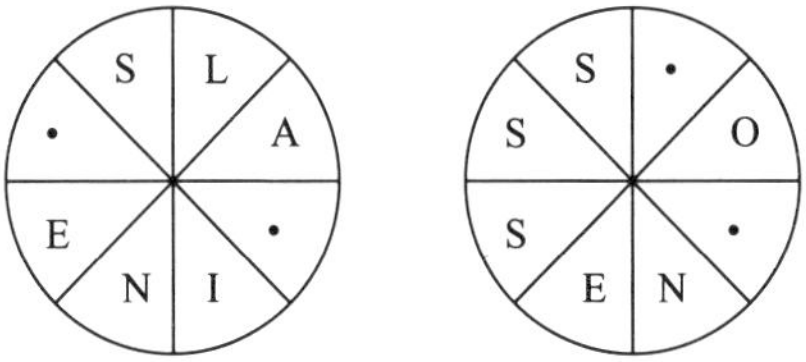

27.问号处应该填下列选项中的哪个圆圈？

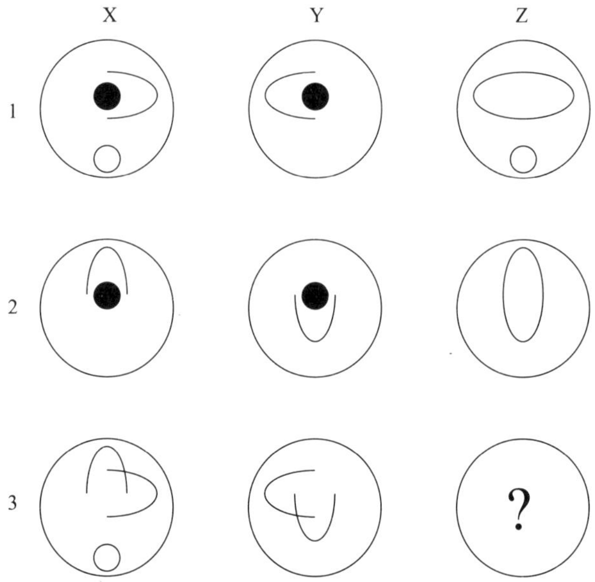

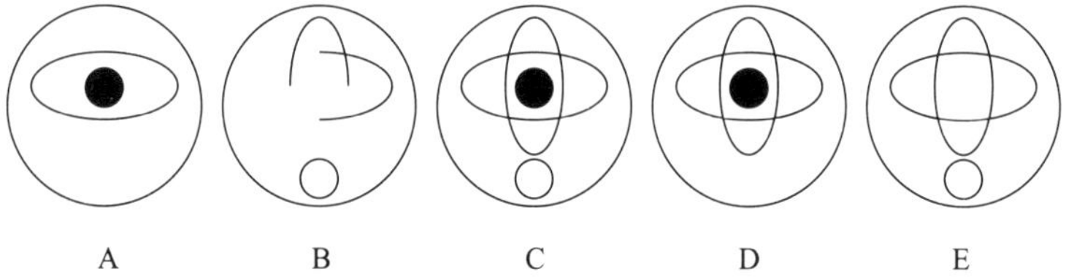

28.下列选项中的哪一项与其他项不同？

A.六边形

B.金字塔

C.正方形

D.五角形

29. 用以下两个4字母组合组成一个8字母英语单词。

AMPO ALIS LURE DENT TANT GREN SELE DEVO IRRI DINE

30. dogger的意思是什么?

A. castle（城堡）

B. boat（船）

C. caravan（大篷车）

D. druggist（药商）

31. 以下序列中，问号处的数字是什么?

–3，+6，+2，–3，+7，–12，?

32. 在以下数字列阵中，两个最大奇数之和与两个最小偶数之积的差是多少?

12	9	14	10
15	34	5	11
7	4	3	23
26	13	16	18

33. 填出图中缺失的字母，组成两个反义的英语单词。

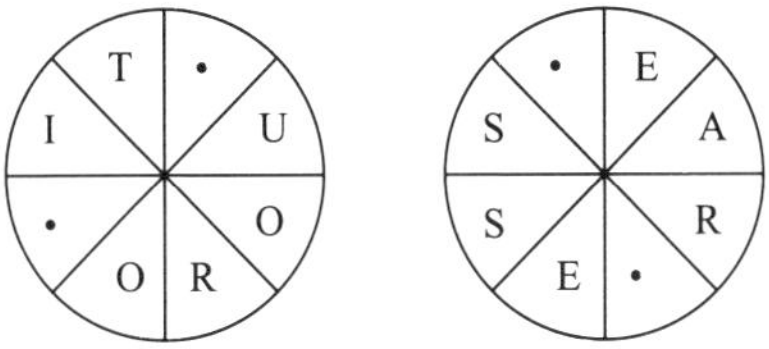

34. 下图外面四个圈中的每条线和每个符号都根据以下规则转化到内圈。如果一条线或一个符号在外圈：

出现一次：进入内圈。

出现两次：可能进入内圈。

出现三次：进入内圈。

出现四次：不进入内圈。

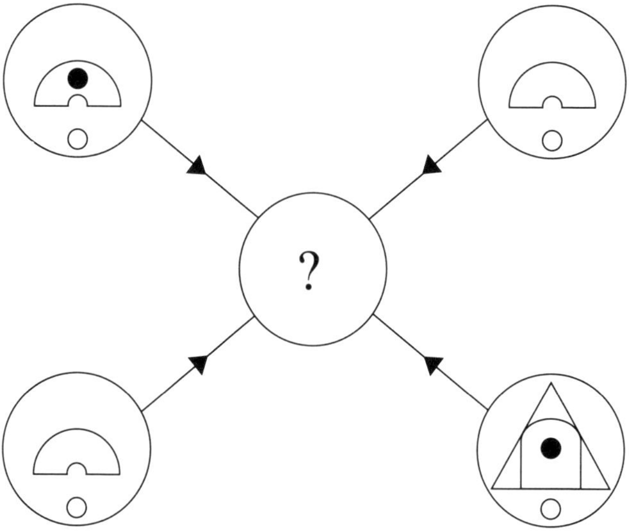

那么以下所示的A、B、C、D、E图形，哪个应该出现在上图的中心位置?

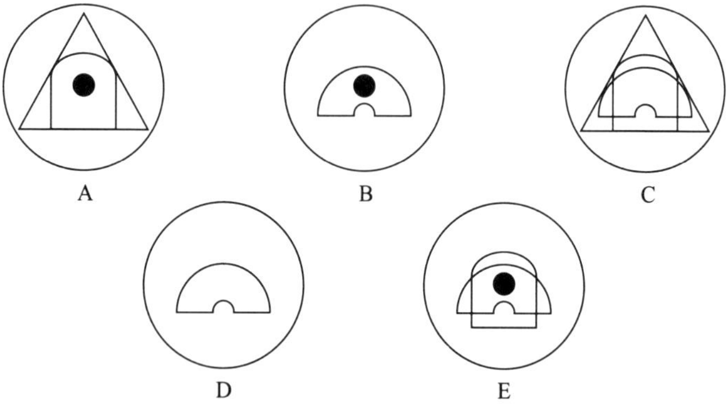

35. 以下哪项是酒心巧克力的组成部分？

A. 胡椒籽

B. 培根

C. 火腿

D. 糖

36. 用以下两个3字母组合组成一个6字母英语单词。（提示：昆虫。）

SPI, TLE, BUB, ANT, WOR, DAR, MIN, BEE, WAS, LER

37. 厨房里没有下列哪项？（改变字母顺序组成英语单词）

A. CUGPEG

B. CIJRUE

C. RAGRET

D. DIGBRE

E. LACSSE

38. 补出缺失的元音字母，组成一句英语俗语。（提示：这句话的意思为“相信别人，但也要小心行事”。）

TRST VRYBDY BT LWYS CT TH CRDS

39. 下图暗示着哪个英语单词？

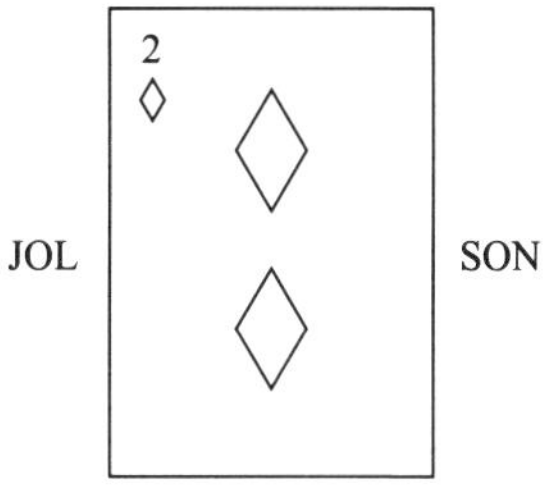

40.补出缺失的字母，组成一个英语单词。

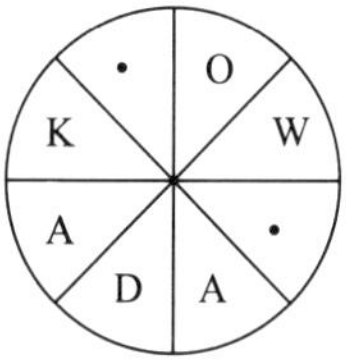

测试24

1. 问号处应该填哪些数字?

2　　6　　30　　?

3　　5　　11　　?

2. 下列选项中的哪一项与其他项不同?

A. 义不容辞的

B. 义务的

C. 本质的

D. 必要的

E. 不可逃避的

3. 问号处应该填什么数字?

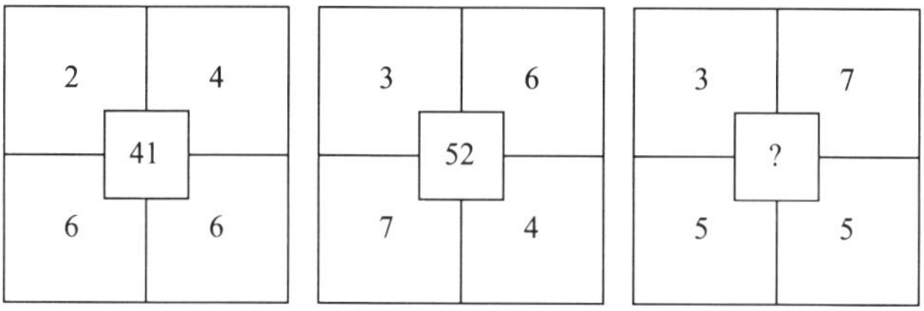

4.下列选项中的哪一项与其他项不同?

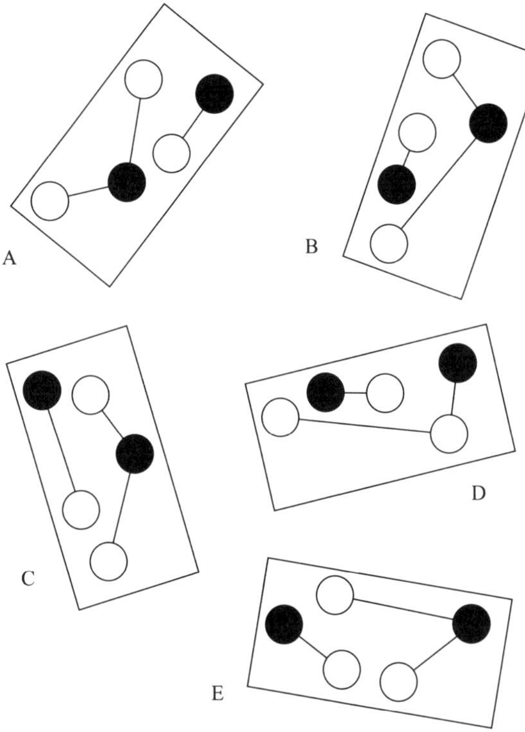

5.“牛顿”对应“力”,相当于“开尔文”对应________。

A.频率　　B.压力　　C.光

D.温度　　E.声音

6.改变WRY SARAH的字母顺序可以组成哪两个意思相反的英语单词?

7.下列选项中的哪个词与erstwhile(往昔的)的意思相近?

A. notable　　B. incorrect　　C. near

D. cultured　　E. past

8.从下图四角字母之一开始，按顺时针方向沿着九宫格的四条边移动，最后到中心的字母结束，组成一个包含9个字母的英语单词，并请补出空缺处的字母。

_	N	O
T	E	_
R	O	P

9.以下5字母组合中只有一组可以变成一个5字母的英语单词，你能找出这个词吗？

A. MERDO

B. HYOAL

C. NFOLE

D. HURSN

E. MUDAP

10.把以下英语单词填入后面的方格中。

ADROIT	ALAS	TAP
DEMAND	ASIA	ASK
	DESK	ADO
	BIND	ADD
	CHOP	MUD
	ROLE	ACT

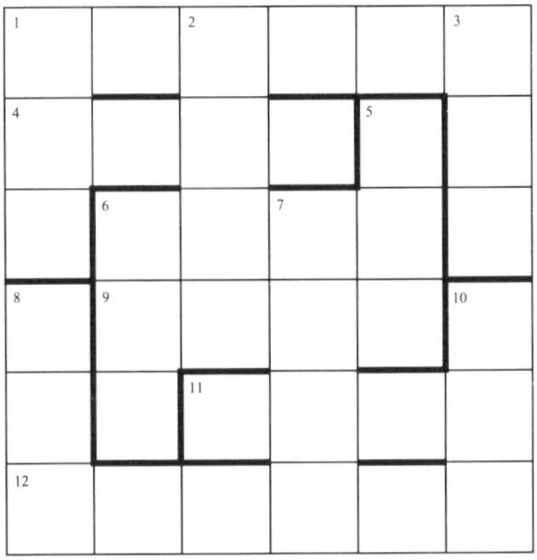

11. 以下哪个方块与所给方块共同点最多？

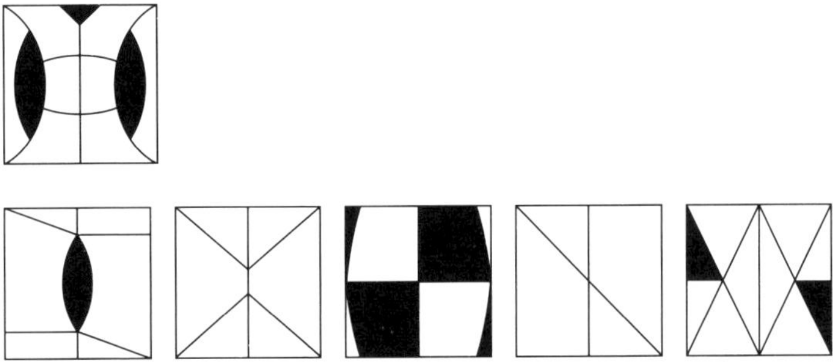

A　B　C　D　E

12. 右下角的三角形中的问号处应该填什么数字？

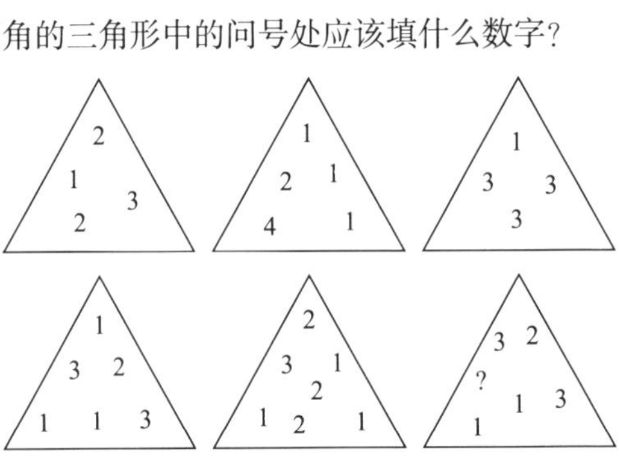

13. 在下面的每个括号中填入两个字母，使之与括号左右两侧的字母分别组成一个英语单词。同时，所填的4组字母从上往下能够组成一个8字母英语单词。

TA (_ _) IP

DU (_ _) SE

DI (_ _) CH

SO (_ _) LY

14. 哪个英语单词与其他单词不同？（提示：此题答案与英语单词的拼写有关。）

A. carried（携带，佩戴）

B. foolish（愚蠢的）

C. scarlet（猩红的，鲜红的）

D. quarter（四分之一，一刻钟，一季度）

E. mansion（公馆，宅第）

F. fishing（钓鱼）

15. 重新排列以下词语的字母顺序，使其组成一个新的英语单词：

STAR COUPLE

16.  对应 ，

相当于  对应________。

A

B

C

D

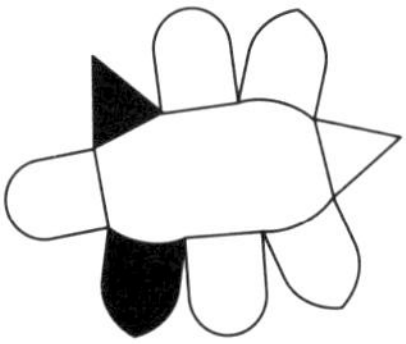

E

17. 问号处应该填哪两个字母？

A　W　F　N　？

Z　C　S　J　？

18. 下列选项中的哪一项与其他项不同？

A. RE500

B. 50I1000E

C. NA5Y

D. TA101

E. GO50500

F. B50UE

19. 问号处应该填什么数字？

492，366，189，810，？

20. 以下序列接下来应该是什么图形？

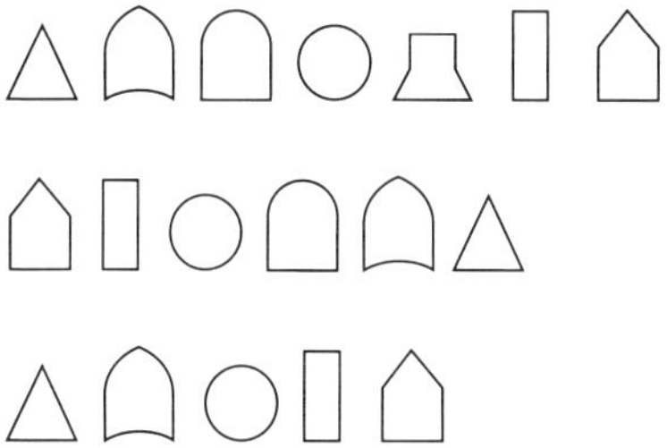

A. 

B. 

C. 

D. 

E. 

F. 

21. cairn是什么？

A. a loch（一个海湾）

B. a valley（一个峡谷）

C. a heap of stones（一堆石头）

D. an outlook post（一个瞭望杆）

22. 以下这些英语单词有什么共同点？（提示：此题答案与英语单词的拼写有关。）

A. bartered（交换）

B. timepiece（钟表）

C. patrician（贵族的，上流社会的）

D. donated（捐赠）

E. alfresco（户外的，露天的）

23. 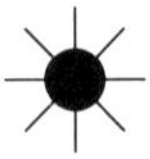 对应 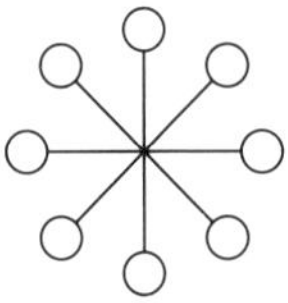

相当于 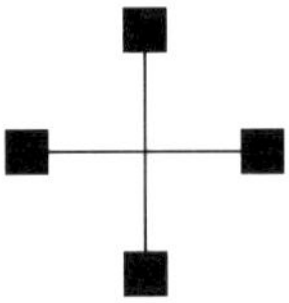 对应________。

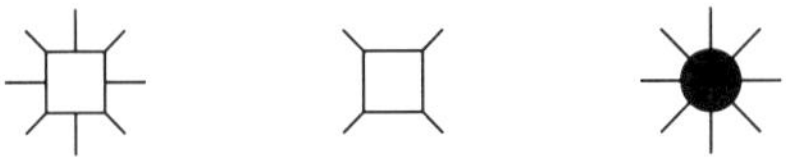

A　　B　　C

D　　E

24. 只改变以下每个英语单词中的一个字母，使之成为三个同属一类的词。比如，foul, sax, tin→four, six, ten

weed, dab, near

25. 问号处应该填什么数字？

8	2	5	38
7	4	9	59
6	3	7	39
5	1	7	?

26. 补出图中缺失的字母，拼出两个近义的英语单词。

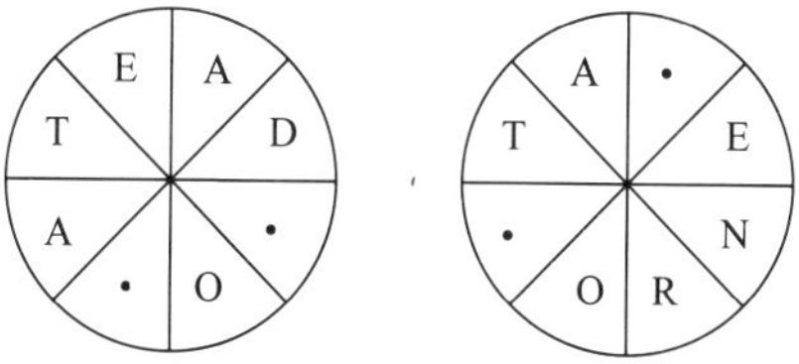

27. 问号处应该填下列选项中的哪个？

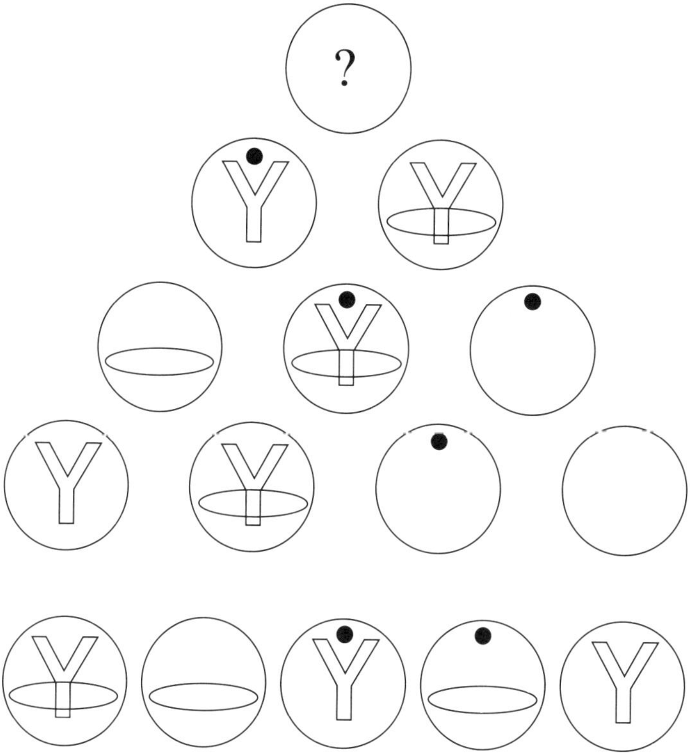

A　B　C　D　E

28. 以下哪个英语单词的意思不是一种云？

A. cumulus

B. stratus

C. fumerole

D. nimbus

29. 补出元音字母，组成一句英语俗语。（提示：这句俗语的意思为“只干活不玩乐就能赚大钱”。）

LL WRK ND N PLY MNS Y MK MNY HND VR FST

30. 只使用以下4个字母组成一个6字母英语单词。

W O N I

31. fogle的意思是什么？

A. musical instrument（乐器）

B. silk handkerchief（真丝手绢）

C. hat（帽子）

D. shoes（鞋）

32. 根据下图可以写出哪个英语短语？（提示：这个短语的意思为“一头雾水”。）

AS TAT EOF

33. 填出缺失的数字。

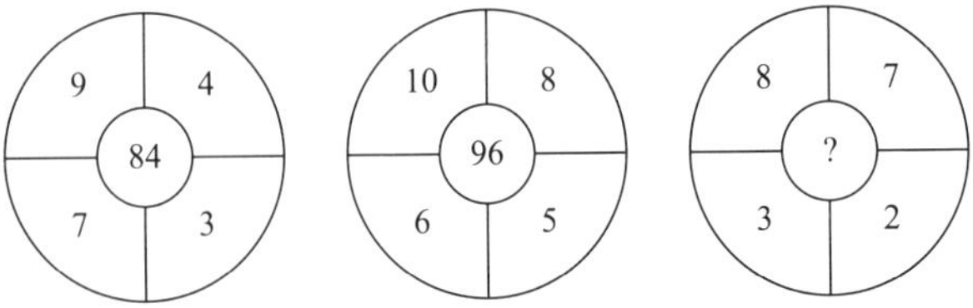

34. 下图外面四个圈中的每条线和每个符号都根据以下规则转化到内圈。如果一条线或一个符号在外圈：

出现一次：进入内圈。

出现两次：可能进入内圈。

出现三次：进入内圈。

出现四次：不进入内圈。

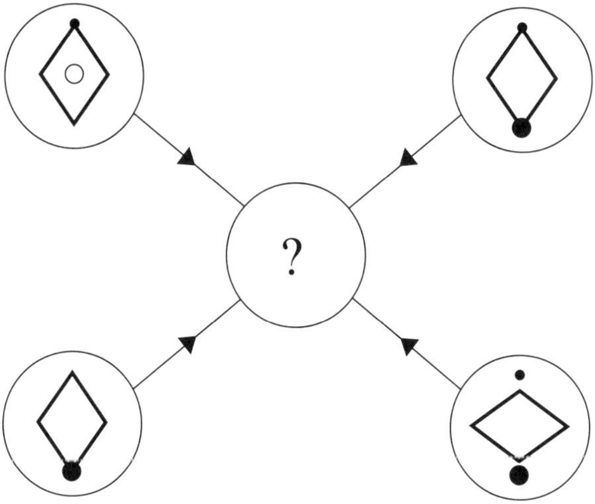

那么以下所示的A、B、C、D、E图形，哪个应该出现在上图的中心位置?

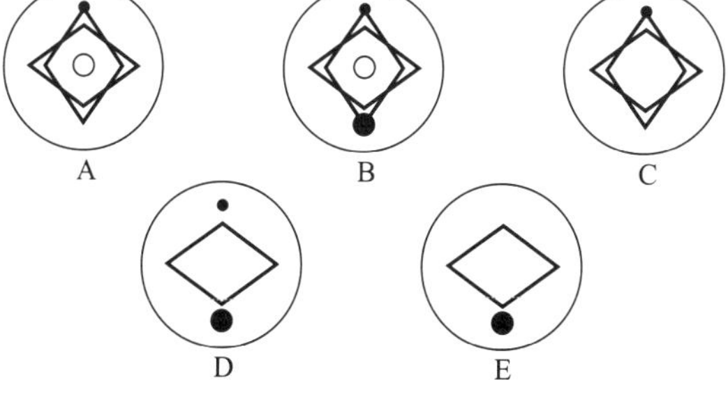

35. 以下哪项改变字母顺序后组成的英语单词不是一种昆虫?

A. GIAWER

B. BASRAC

C. SETEST

D. RUBLEO

E. THENOR

36. 填出缺失的数字。

$^{7}/_{8}$，$1^{3}/_{8}$，？，$2^{3}/_{8}$，$2^{7}/_{8}$

37. 用以下两个3字母组合组成一个6字母英语单词。（提示：花。）

LIA PAN FOD DAH AST SIE DAF TUL IPE ERR

38. 在括号中填入一个英语单词，它具有与括号两侧词语相近的意思。

BOUNDARY(_ _ _ _)LAKE

39. 把数字11到25填入下面的方块中，使每行、每列和两条对角线上的数字相加的得数都是65。

	6		8	
			9	5
	7	1		
3				2
10			4	

40. 拼出一个10字母英语单词。

_ R _ D _ I _ G _ Y

测试25

1.圈出答案，或者写在给出的答案框里。

问号处应该填哪行符号？

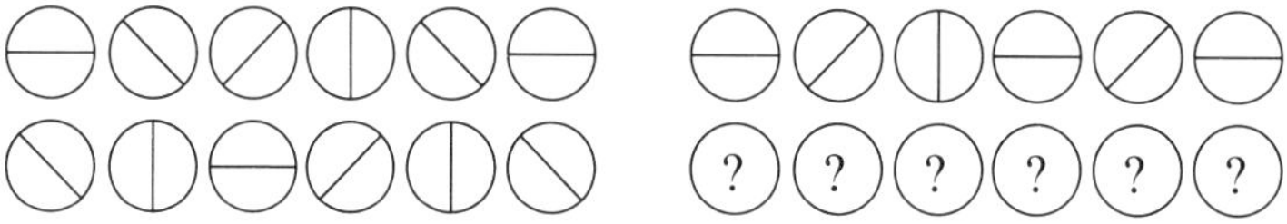

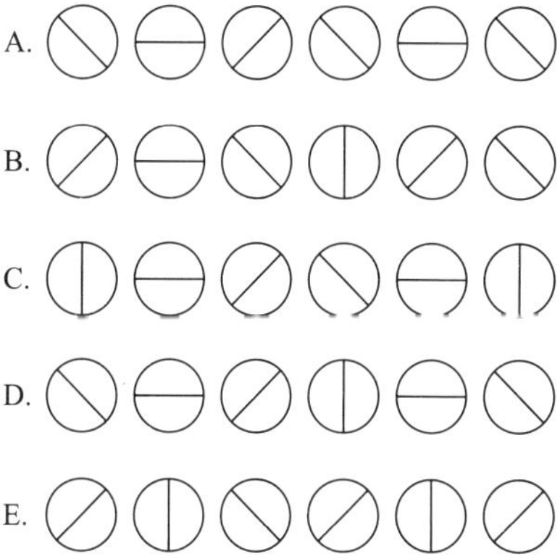

2. 12593对应35291，29684对应46982，因此72936对应什么？

3.从以下词语中选出两个同义词，以及这两个同义词的一个反义词。

阻止，强迫，生长，跋涉，枯萎，萌芽，斗争

4.请找出相互关联（类比）的两个词（每个括号中找出一个），

且以相同的方式与加粗的词相关。

猫（睫毛、走秀、猫科动物、胡须）

睡觉（梦游、夜晚、床、睡神）

5. 下列选项中的哪一项与其他项不同？

A 

B 

C 

D 

E 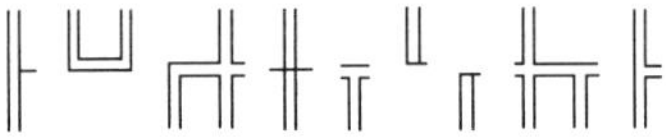

6. The institution houses collections of objects of artistic, historic and scientific interest, and displayed for the edification and enjoyment of the public.

有一个英语单词从上面这段话中被拿出去了。从以下英语单词中选出一个，并插回正确的位置。（提示：这段话的意思是“这个机构收藏着艺术、历史和科学方面的藏品，为使公众得到愉悦和熏陶而进行保存和展示”。）

huge, permanent, produced, conserved, priceless, accumulated

7. 下列选项中的哪个词与 flippant（无礼的）的意思最相近？

A. obverse　　B. irreverent　　C. feeble

D. candid　　E. facile

8. 下列选项中的哪个词与其他词不同？

A. 集会　　B. 散布　　C. 汇编

D. 召集　　E. 聚集

9. 缺失的方块是下列选项中的哪两个？

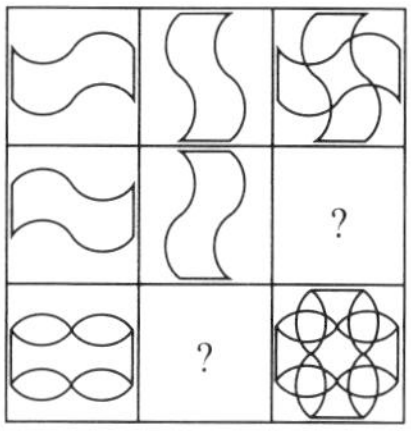

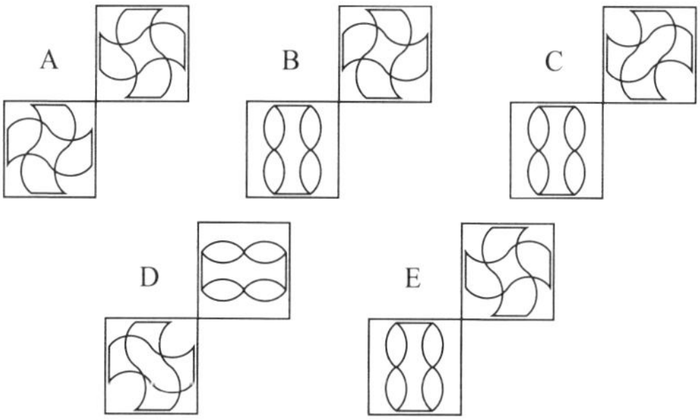

10. 19，20，21，？，？，26，28，32，33，40

问号处应该填哪两个数字？

11. 从以下英语单词中选出一对由相同的字母组成的词。

intercom, carolean, fornical, landrace, alderman, maladies, parlance, calendar, marlined, miracles, minerals, confined, barnacle

12. A Z B Y D W G T ? ?

接下来应该是哪两个字母？

13. 下列选项中的哪一项与其他项不同?

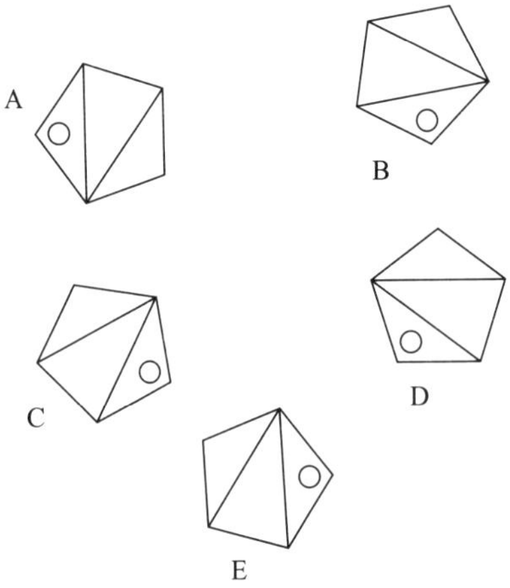

14. 请找出相互关联（类比）的两个词（每个括号中找出一个），且以相同的方式与加粗的词相关。

前面的（相反的、隐秘的、先前的、抵触的、对应的）

对面（外面、交谈、表情、对立面）

15. 哪个数和其他数不同?

84129，32418，47632，36119，67626，72927

16. 从北开始，把以下方位按照正确的顺序逆时针排列。

ENE（东东北） WSW（西西南） SE（东南） SSW（南西南） WNW（西西北） NNE（北东北） SSE（南东南） ESE（东东南）[①]

17. 使用短语CLEAR TRIUMPH PATTERN（著名的成功模式）中的每个字母，且每个字母只用一次，组成三种乐器的英语单词。

---

① 这些都是风向符号，代表不同的角度范围。——译者注

18. 如果你需要把112双鞋打包，每个箱子可以装28只鞋，那么你需要多少个箱子？

19. 下面哪个英语单词不应出现在序列中？（提示：此题答案与英语单词的拼写有关。）

manage（管理，经营），aplomb（镇定，沉着），fedora（一款操作系统），manual（手工的，手控的），jumble（使混乱，使杂乱），junior（地位低下的，青少年），author（作家，作者）

20. 请找出相互关联（类比）的两个词（每个括号中找出一个），且以相同的方式与加粗的词相关。

背负（胳膊、木材、后背、脖子）

胫骨（膝盖、腿、大脑、鼓）

21. 一套电路连接四盏灯，并由A、B、C和D开关控制。每个开关控制的情况如下：

A开关可以控制灯1和灯2开或关。

B开关可以控制灯2和灯4开或关。

C开关可以控制灯1和灯3开或关。

D开关可以控制灯3和灯4开或关。

● = 开

○ = 关

那么按照C、B、D、A的顺序拨动开关，结果使图1变成图2。其中有一个开关不管用，请找出是哪个。

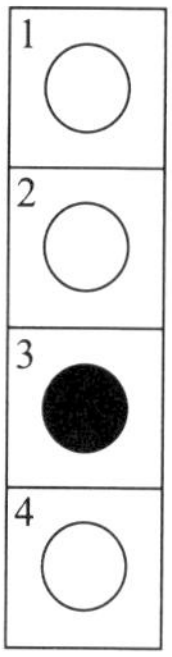

图1

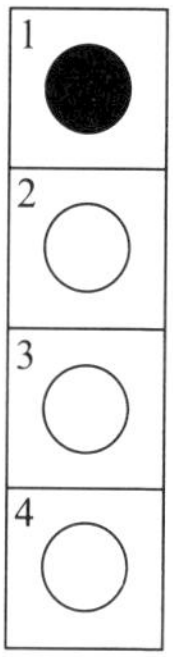

图2

22. A B C D E F G H

字母F右边紧挨着的字母和字母C左边第二个字母正中间的字母右边第三个字母左边紧挨着的字母右边第二个字母是什么?

23. 请找出相互关联（类比）的两个词（每个括号中找出一个），且以相同的方式与加粗的词相关。

厚皮动物（舌头、皮肤、反刍动物、哺乳动物）

多毛症（蓬松、航线、羊毛、毛发）

24. 只改变下句中四个英语单词的位置，使之成为一句完全合理的话。

If you are printing on glossy paper or transparencies,place a support stack, or a sheet of plain media,beneath the sheet,or load only one sheet at a time.①

25. 星期日、星期一、星期二、星期三、星期四、星期五、星期六

星期一之后两天之后一天之后两天之后三天是哪天?

---

① 此题考查英语句子的词序和理解。——译者注

26. 请找出相互关联（类比）的两个英语单词（每个括号中找出一个），且以相同的方式与加粗单词相关联。（提示：此题答案与英语单词的构成方式有关。）

PAR（standard, able, golf, rank）

LEG（foot, bow, self, end）

27. 缺失的部分是下列选项中的哪一块？

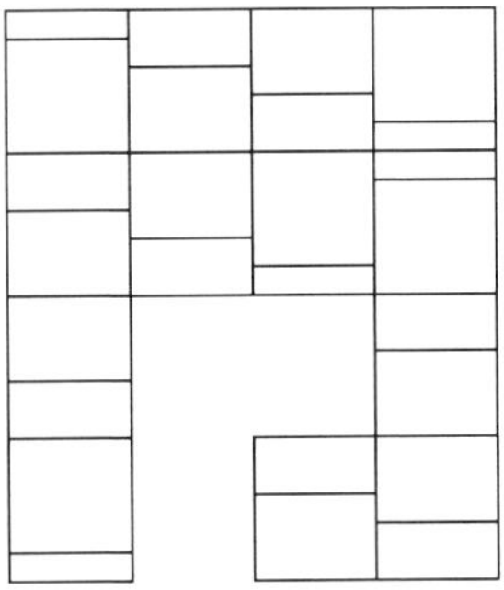

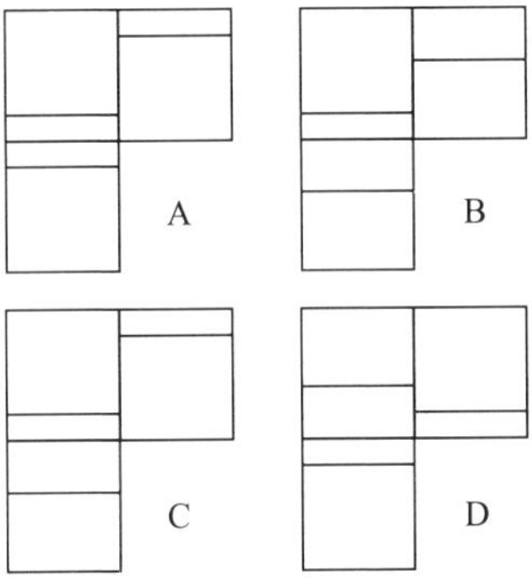

28.请找出相互关联（类比）的两个词（每个括号中找出一个），且以相同的方式与加粗的词相关联。

油漆（刷子、颜色、干燥、色素）

水泥（固体、凝固、沙子、道路）

29.使用GIBBON CABLES ACE COBRA中的字母，且每个字母都只用一次，拼出三种蔬菜的英语单词。

30.下列选项中的哪个词是revoke（废除）的反义词?

A. modify　　B. conserve　　C. exalt

D. implement　　E. countermand

31. I WINE ON VIP OPTION改变字母顺序能够组成哪两个意思相近的英语单词（两个单词分别由7个字母和9个字母组成）?

32.在括号中依次填入两个字母，使之与括号左右两边的字母各组成一个英语单词。填入的4对字母从上到下按顺序可以组成一个8字母英语单词。

HE(**)LY

HO(**)AR

AU(**)NK

CO(**)CH

33.下列选项中的哪两个词意思相反?

A.习得的　　B.衍生物　　C.原型

D.阐述　　E.神秘的　　F.痉挛的

34. 缺失的部分是下列选项中的哪一块？

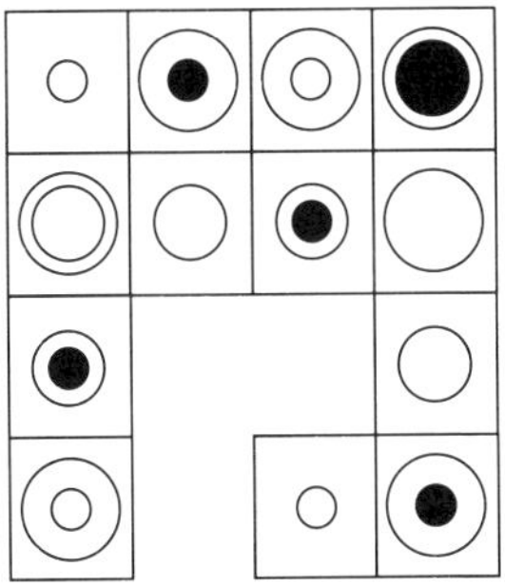

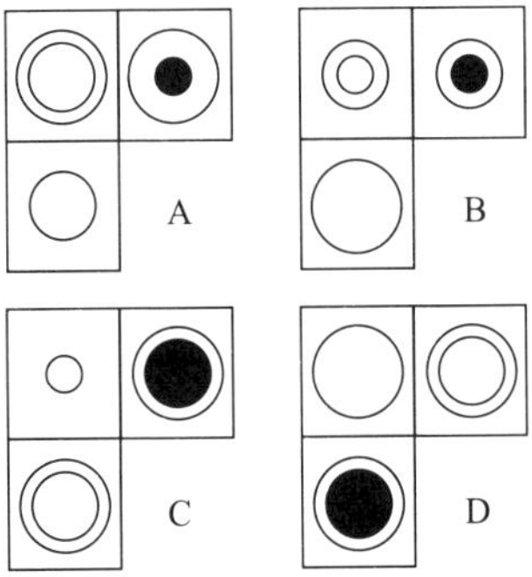

35. 从以下词中选出两个同义词，以及这两个同义词的一个反义词。

原谅，控制，授予，宽恕，让步，谴责，紧闭

36. ________ ________ is used for a ________ variety of ________, including the ________ of ________ data for oil and ________ ________, the ________ of new ________ design, the processing of ________ ________, and the ________ of data from ________ ________.

把以下 15 个英语单词插入上面这段话中正确的位置。（提示：这段话的意思是“数据处理在大量的应用场景中得到应用，包括石油和矿产勘探中的地震数据处理，对新产品设计进行分析，卫星图像处

理，以及对来自科学实验的数据进行分析”。）

analysis, analysis, applications, data, experiments, exploration, imagery, mineral, processing, processing, product, satellite, seismic, scientific, wide

37. 请找出相互关联（类比）的两个词（每个括号中找出一个），且以相同的方式与加粗的词相关联。

轻率（轻浮、狂野、热心、莽撞）

鲁莽（冒失、猛烈、狂妄、困惑）

38. 下列选项中的哪两个词意思相近？

A. 保卫　　B. 咀嚼　　C. 允许

D. 咬啮　　E. 扭曲　　F. 分配

39. It is a largely agricultural country of varied scenery from moorland, loughs and islands to the beautiful coastline around West Bay.

上面这段话缺了一个词，请从下面找出这个词并插入上面这段话的正确位置。（提示：这段话的意思是“这是一个以农业为主的国家，拥有包括荒凉的旷野、港湾和岛屿以及围绕西部海湾的美丽海岸线等多样的景色”。）

landlocked, eastern, diverse, cold, oceanic, bleak

40. 下列选项中的哪个词与hermetic（封闭的）的意思最接近？

A. sealed　　B. reclusive　　C. audacious

D. sceptic　　E. close

答案与说明

测试1

1. B。

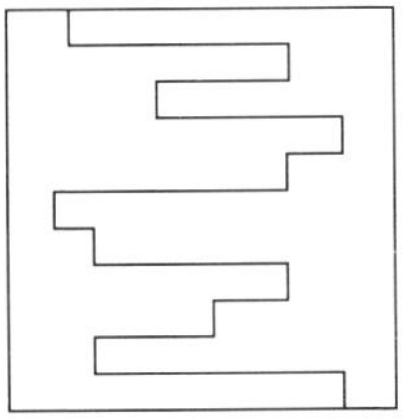

2. A，allow的意思是“允许”。其他单词的意思分别是：stifle→压制，promote→促进，verify→证实，indict→指控。

3. 20。后一个数比前一个数分别多1、1、2、2、3、3、4、4。

4. 3527。其他的数，前两位数的和与后两位数的和都相等。

5. C.气压。

6. D。横向格子里的数从左到右分别是+1、+2、+3。纵向格子里的数从上到下分别是+3、+2、+1。

7. C。在其他图形中，黑色圆圈都和三个白色圆圈相连。C图形中的黑色圆圈只连了两个白色圆圈。

8. 重量，速度。

9.

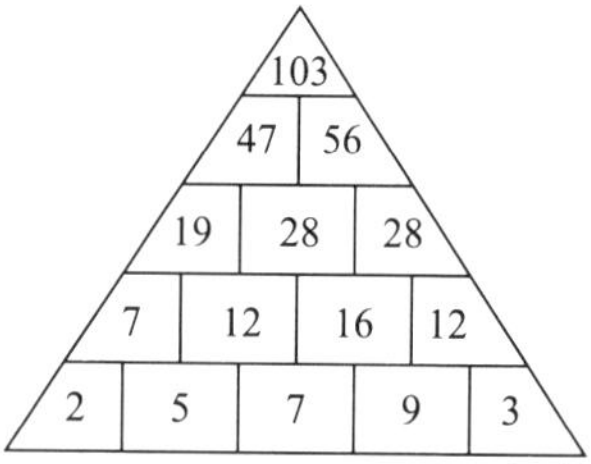

10. B。其他图形都是由同一个图形旋转后得到的。

11. 44分钟。中午12时–44分钟=11时16分，11时16分–48分钟=10时28分，上午9时+88分钟（44分钟 × 2）=10时28分。

12. SHIVER（颤抖），EROTIC（色情的），ICICLE（冰柱），LENGTH（长度），THRASH（重创）。

13. D。立方体是个三维图形，其他都是二维图形。

14. A开关坏了。

15. B。在每行和每列中，三个圈都各被涂黑了一次。

16. C，impact有“撞击，冲撞”的意思。其他单词意思分别是：dull→沉闷，edifice→体系，tawny→黄褐色，nonsense→废话。

17. C，WIN BOAR→RAINBOW（彩虹）。其他的食物是SPAGHETTI（意大利细面条）、MACARONI（通心粉）、PANCAKE（月饼）和CHOCOLATE（巧克力）。

18. 4。横着看三个圆圈，中间圈的数字是另外两个圈里同样位置数字的乘积，也就是：3 × 2=6，7 × 3=21，以及4 × 4=16。

19. PROFESSIONAL（职业的，专业的）

N	O	I	S
A	R	O	S
L	P	F	E

20. 11条。

21. D。每行和每列的箭头分别指向左、右、下三个方向，每列箭头从上到下都是1、2、3个。

22. $5^1/_{16}$。数列的规律是交替$-1^1/_4$和$+1^1/_4$。

23. LINGUIST（语言学家），POLYGLOT（通晓多种语言的人）。

24. 888，890。第1～3个数字、第3～5个数字、第5～7个数字、第7～9个数字，每组数列的规律是×3，+2。

25. C。所有的词都可以前面加par组成另一个词，例如，parable（寓言故事），parrot（鹦鹉），parson（新教牧师），parking（停车），partake（享用）。

26. 游泳者，滑雪者。

27. place。

28. A144个，B36个，C12个。

29. B，sexed utah→exhausted（筋疲力尽的）。其他有“棒极了”之意的词是：wonderful（flow under），unbelievable（enviable blue），incredible（icier blend）。

30. 40只袜子。如果他拿出38只袜子，虽然可能性很小，但还是有可能都是蓝色和红色的。要想百分之百地取出一双黑袜子，他必须再多拿两只袜子。

31. 相邻图形中的黑点从下到上（再到下）每次挪一个位置。

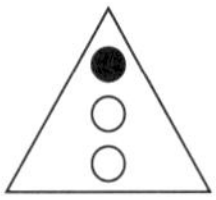

32. 37分钟。中午12时−37分钟=11时23分，11时23分−9分钟=11时14分。上午10时+74分钟（2×37分钟）=11时14分。

33. B和D。

34. C。每组两个词都可以组成一个新词，例如，brokerage（经纪业务），prosecute（起诉，控告），daredevil（冒失鬼）。

35. 93541。

36. D。一个点出现在三角形和一个圆圈中，另一个点出现在三角形和三个圆圈中。

37. HANG GLIDER（悬挂式滑翔机）。

38. G。

39. 0。从上到下观察：9 × 8=72；72 × 8=576；576 × 8=4608。

40. C。四个九宫格对角的图形是完全一样的。

测试2

1. E。白点每次横向和纵向都增加一个，而且白点全部相连，白点与黑点不相连。

2. PART。组成的新的单词为RAMPART（壁垒）和PARTRIDGE（山鹑）。

3. B。横向规律为+2，–3，+2；纵向规律为–3，+2，–3。

4. B。

5. 5。（8+7）× 5=75。

6. fact is stranger than fiction。

7. B。黑色的元素变成白色，白色的元素变成黑色。

8. 7.5。第1 ~ 4个数字、第3 ~ 6个数字、第5 ~ 8个数字，数列规律为+4，÷2，+4。

9. 子午线，纬线。

10. B。每行每列都是前三个数字加起来等于第四个数字。

11. A，observe的意思为“观察”。其他单词意思分别是：order→命令，meddle→干涉，intrude→侵扰，conclude→推断。

12. 图形7是错误的，应该换成图形B。

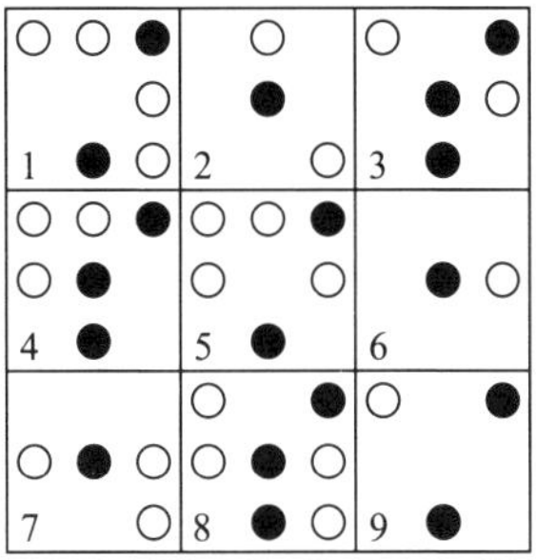

13. B和D。

14. 6×1=2×3，7×8（6+2）=56；4×3=12，11×4=44，44+12=56。

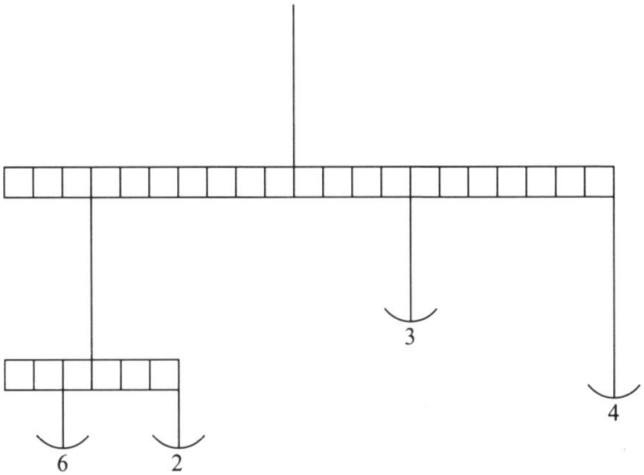

15. weigh（称重）和hay（干草）。

16. D。

17. B。下颚是下巴的骨头，其他都是腿上的骨头。

18. 22:00。12:00→12:00，13:00→12:43，14:00→13:26，15:00→14:09，16:00→14:52，16:00+6:00=22:00。

19. OPTICAL ILLUSION。

20. A。每行每列都有五个黑点和四个白点。

21. A。图形每次旋转45度，并按照白色、黑色、条纹变化。

22. B。每个英语单词中都包含一种树的名称，例如，do（pine）ss，uncl（oak）ing，dishw（ash）er，cross（fir）e。其中，pine→松树，oak→橡树，ash→梣树，fir→枞树。

23. 57。第1～4个数、第3～6个数、第5～8个数，以此类推，数列规律是交替+14，–97。

24. C。

25. 27，9，12。每组数列呈现的规律是 ÷3，+3，×3，–3。

26. D。包含一个在圆圈中的三角形，一个在三角形里的圆圈（三角形方向相同），以及一个方块里有黑点。

27. minimum（最小值）

28. 7。91÷13=7。

29. 开关D坏了。

30. C，coalesce的意思是“合并”。其他单词意思分别是：muzzle→压制，explode→爆发，immobilize→固定，tighten→绷紧。

31. 17，即对面两个扇形中的数字之和（9+8）。

32. E。这样可使得点出现在两个圆圈和方块中。

33. 32。64（4×4×4）块以下可以组成立方体的方块数是27（3×3×3）。为了组成稳固的立方体且一块不剩，32（59–27）块积木需要被拿走。

34. DERIVE→DRIVE。

35. 49，即（73+25）÷2。

36. COMPUTE（估算，计算）。

37. D。下两行的图形重复上两行的图形但顺序相反。

38. MEDIOCRE（平庸的），SUPERIOR（优秀的）。

39. 8。底下的数字是其上左右两个框格中的数字之和。因此，8+3+4+3=18，或8+3+7+2=20。

40. E。

测试3

1. E。只有在前三个方块中的相同位置出现了三次的线条进入了最后一个方块中。

2. D。其他都是打击乐器。

3.head of school（一校之长）= principal

fundamental truth（基本事实）= principle

standing still（静止不动）= stationary

writing materials（书写材料）= stationery

smaller in amount（数量更少）= less

smaller in number（数字更小）= fewer

4. B。其他数都是第一位和第三位数相加等于第二位数。

5. PAST（过去），FUTURE（未来）。

6. L。

7. D。每条弧线都在顺时针方向增加了四分之一圈。

8. ESCALATE（加剧），HEIGHTEN（加强，提高）。

9. 30，26。数列规律为两种算法交替：从1开始加5，从50开始减5。

10. acellular, acerbated, acerbates, acescence, acescency, acetabula, acetamide, acetified。

11. D。

12. B。从左下角的方块开始，沿着最底下一行，然后到上一行，以此类推，重复数字38219。

13. government（政府）。

14. E。每行和每列中三个标志都各出现一次。在每行中，有一个标志是黑色的，有一个标志是倒着的。

15. PAMPHLET（小册子，手册），BROCHURE（资料或广告手册，小册子）

16. V，H，U。下面拼出的数字就是其字母所在图形的边数。

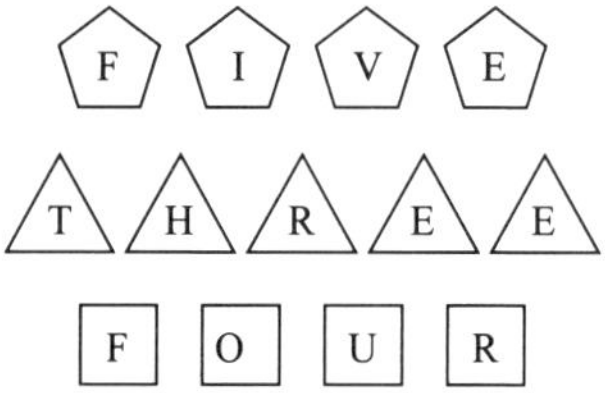

17. 4。6 × 9=54（图形中间两个方块从上往下看）。

18. B。

19. 600。72 ÷ 12 × 100。

20. C。从左往右，菱形顺时针旋转90度。

21. I，V，H。第一个字母按照字母表顺序往后三个，FghI；第二个字母按照字母表顺序往后四个，RstuV；第三个字母按照字母表顺序往前两个，JiH。

22. C。

23. C。每个圆圈都重复出现且发生旋转。

24. PROPELLER（螺旋桨）。

25. 11。有两个交替出现的规律：+3和–4。

26. $\frac{14}{55} \times \frac{77}{56} = \frac{1}{5} \times \frac{7}{4} = \frac{7}{20}$。

27. C。每行和每列都有六条实线和六条虚线。

28. B，improbable的意思是“荒谬的”。其他单词的意思分别是：appropriate→恰当的，cliched→陈腐的，artificial→人造的，dlistasteful→使人不快的。

29. 一人份的主菜价格为8英镑。前菜 = 1个单位，甜品 = 2个单位，主菜=4个单位，一共7个单位。因此，1个单位的价格 = 56 ÷ 7 = 8英镑。因此主菜价格为4 × 8 = 32英镑（或者一人份的主菜价格为8英镑）。

30. B。每个词的第一个字母和最后一个字母在字母表上是顺序出现的。

31. C。每个图形最上面的线段在前一个图形的基础上顺时针转45度，最下面的线段顺时针转90度。

32. 55。每个数字都表示其在表格中的位置，55表示第5行第5列。

33. GET A MOVE ON。

34. B。只有在前三个六边形中相同位置出现了两次的圆点可以进入最后一个六边形。

35. 12。把每个三位数里的三个数字相加得出两位数。

36. NO STRINGS ATTACHED。

37. C。每一行中，只有在前两个方形中都出现的线条可以出现在最后一个方形中。

38. 它们永远不会出现在同一个角，因为在七边形中，顺时针挪动三个角和逆时针挪动四个角是一样的。

39. CHAMELEON（变色龙）。组成的3字母单词分别是ARC, ASH, SEA, GEM, PIE, AIL, HUE, AGO, MAN。

40. 左上角数字是右下角数字的三分之一，右下角数字等于右上角数字减三，右上角数字是左下角数字的一半。

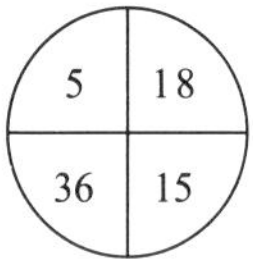

测试4

1. B。里边的六边形每次逆时针减少一条边，同时外边的六边形每次顺时针增加一条边。

2. 92.2。前一个数字每次减去2.6得到后一个数字。

3. DISAPPEAR（消失）。

4. G。其他数都是前两位数相乘得出后两位数。

5. B和D。

6. 第二个，最后一个。

7. 72932。

8. 每次有一条竖线变成虚线；每次添加一条横线，且上一条实线变成虚线。

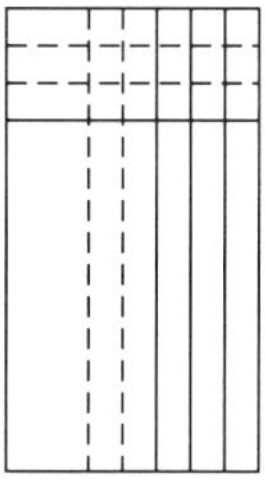

9. D，dishevelled的意思是“蓬乱的”。其他单词的意思分别是：sordid→邋遢的，unimaginative→乏味的，disorderly→杂乱的，oblique→倾斜的。

10. 1417。42 ÷ 3 = 14，51 ÷ 3 = 17。

11. ADD FUEL TO THE FIRE。

12. E。其他都是由同一个图形旋转得出的。

13. C。其他单词里的前缀tri-的意思都是三。

14. 7。四边的数字依次增加7（其他两个图形中四边的数字分别依次增加3和5）。

15. 157。7+8=15，2+5=7。

16. B。横向减少一个圆圈，纵向增加一个圆圈。

17. A。

18. 425136或者631524。

19. SKYSCR(APE)R。

20. D。横着看，左上方块中的点每次挪到对角位置，右上方块中的点每次逆时针挪一个角，左下方块中的点每次在两个角来回挪动，右下方块中的点每次顺时针挪一个角。

21. C。前三个弧形重复出现，每个弧形转动180度。

22. EXPAND（扩大，增加），REDUCE（缩小，减少）。

23. C。每行数字依次加3，每列数字依次加2。

24. cord，chord。

25. 玛丽16岁，乔治17岁，爱丽丝24岁，斯蒂芬56岁，克莱尔71岁。

26. E。从左往右、从上往下看，只有在前两个方块中相同位置出现的线段会出现在最后一个方块中，不过实线变成虚线，虚线变成实线。

27. ILLICIT（非法的，不正当的）

28. 9。（7 × 9）÷（7 × 1）。

29. FOLLOWER（拥护者，追随者），DISCIPLE（信徒，门徒）。

30. 白色圆点逆时针按照角、边、角挪动，黑色圆点顺时针按照相反规律挪动。

31. D。后一个词的前两个字母是前一个词的后两个字母的颠倒。

32. pentagon（五边形）。

33. 9。

34. A。从左到右观察方块，左上角按照一条线、两条线、三条线轮换，右上角按照右边竖线、左边竖线轮换，左下角按照上边横线、下边横线轮换，右下角按照两边对角线轮换。

35. 62.5%。

36. F。

37. HIBERNATE（冬眠）。

38. 1。从120算起，120→60→12→3→1。

39. D。所有的线都连续出现，但是波浪线变成直线，直线变成波浪线。

40. 52。从左上角开始，先算第一行，然后从后往前算第二行，以此类推，规律是先加9再减3。

测试5

1. C。C项左边有三白一黑，右边有三黑一白；其他的都是左边有三黑一白，右边有三白一黑。

2. C，cheeky的意思为“无礼的”。其他单词的意思分别为：candid→坦率的，lucid→清醒的，content→满足的，culpable→难辞其咎的。

3. 耳朵，头脑。

4. D。其他的都是按照+3，–2，+3规律排列的数字。

5. CIRCUMNAVIGATION（环球航行）。

6. 12。

7. 150，157。数列排列规律为+1，×2，+3，×4，+5，×6，+7。

8. B。其他几项都有增加的意思。

9. 4，即（6+7）–（4+5）。

10. OCTOPUS（章鱼）。组成的英语单词为DUO，ARC，SAT，

AGO，MAP，YOU，WAS。

11. C。每一行的第三个圆圈都在下一行的最后，每一行的第六个圆圈都在下一行的最前边。

12. 8。图形中间的数字是周围数字的平均数。因此，7+8+9+7+8+9=48，48 ÷ 6=8。

13. MAGNETISM（磁性，魅力）。

14. 115。8年后年龄和是124，现在的年龄和是124–（8 × 3）=100。5年后年龄和是100+（5 × 3）=115。

15. C和F。

16. C。所有线条都是连续的，而且虚线变成实线，实线变成虚线。

17. A。

18. 杰克10岁，吉尔5岁。

19. COME TO LIFE。

20. 序列规律为圆形、三角形、菱形，里面的横线、竖线交替出现。

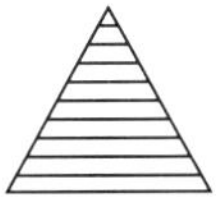

21. 730。每一个数字减去135得出后面一个数字。

22. C。C项和样例都包含四个黑点和三个白点。

23. might和mite。

24. 2646，即14 × 189。

25. C。其他选项的意思分别为：uninspiring→不吸引人的，tearful→令人伤心的，emotionally unstable→情绪不稳定的，sarcastic→

讽刺的。

26. SATURATE（浸透）和WATERLOG（漏水，进水）。

27. 65。数列规律为交替+12和+9。

28. C。大四边形每次去掉半条边，小四边形每次多出半条边。

29. TESTIMONY（证据，证词）。

30. 6。三角形、正方形和圆形中的数字加起来都是33。

31. C。这样一个三角形里有一个圆点，同时其他的圆点出现在两个三角形中（样例中右边有一个小三角形和一个大三角形，圆点在二者里）。

32. 9。可能出现的结果有：英格兰赢了高尔夫球和网球；苏格兰赢了高尔夫球和网球；威尔士赢了高尔夫球和网球；英格兰赢了高尔夫球，苏格兰赢了网球；苏格兰赢了高尔夫球，英格兰赢了网球；英格兰赢了高尔夫球，威尔士赢了网球；威尔士赢了高尔夫球，英格兰赢了网球；苏格兰赢了高尔夫球，威尔士赢了网球；威尔士赢了高尔夫球，苏格兰赢了网球。

33. C。statement与testament以及fluster与restful的组成字母相同但顺序不同。

34. A开关坏了。

35. 2。每四块组成的正方形中数字和为15。

36. E。小椭圆顺时针旋转45度,且在大椭圆里、外轮换。

37. BARRIER REEF（堡礁）。

38. K。

39. F。所有其他的数前两位数加后两位数都是99。

40. B。横向和纵向观察，只有在前两个方形的相同位置都出现的圆点才能出现在第三个方形中，不过黑色变成白色，白色变成黑色。

测试6

1. OSCILLATE（摇摆，振荡），FLUCTUATE（波动，起伏不定）。

2. 47。从数字4开始，每个数都是前两个数的和。

3. expand（扩展），reduce（缩减）。

4. E。

5. B。

6. 40分钟。8个玩家总的时间为70 × 8=560分钟。由于14个人在场上的时间相同，因此每个人在场上的时间为（560 ÷ 14）分钟。

7. two sides to every story（故事都有两面性）。

8.

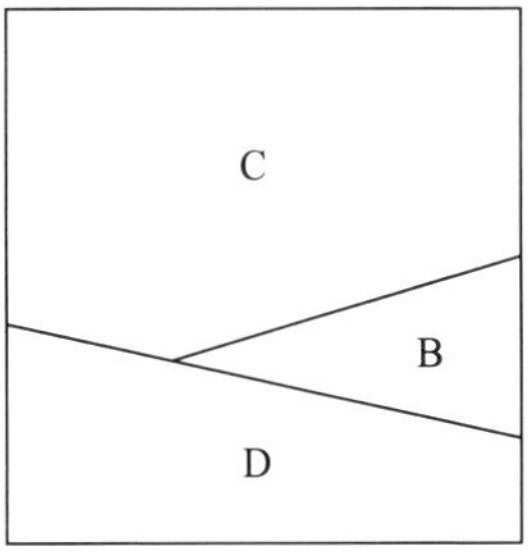

9. 桥基。桥基是一种结构的一部分，其他都是一种弧形。

10. 4。每行每列的前两个数相乘再除以6，得到第三个数。

11. F。

12. D。横向和纵向观察，只有在前两个方形中都出现的线条才会出现在第三个方形中。

13. TO LIE IN WAIT。

14.

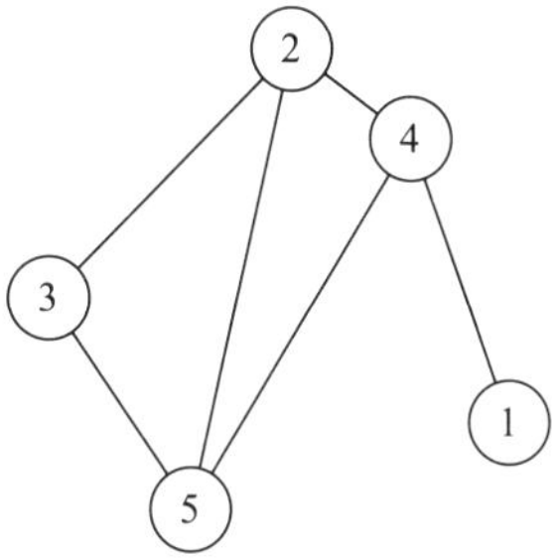

15. PANORAMIC（全景的，远景的）。

16. C。只有在外面的圆圈中出现两次的线条和标志能出现在内部圆圈中。

17. SUCCINCT（简明的，言简意赅的），RAMBLING（冗长而含糊的）。

18. D，the Arctic→architect（建筑师）。建筑物为：cathedral（大教堂），minaret（宣礼塔），castle（城堡），bungalow（平房）。

19. 40天。一个人要花5×16=80天盖好一座房子，因此，两个人将花（80÷2）天盖好一座房子。

20. A。每组圆圈都有彼此的镜像。

21. E。图形依次减少一条边，且单独白点那块顺时针方向的第二块图形消失。

22. come to life。

23. MOP。JklM–RqpO–MnoP。

24. 11615。8+3=11；1+5=6；9+6=15。

25. FREE（使自由），LIBERATE（解放）。

26. C。两个圆圈互相重叠，并和方块重叠；三角和方块重叠。

27. rues，ruse。

28. $\frac{27}{74} \times \frac{37}{9} \times \frac{6}{17} = \frac{3}{2} \times \frac{6}{17} = \frac{18}{34} = \frac{9}{17}$。

29. N。

30. 每一步逆时针方向在新的一角添加线条，且已经有线条的角加一条新的线条。

31. 6。36×2=72；14×2=28；43×2=86。

32. B。相邻的两个英语单词都可以组成复合词：nightlong（通宵的），longboat（大划艇），boathouse（船库），household（一家人，家喻户晓的）。

33. B。

34. 32。6×4=6+18，7×3=11+10，9×2=5+13，16×4=32+32。

35. B。每行、每列的第三个图形在第一个图形上添加一个与之黑白相反的圆圈，第四个图形在第二个图形上添加一个与之黑白相反的圆圈。

36. 1。平均数=45÷9=5；第二小的偶数=4。

37. 2千克。半袋=1千克，则一袋=2千克。

38. EUCALYPTUS（桉树），SANDALWOOD（檀香树）。

39. 5，即（6+8）-9。

40. B。每条直线相连的三个圆圈中都包含三种不同的星星。

测试7

1. A。正方形进入菱形，菱形进入五边形，五边形一边在下。

2. 旗杆。旗杆是用来支撑旗帜的，其他都是某种旗帜。

3. 900元。把文中提到的数都转换为二十分数。因此，$^8/_{20}+{}^{11}/_{20}={}^{19}/_{20}$。所以，45元一定同$^1/_{20}$等价，即原来这笔钱一定是45×20=900元。

4. C。

5. D，elemental的意思是“根本的”。其他单词的意思分别为：precursory→初步的、预备的，interfering→管闲事的，obstinate→顽固的，fascinating→迷人的。

6. WIND（风）。组成两个新的单词分别为HEADWIND（逆风）和WINDLASS（绞盘，卷扬机）。

7. 1。上半部分组成的数字是下半部分组成的数字的一半，也就是358×2=716。

8.

5	3	7
8	6	2
1	9	4

以上数字表明：从起始点开始（标号1的格子）到最后一个格子（标号9、含有T的格子），9个格子之间的移动顺序。

9. B。横向看，圆点顺时针方向依次挪动45度；竖向看，圆点逆时针方向依次挪动45度。

10. A。从第1行至第4行，数字的变化规律分别为：–1、–3、–5、–4。

11. B和D。

12. B和F。

13. E。数字形成规律的两两相加，比如571219：5+7=12，7+12=19。按照这个规律，971613应该改为971623。

14. pull，wool。

15. B。圆点逆时针按照角、边移动，直线和曲线顺时针从角移动到角。

16. 72.5。后一个数与前一个数的差分别是2.75、5.5、8.25、11（2.75的整数倍）。

17. B。

18. 32。三个数的和一定是48×3=144。两个数的和一定是56×2=112。因此，第三个数为144–112=32。

19. actions speak louder than words。

20. 6。

21. OBLIGATE（使负有义务，迫使）。

22. PUSH THE BOAT OUT。

23. E。左边的长方形每一步都从左往右挪动一个位置。

24. 83。数列规律为交替+3和–4。

25. stead（代替，用处）。组成homestead（家宅，农庄）和steadfast（坚定的，不动摇的）。

26.

5	2	8	6
6	5	9	1
3	6	3	9
7	8	1	5

27. DORMOUSE（睡鼠）和SQUIRREL（松鼠）。

28. F。横向和纵向观察，前两个方块里的线段会出现在最后一个方块里，在前两个方块中的相同位置的线段会被去除。

29. EVIDENTIAL（证据的，凭证据的）。

30. 9，即（6+17）-（5+9）。

31. B。每一步白点都从左往右及从下往上挪一个位置，然后反向运动。

32. D。

33. 82。9年后，他们的年龄之和为94-[3×（13-9）]。

34. ASSEMBLE（聚集，收集），DISPERSE（分散，散发）。

35. 31和4。12×7=84，8+12+7+4=31。

36. B。左边和右边包含的形状相同，但是黑白相反。

37. B开关坏了。

38. PALATABLE（可口的，美味的）,TASTELESS（不可口的，无味的）。

39. 6。5749827+3864759=9614586。

40. E。横向和纵向观察，前两个方块中的线段出现在最后一个方块里，在前两个方块的相同位置出现的线段会被去除。

测试8

1. 19，21，24。数列规律为+1、+2、+3并重复。

2. crater/cater。

3. 8。

4. B。横向看，字母在字母表中走+2、+3个位置，比如AbCdeF；竖向看，字母的移动规律是+4、+5个位置，比如AbcdEfghiJ。

5. D。使圆点只出现在菱形和圆圈里。

6. PUPILS SLIP UP。

7. 2 6，0 3。横着看，每组相同位置的数字分别为：8，6，4，2；3，4，5，6；9，6，3，0；6，5，4，3。

8.

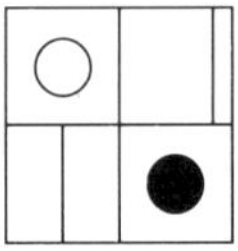

左上角交替出现黑色圆点、白色圆点；右上角交替出现横线（靠上）、竖线（靠右）、横线（靠下）、竖线（靠左）；左下角出现对角线、竖线、对角线、横线、对角线、竖线，右下角交替出现白色圆点、黑色圆点。

9. A。母猪是雌性动物，其他都是雄性动物。

10. 玛格丽特17岁，斯图尔特12岁，杰弗瑞32岁，布莱恩25岁，菲利普21岁。

11. CREATIVITY（创造力），REACTIVITY（反应性）。

12. 图形6是错误的，应该替换为图形E。

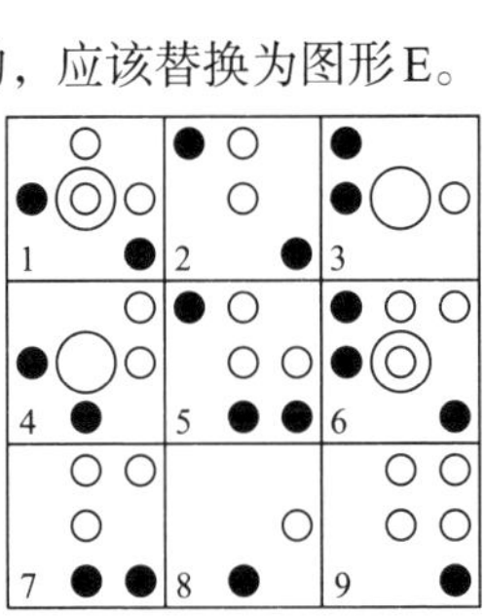

13. A和F。

14. 6。每一列的数字之和交替为20、30。

15. GESTURE（手势，姿势）。

16. A。

17. D。

18.哈利32岁，拉里24岁，卡丽18岁。

19. A和B。

20. F。圆圈变成方块，且四个白方块变成白圆圈。

21. D。从左往右，每次圆点增加一个，而且白色变成黑色；从上往下，每次圆点减少一个，颜色不变。

22. ABSOLUTE MAJORITY。

23. C开关不管用。

24. C。原本在右上角的黑色方块每次从右向左挪一格，另一个黑色方块从下往上挪一格。

25. LINE OF WORK。

26. 1456（91 × 16）。

27. ANOIP→PIANO。

28. 12.25。后一个数比前一个数依次增加1.25、1.5、1.75、2、2.25、2.5。

29. hand（手）。组成的两个新单词为secondhand（二手的）和handsome（英俊的）。

30. E。从左往右，线条的数量增加；从上往下，圆圈的数量每次增加一个且与上下两条线条相切。

31. 22分钟。晚上12时–22分钟=11时38分。11时38分–32分钟=11时06分。晚上10时+66分钟（22 × 3）=11时06分。

32. B。辅音字母b、t、r、n和l以相同的顺序重复。

33. LENGTHEN（变长），DIMINISH（缩小，变小）。

34. 131。后一个数比前一个数依次增加30、28、26、24、22。

35.

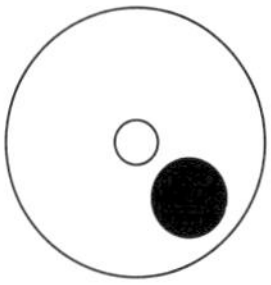

较大的圆圈顺时针移动45度，黑白交替；中间的圆点黑白交替。

36. LAND LOCKED（受陆地包围的）。

37. DISBELIEF（怀疑）。

38. $\frac{5}{9} \times \frac{18}{15} = \frac{2}{3}$。

39. 50%。肯定至少有两枚硬币同一面朝上，而这两枚硬币是正面朝上还是背面朝上的概率是相同的。前一次投掷结果与此无关。

40. B。有三种不同大小的圆圈，一个三角形，一个圆点在所有圆圈和三角形的外面，一个圆点只在大圆圈里，另一个圆点在中等大小的圆圈和三角形里。

测试9

1. A。方块1移到右下，方块2移到左上，方块3移到右上，方块4移到左下。

2. HIDE（隐藏），REVEAL（揭露）。

3. black（黑色），olive（橄榄绿），fawn（浅黄褐色），cyan（蓝绿色），pink（粉红色）。

4. A。每行数字从左往右依次+2、+4、+6、+8；每列数字从上到下依次+3、+5、+7、+9。

5. D。

6. H。其他项最外边的图形都重复出现在中心位置。

7. TENDER LOVING CARE。

8. 2。每个六边形阴影部分的数字之和都是其他部分数字之和的一半。

9. C。后一个词都以前一个词的第六个字母开头。

10.

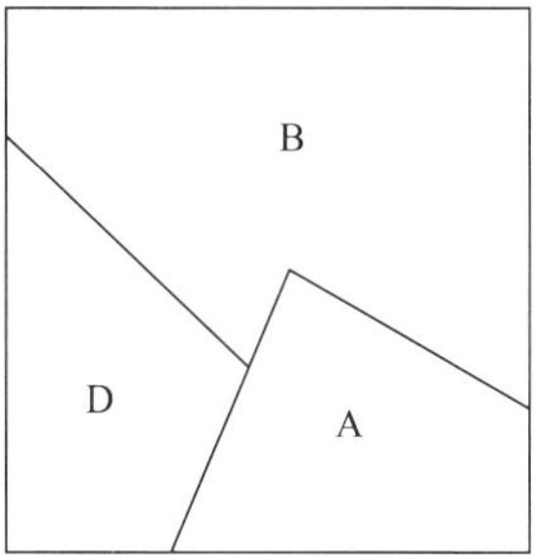

11. SCARE（惊吓，使害怕），ALARM（使惊恐，使担心）。

12. E。

13. 85647。把前一个数倒过来写，同时去掉最大和最小的数字。

14. U。AbCdeFghiJklmnOpqrstU。

15. 图形8是错误的，应该替换为图形B。

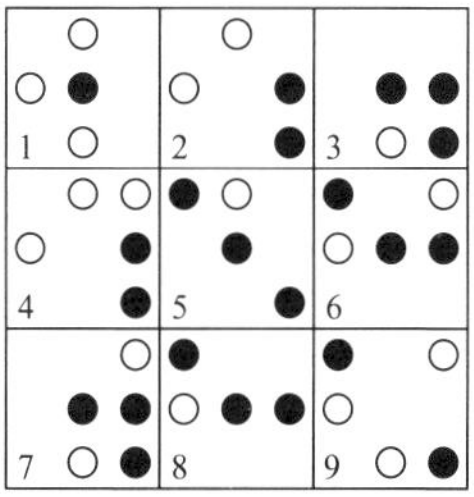

16. 81。后一个数比前一个数每次增加27。

17. B。卡里索普是一种歌曲，其他都是舞蹈。

18. B。从左往右，每个数+4；从上往下，每个数+3。

19. Stella。每个名字都以前一个名字的中间两个字母开头。

20. C。

21. E。E项与给出盾牌中的元素完全相同。

22. 4。每行每列之和都是18。

23. GERANIUM（老鹳花），DAFFODIL（水仙花）。

24. C。每个五边形里的元素由其下紧挨着的两个五边形决定。线条和圆点都来自这两个五边形，如果一个线条或圆点出现在相同位置，则这样的元素会被去除。

25. PEACH（桃子），OLIVE（橄榄），COCONUT（椰子）。

26. 13。相对数字之和是15。

27. 先竖向后横向添加线条。

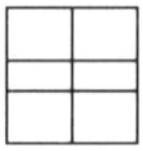

28. HARMFUL（有害的），SAFE（安全的）。

29. 1394（82 × 17）。

30. B.reef。acti（on e）ffor（t wo）r（th ree）（f our）self。

31.

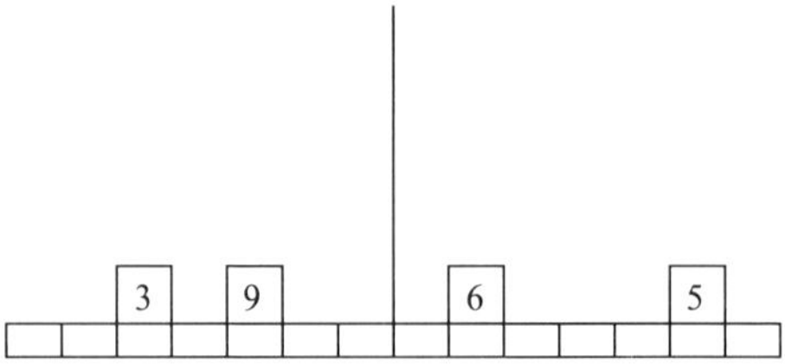

5×3=15，3×9=27，15+27=42；6×5=30，2×6=12，30+12=42。

32. 5。每一条边上的数都包含数字1～9。

33. C。两侧的线段依次顺时针移动45度。

34. water（水）。组成的新的短语为salt water（盐水），组成的新的单词为waterfall（瀑布）。

35. E。其他词都包含连续的“der”。

36. 43.20英镑。克里斯汀分到=24英镑（5份），因此，每份=4.80英镑。一共9份，即这笔钱=4.80英镑×9=43.20英镑。

37. 54英镑。克里斯汀分到=24英镑（4份），因此，每份=6英镑，一共9份，即这笔钱=6英镑×9=54英镑。

38. D。菱形顺时针在四角挪动，黑色部分轮流出现在重叠部分、菱形（去除重叠部分）、方形（去除重叠部分）上。

39. PRAISEWORTHY（值得称赞的）。

40.

A	B	C	D
7	9	4	5
13	11	14	9
25	27	20	23
47	45	50	43
95	97	88	93

如下所示，每一行的数字由上一行的数字决定：

上一行的A+C=下一行的B；上一行的B+D=下一行的C；上一行的B+C=下一行的A；上一行的C+D=下一行的D。

测试10

1. 17。8+9=17；7+6=13。

2. C，bland的意思是“寡淡的”。其他单词的意思分别是：sparse→稀疏的，agonising→令人恼怒的，raw→未经加工的，inferior→低劣的。

3. 86。后一个数依次是前一个数减去0.5、1、1.5、2、2.5、3、3.5而得到的。

4. B开关不管用。

5. D。圆点出现在方形和两个圆形里。

6. B。三角肌是三角形状，其他选项都表示两倍或者两部分。

7. 2。每行和每列中相隔一个数的两个数字之和相等，比如5+9=10+4。

8. 8字母单词是METEORIC（迅速成功的），组成的4组英语单词为：SOME/MELT，LATE/TEST，DOOR/ORAL，EPIC/ICON。

9. C。其他的都是由同一个图形旋转得到的。

10. F. The fathers' rights activist's dog buried its bone in the garden（那位父权激进分子的狗把骨头埋在了花园里）。

11. 6394。其他数字的第二位和第四位数字互换位置都能组对：9416/9614，5278/5872，6231/6132，7895/7598。

12. D。每个五边形里的元素由其下紧挨着的两个五边形里的元素决定。圆点在这两个五边形的相同位置只出现一次，才能进入上面的五边形。

13. B，austere的意思是“朴素的”。其他单词的意思分别是：

scarce→罕见的，erratic→不规则的，limited→有限的，fierce→残忍的。

14. D。EJBATC→ABJECT。

15. 6471589。先把前三个数字倒过来，再把后四个数字倒过来。

16. E。这个盾牌包含：一个圈里有一个三角形，一个方形里有一个圈，以及一个黑点在三角形里。

17. B。

18.

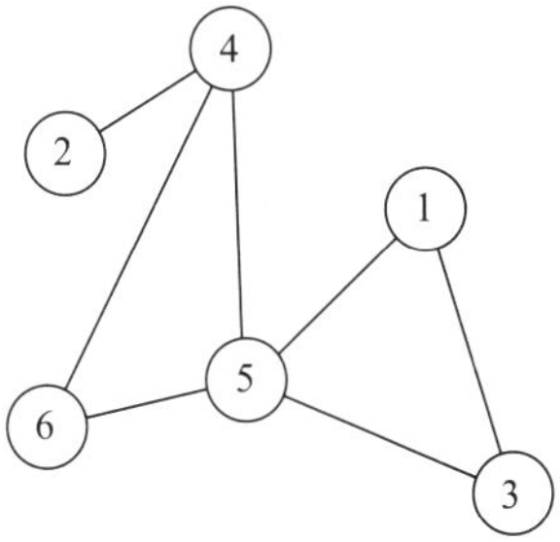

19. BELL（钟声，铃声）。组成的新单词是BLUEBELL（风铃草），BELLOWED（对某人大声吼叫，怒吼）。

20. C。每行每列中，第三个方形中的元素由前两个方形中的元素决定。前两个方形出现的线条进入第三个方形，在两个方形的相同位置出现的线条会被消除。

21. C。上下轮流添加线条。

22. B和F。

23. B开不管用。

24. SPINACH（菠菜），CARROT（胡萝卜），POTATO（马铃薯）。

25. B。图形逐渐翻转且条纹交替出现。

26. B和D。

27. B。

28. C，irrational的意思是“荒谬的”。其他单词的意思分别是：unaware→意料之外的，subordinate→附属的，outlandish→古怪的，irreverent→无礼的。

29. 25。数列的规律是交替+4，–3。

30. B。每个单词中字母的先后顺序都与字母表一致。

31. FRAME OF MIND（心态，心情）。

32. D。圆点在一个三角形中。

33.5。70 ÷ 14=5，91 ÷ 13=7，120 ÷ 24=5。

34. H。

35. PULL TO PIECES。

36. 46。从1开始顺时针加3、6、9、12、15、18（都是3的整数倍）。

37. D。圆点在一个有三条线段穿过的圆圈中。

38. 425，即（68 ÷ 16）× 100。

39. PAUSE（停顿）。

 5 1 （1 2 3 4 5） 3 2 4

E M P T Y (P R I S M) V I R U S

D E P T H (P A U S E) D U A L S

40. 13。每个圆圈里的数字之和都是100。

测试11

1. E。把箭头每四个分一组，每组中的每个箭头都旋转90度；每组有一个黑色箭头，且每次向右移动一个位置。

2. INSULT（辱骂），PRAISE（称赞）。

3. COSMOPOLITAN（世界性的，见多识广的）。

I T S M

A L O O

N C O P

4. 41分钟。

5. F。主图形顶上的图形翻转进入主图形，同时原来在内的图形翻转出去。

6. D。D选项和狼有关系，其他词都和狐狸有关系。

7. FLEET（舰队；快速的）。括号左边的ARMADA是“舰队”的意思，括号右边的SWIFT是“迅速的”的意思。

8.

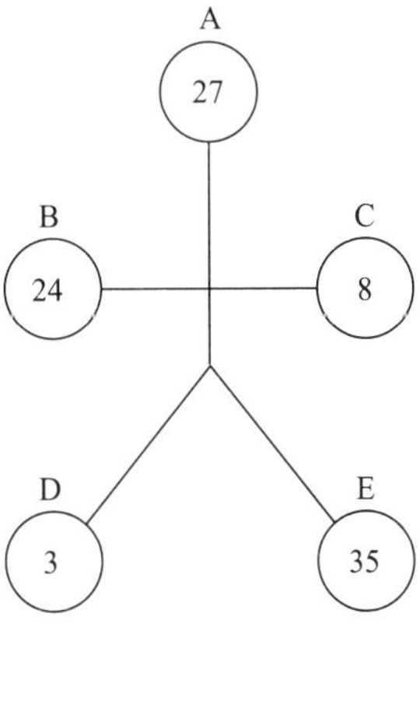

D × C=B，

B+D=A，

B+C+D=E。

9. C。从上往下，铃铛里多了一条竖线；从左往右，铃铛里加了两条横线。

10. B。蒲福是风力等级，芒塞尔是颜色系统。

11. wise bands变换字母顺序得到bawdiness（淫秽）。

12. D。

A	B	C	D	E	B	E	D	C	A
6	4	5	2	1	4	1	2	5	6
A	B	C	D	E	B	E	D	C	A
3	8	2	9	7	8	7	9	2	3

13. 15。

14. GRACIOUS（和蔼的，慈祥的），MERCIFUL（仁慈的，慈悲的）。

15. CHINA。组成的两个新的词组分别为BONE CHINA（骨瓷）和CHINA TOWN（唐人街）。

16. 239。1×2+1=3，3×3+2=11，11×4+3=47，47×5+4=239。

17. C。每一块都是其对面那块的镜像，但是黑白相反。

18. to hot up。

19. 72.5。后一个数分别是前一个数减去2.75、5.5、8.25、11（每次增加2.75）而得到的。

20. F。其他图形都能找到另一个相同的。

21. D。cats lie→elastic（橡皮圈，松紧带）。其他的颜色是：such tent→chestnut（栗色），cap riot→apricot（杏黄色），red navel→lavender（淡紫色），for fans→saffron（橘黄色）。

22. D。曲线左右交替，眼睛左、前、右交替，鼻子黑、白交替，嘴高兴、伤心、平直交替。

23.

17	10	15
12	14	16
13	18	11

神奇数字是42。

24. D。A和E相同，但是黑白相反，B和C亦如此。

25. E。其他项都是游戏性质的。

26. ALCOVE（壁龛），VESSEL（轮船，器皿），ELAPSE（消逝，流逝），SERIAL（连续的，多次的；连续剧）。

27. 2分33秒。火车以每小时50英里的速度，要花（1.75+3/8）× 60 ÷ 50=2.55分钟的时间通过隧道，也就是2分33秒。

28. 16。

29. B。

30. 星期一。

31. 7 6 8 5 8。后三行重复前三行数字，但是顺序相反。

32. D。其他项都是由同一个图形旋转得出的。

33. PRO。组成的单词为PROFANE（亵渎神灵的），PROPER（符合习俗的）。

34. D。TPHED→DEPTH（深度）。

35. 36，即32 ÷ 8 × 9。同理，12 ÷ 3 × 2=8，以及24 ÷ 6 × 7=28。

36. B。其他项都是只有三个图形重叠的部分是黑色。

37. B，adumbrate具有“遮蔽”的意思。

38. TERMINAL VELOCITY。

39.

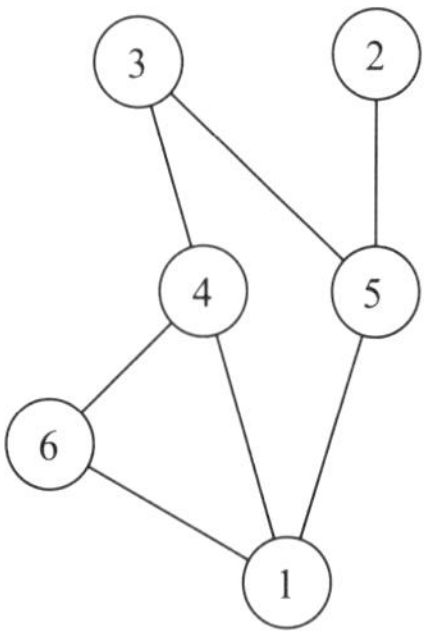

40. A。每个六边形里的元素是由其下相邻的两个六边形里的元素决定的。第三行中的圆圈数是下面相邻六边形中的圆圈个数相加。第二行中的圆圈数是下面相邻六边形中的圆圈个数相减。因此，第一行中的圆圈数应该又是下一行相邻六边形中的圆圈个数相加。所以，顶部六边形里的圆圈个数应为3个。

测试12

1. D。第一个图形横着加一个黑点，然后竖着加两个黑点，然后横着加两个白点，然后竖着加一个白点。

2. SCENT（香味），AROMA（芳香）。

3. STEADFAST（坚定的，不动摇的）。

4. 每小时4英里。假设这段路是6英里长，那么以每小时6英里的速度跑完这条路需要一个小时，以每小时3英里的速度走回来需要两个小时。也就是他花3个小时走了12英里，即他的平均速度为每小时4英里。

5. B。有一个点在一个圆圈里，有一个点在两个圆圈里，还有一个点在三个圆圈里。

6. HAMPER，既有妨碍、阻碍的意思，又有盒装食物、袋装食物的意思。IMPEDE的意思是“妨碍”，LARGE BREAKFAST的意思是“丰盛的早餐”。

7. 每小时30英里。

8. D。每行每列的方形内都包含一个圆圈、一个三角形和一个菱形，以及一个方形内没有线，一个方形内有竖线，一个方形内有一条横线。

9. C。其他项都有“使缓和下来”的意思。

10. shakespearean（a keen phrase as的改写）。

11. 左页，应该放在左栏。

12. 5。6和1差5，9和4差5。同样，9和4差5，8和6差2；7和3差4，5和2差3。

13. C。每隔两个方形里都有一个圆，偶数方形里有一个菱形，且第三、第六个方形里有一个点。

14. B。

15. LIKE FATHER LIKE SON。

16. 晚上9点。

17. C。

18. C，pet hens→Stephen（斯蒂芬）。建筑名称是：spoil hat→hospital（医院），my bases→embassy（大使馆），eel clog→college（大学，学院），admit us→stadium（体育场）。

19. 9.25。后一个数字每次在前一个数字的基础上增加1.65。

20. D。每个五边形里的元素由其下紧邻的两个五边形决定。两个五边形里的线条进入上边的五边形，在相同位置出现的线条则被去除。

21. B。只有在外面四个大圆圈中只出现一次的小圆圈可以进入中心的大圆圈。

22. A和C。

23. tennis cartoon 变换字母顺序变成consternation（惊愕，惊恐）。

24. 45，即36 ÷ 4 × 5。同样，56 ÷ 8 × 5=35以及42 ÷ 14 × 5=15。

25. D。九宫格里的所有图形每次顺时针移动45度。

26. B。其他单词的意思分别为：cessation→终止，showiness→炫耀，excellence→优秀，opening→开幕。

27. FALL（跌落）。组成的新单词为FREEFALL（自由落体），新的词组为FALL APART（破裂，散架）。

28. 7.5 kg。9 × 5=6 × 7.5。

29. B。其他项都是由同一个图形旋转得到的。

30. year in year out。

31. 6。58−49=9，3 × 18=54，54 ÷ 9=6。

32. B。中间的图形移到最底下，右边的图形移到第二行并旋转180度，左边的图形移到第三行并旋转180度，黑点在顶上。

33. B。木底鞋是一种鞋，其他都是帽子。

34. dun（棕灰色的，讨债者）。

35. 6。观察每行数字，从上到下每行数字之和为6、7、8、9、10。

36. D。图形E的两个菱形向六边形内折可以形成图形A，图形B的两个菱形向六边形内折可以形成图形C。图形D没有对应图形。

37. C。

38. bend over backwards。

39. 0。各个方块中相同位置的数字相加等于10。而且，横向的三个数相加等于1110，比如：574+212+324=1110。

40. F。在每行和每列中，第三个方块中的元素由前两个方块中的元素决定。只有在前两个方块的相同位置中出现的线条可以进入第三个方块。

测试13

1. BETRAYAL（背叛，出卖），DEVOTION（忠诚，关爱）。

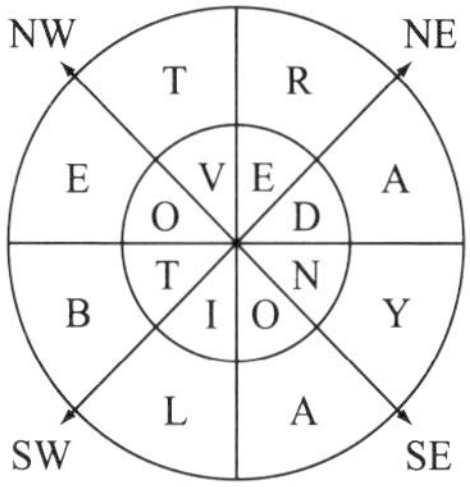

2. D。其他项都是由同一个图形旋转得到的。

3. tiny article变换字母顺序变成intricately（复杂地，杂乱地）。

4. 586，即69+517=586。

5. E。从上往下，线条逆时针移动90度，白圈顺时针移动45度；从左往右，线条顺时针移动45度，白圈逆时针移动90度。

6. E。

7. 8字母英语单词为STAMPEDE（奔逃，蜂拥）。组成的4对单词分别为：MAST/STAR, TEAM/AMID, PIPE/PERT和TIDE/DEAL。

8. 237码。8个洞平均156码，总码数1248码，9个洞平均162码，总码数1458码（+210），9个洞平均165码，总码数1485码（+237）。

9. E。黑点绕着两根柱子逆时针出现在顶部、底部、底部、顶部。白点在左边柱子上下移动，每次移动半根柱子的距离。

10. A。段落是一个部分，其他都有“整体、整合”的意思。

11. break，rake。

12. 384英镑。哈利拿到240英镑，也就是每份为48（240 ÷ 5）英镑。因此，原本这笔钱的数量是48 × 8=384英镑。

13. C。从左往右，圆点顺时针方向从一角到另一角；从上到下，圆点逆时针方向从一角到另一角。

14. B，lee crock→cockerel（小公鸡）。组成的工作或职业的英语单词有engineer（工程师）、mechanic（机械师）、salesman（售货员）以及attorney（律师）。

15. 29。52+64=116，116 ÷ 4=29。同样，69+87=156，156 ÷ 4=39；93+95=188，188 ÷ 4=47。

16. E。其他项中两个圆重叠的部分都是黑色，三个圆重叠之处为白色，E项中有一块重叠区域不符合此规律。

17. titanic。

18. D。其他项字母组都是字母表上连续的三个字母相连，然后跳过一个字母，之后两个字母颠倒顺序。

19. 7462或2647。

20. A。

21. C。其他项都是由同一个图形旋转得到的。

22. B和C。

23. READ，WORN。

24. 27。每行第一个数乘以第二个数的一半，再乘以第三个数的一半，得出第四个数，因此9×（6÷2）×（2÷2）=27。

25. to fight shy of。

26. C。A项包含的图形和E项相同，B项包含的图形和D项相同。

27. 8。两头的数字相乘，再颠倒两个数位上的数，得到中间的数。

28. F。第一列是第三列的镜像，第二列是第四列的镜像。

29. C，affluent的意思是“富裕的”。其他单词的意思分别是：accessible→易相处的，tolerant→宽容的，flawed→有缺陷的，motal→致命的。

30. generalities（概括）。

31. 4 6 1 3 5 2或者2 5 3 1 6 4。

32. H。左手边的图形顺时针旋转90度并到底部，右手边的图形逆时针旋转90度并到顶部，中间的椭圆形从黑变白。

33. B。

34. B，no rating→ignorant（无知的，愚昧的）。其他项组成的新的英语单词分别是erudite（博学的）、learned（知识渊博的）和literate（有文化的）。

35. 5617。其他数字中，第三位数是第一位和第二位数之差，第一位数是第三位和第四位数之差。

36. A。每行每列都涉及外部图形翻转一次、一个白点、一个黑点，以及内部图形翻转一次。

37. C。

38. HUMANELY（仁慈地，人道地）。

39. 1。三个图形中都包含数字1～9一次。

40. D。每行每列，只有前两朵云的相同位置出现的相同颜色的椭圆可以出现在第三朵云中，不过这些椭圆由黑变白或者由白变黑。

测试14

1. D。每一个部分都是其相对部分的镜像。

2. trip（旅行，旅游），jaunt（游览，旅行）。

3. R。先跳过两个字母，然后跳过三个字母，以此循环，即AbcDefgHijKlmnOpqR。

4. 7，8。观察每列数字，第三个数是前两个数交替减加得到的，因此，9–2=7，5+3=8。

5. D。四个箭头分别指向北、南、东、西，且箭头（手指或箭头）两两成对。

6. CRUDE（粗鲁的，粗俗的），SUBTLE（机巧的，巧妙的）。

7. E。

8. 21。每行中的前后两组数字之和为24，例如在第一行中，18+6=24，15+9=24。

9. D。四个九宫格对角的图形相同。

10. B。

11. pleasant present。

12. 1212。6×2=12，5+7=12。同样，3×9=27，2+5=7，组成277；4×6=24，9+7=16，组成2416。

13. C。第一个方块到顶部，第二个方块到中间右侧，第三个方块到底部，第四个方块到中间左侧。

14. D，rod arch→orchard（果园）。其他选项组成的音乐术语分别是baritone（男中音）、concerto（协奏曲）、overture（前奏曲）以及rhapsody（狂想曲）。

15. 左边的方块填2，右边的方块填8。左边方块每行组成的四位数乘以2得出右边方块中该行的数，例如3967 × 2=7934。

16. H。每行每列都有三个黑星星和四个白星星。

17. ON CLOUD NINE（乐不可支）。

18. 吉尔30个，皮特40个，凯特50个。

19. to give a dog a bad name。

20. C。所有白色的部分保持不变，而黑色的部分变白且调转方向。

21. 5。每个数字代表其横向、竖向、斜向紧邻的数字有几个。

22. B。每行每列中第三个六边形中的元素由前两个六边形决定。只有在前两个六边形相同位置只出现一次的线条可以进入第三个六边形。

23. ADORE（热爱，爱慕），CHERISH（珍爱，钟爱），VENERATE（敬重，敬仰），REVERE（尊敬，崇敬）。

24. WITH ONE FELL SWOOP。

25. E。第一行从左到右，接第二行从右到左，以此类推，前三个图形重复出现。

26. OPPOSITE（对立的，相反的），MATCHING（对称的，相配的）。

27. E，MUYJP→JUMPY（提心吊胆的）。

28. 50分钟。

29. A。横向纵向观察，只有在前两个六边形相同位置出现的相同颜色的圆点可以进入第三个六边形，且由白变黑或由黑变白。

30. C。fanlight是一个英式英语单词，其他都是美式英语单词。

31. F。

32. 7和9。底下的数是其对面数字的两个数位数字之和。

33. C。高三角形保持不动，另一个三角形每次从右到左移动高三角形底边一半的距离，两个三角形重叠的部分总是黑色。

34. D。

35. PENINSULA（半岛）。

36. 托尼42岁，谢丽38岁，戈登56岁。

37. 7。其他项都有一个镜像图形。

38. B，take choir组成artichoke（洋蓟）。其他项组成的动物名称分别为antelope（羚羊）、elephant（大象）、panther（黑豹）以及gazelle（瞪羚）。

39. 17。把这几项的数字相加，得到83+77+62+95=317。有100个女性，这样，每人至少拥有3件物品，且其中的17人同时拥有4件物品。

40. B。方块从右到左移动，椭圆旋转90度且从左移到右，圆点在椭圆中向最右边移动。

测试15

1. C。其他图形都是相同的，C项中圆点的位置不对。

2. D。①

---

① 此题意在考查英语单词的多重含义，选项都是英语人名，答案是Billy。Billy除了人名外还有雄山羊的意思。——译者注

3. tit for tat。

4. 11。每三个方块组成的金字塔数字之和都是21。

5. B。一个长方形保持不动，另一个长方形每次逆时针以同样的幅度旋转。

6. B。协奏曲是为乐器写的乐曲，其他都是歌曲，通常有歌词。

7. scale（攀登；规模，范围）。

8. 32个（32减少75%=8，再减少0.625=3，再减1=2）。

9. 17。

10. C，ineptitude的意思为“笨拙的”。其他单词的意思分别是：necessity→必要，surplus→多余的，facility→灵巧，quell→减轻。

11. contribution。

12. 2。围着每个圆点的数字总是越来越大或越来越小，比如2467或7642。

13. E。唯一一项有个带圈的小尾巴连着三角形。

14.

P	E	A	K	■	Z	E	A	L
■	A	■	I	■	E	■	■	■
■	S	■	N	O	S	Y	■	V
S	T	A	G	■	T	A	M	E
U	■	T	■	■	■	W	■	T
C	O	O	L	■	U	N	D	O
H	■	M	A	I	N	■	A	■
■	■	■	M	■	I	■	R	■
S	H	I	P	■	T	A	K	E

15.

8	3
4	2

从左下角开始，逆时针沿着四边螺旋形移动直到中心，一直重复数字38429。

16. D。把八边形中的8块配对，有4对图形相同但黑白相反的图形（两两相邻）。

17. cold（冷）。组成的新的词组分别为stone cold（冰凉的）和cold feet（害怕，胆怯）。

18. 30 18 48 66。从最上面开始，竖向每两个数字相加得到下一个数。

19. B和E。

20. A。上面和下面的图形在直线处上下折叠。

21. C。在其他项中，每个方块的每行都有相同的三种图形，虽然顺序不同。

22. man to man。

23. E。

24. A的重量$=60\div(1-\frac{1}{6})=72$千克，B的重量$=46\div(1-\frac{1}{3})=69$千克，所以A更重。

25. D。

26. B。退步含有“更差了”的意思，其他都有“使变得更好”的意思。

27. 22。两种规律交替，一种是增加2、4、8，另一种是减少4、8、16。

28. long。

29. A。正十边形内圆点组合的个数和正对面的菱形中的相同，且颜色相同。

30. 3。把两侧的数字颠倒后相除，比如65 ÷ 13=5，24 ÷ 12=2。

31. EASTBOUND（东行的，向东的）。

32. D，consequence的意思为“结论”。其他单词的意思分别是：uproar→骚乱，regulation→规则，collision→冲突，stronghold→要塞。

33. D。其他项都是相同的，D项中有一条曲线位置不对。

34. 5。5 × 18=90，90 ÷ 2=45。同样，6 × 9=54，54 ÷ 2=27；7 × 6=42，42 ÷ 2=21。

35. past（过去的，昔日的）。组成新的英语词组分别为march past（分列式）和past master（行家，专家）。

36. B。排列的形状相同，但圆圈大小相反。

37. 3。外圈顶部和底部的数字是通过内圈数字相加得到的，也就是4+2+3=9和7+6+3=16。外圈左边和右边的数字是通过内圈数字相乘得到的，也就是4 × 7 × 3=84和2 × 6 × 3=36。

38. KEEN AS MUSTARD（极感兴趣的）。

39. B和D。

40. E。偶数边的图形带有箭头，其他奇数边的图形都不带箭头。

测试16

1. B，sure的意思是“确信的”。其他单词的意思分别是：lost→失落的，wise→明智的，secure→安全的，optimal→最佳的。

2. E。盾牌中包含一个圆圈中的三角形、一个正方形中的圆圈和一个三角形中的圆圈。

3. ear（耳朵）、leg（腿）和rib（肋骨），组成weary（疲劳的）、elegy（挽歌，哀歌）和tribe（部落）。

4. 5。把每行前三个数字相加，然后除以3得出最后一个数。

5. A。其他词都和下落有关，超越是个和上升有关的词。

6. B。每行每列最后一个方块中的元素由前两个方块决定。前两个方块中出现的线条会进入第三个方块，在相同位置出现两次的线条则会被去除。

7. YIGEN→EYING（注视，审视）。

8. slight（轻微的，细小的；轻慢）。light-built意为“轻装”，give offence to意为“冒犯”。

9. 2分30秒。（3.5+0.25）×60/90=2.5分钟，即2分30秒。

10. D。

11. E。前四个图的一半重复出现。

12. 15，把左边和上边的数字相加再除以4。

13. B。

14. 5。从左到右观察每列，96+427=523。

15. F。

16. D。其他项都是同样的图形旋转得到的。

17. O。从A开始并顺时针跳到相隔一个的图形里：AbCdeFghiJklmnO。

18. summit conference。

19. END（结束）。组成IMPEND（逼近）和ENDEAR（使受喜爱，

使受青睐)。

20. B。

21. D，fastigiate的意思为“锥形的”。

22. MERLIN（灰背隼）。

23. Be sure the brain is engaged before putting the mouth in gear。

24. yoga（瑜伽）。每个词第一个字母都和上一个词的最后一个字母相同。

25. 38。（8×7）-（3×4）=44，（7×9）-（4×8）=31，（5×10）-（2×6）=38。

26. By the time a man can read a woman like a book he is too old to collect a library。

27. C。下面的相邻两组圆圈叠加组成上面的圆圈，但是相同的元素消失。

28. 21。

29. disgorge（倾泻出，涌出）。

30. 前两个字母是一个国家名称的前两个字母，且后两个字母是这个国家名称的后两个字母。POLAND（波兰），TONGA（汤加王国），SENEGAL（塞内加尔），FINLAND（芬兰），JORDAN（约旦），SPAIN（西班牙）。

31. GIGANTIC（巨大的）。

32. 96。（6×5）+（2×4）=38，（6×2）+（7×7）=61，（8×7）+（5×8）=96。

33. mullet（鲱鲤），grilse（洄游的鲑鱼）。

34. A。

35. F。每行每列中，只有在前两个方块中都出现的线条和圆点可以进入第三个方块。

36. carapace（甲壳）。

37. C。

38. SCARAB（圣甲虫，圣甲虫形宝石）。GEM有“宝石”的意思，DUNGBEETLE的意思是“粪金龟”。

39. LCA。其他的组成：flagon（大肚短颈瓶），fiacre（出租马车），feline（猫科动物）。

40. BANTAM（矮脚鸡），WEIGHT（重量，分量）。

测试17

1. 现在是上午11时27分，也就是中午12时前33分钟。4×33=132分钟，132分钟+9时=11时27分-15分钟。

2. Ban（glad）esh。Bangladesh的意思是“孟加拉国”，glad是“高兴”的意思。

3. A和C。

4. B。每一行盾牌所包含的元素相同，只是打乱了元素的位置。

5. 1792级（896×2）。

6. TEMPER（脾气），ERMINE（白鼬），NEGATE（取消，否定）。

7. chaste/chased。

8. D。曲线变成直线，直线变成曲线。

9. B。

10. HESITATE，RELATIVE。

11. TY。按照上面一行、中间一行、底下一行的顺序能分别拼出的词是：SOLITUDE（独处，独居）、DEDICATE（把……奉献给）和ALACRITY（欣然同意）。

12. 99。4+5=9，3+6=9。

13. 2月。

14. kill two birds with one stone。

15. card。A栏的词都可以加前缀“red”，B栏的词都可以加前缀“blue”。

16. A。从黑色圆圈开始，把圆圈分成五个一组，每组的圆圈图案相同，只是每组中的黑色圆圈向后挪一个位置。

17. domains和aim。其他的词都可以两两一组，其中的3字母词在7字母词中间颠倒字母顺序出现：precast/ace，panache/can，attempt/met，sadness/end，special/ice，presume/use，suburbs/rub。domains中间颠倒字母顺序应该是iam，不是aim。

18. 3。从顶部开始，顺时针方向，每个三角中由外部、内部两个数字组成的数，是前一个数和其两个数位上的数之和，因此33=30+3+0。

19. B，uniform的意思是“统一的”。其他单词的意思分别是：sensible→明智的，smooth→光滑的，sweet→甜美的，saturnine→阴郁的。

20. A。C和D元素相同，只是黑白相反，B和E亦然。

21. C，lateen的意思为“三角帆船”。

22. A。底下的图形旋转90度并到左边，顶上的图形旋转180度并进入左侧的图形，中间的图形旋转90度并到右边。

23. D。

24. 顺时针组成desserts（甜点），或逆时针组成stressed（焦虑不安的，倍受压力的）。

25. beagle（比格猎犬），barbet（巴贝犬）。

26. 145。每个数都是前四个数之和。

27. C。横向和纵向看，第一个图形和第二个图形同一位置出现的元素在进入第三个图形时被消除，只有出现过一次的元素才可进入第三个图形中。

28. D。

29. The most brilliantly dressed army will usually lose。

30. 每个单词中都有三个连续的字母是按照字母表顺序出现的。

31. NIGHT。

32. 40。$4\times7+9\times2=46$，$7\times3+8\times4=53$，$5\times6+2\times5=40$。

33. perishable（易腐烂的，易变质的）。

34. D。

35. D。相对的图形是镜像，但是黑白相反。

36. pedestal（底座，基座）。

37. plaice（鲽鱼）。

38. A，brougham的意思是“四轮马车”。其他单词的意思分别是：frigate→护卫舰，barque→三桅帆船，cutter→独桅纵帆船，dromond→大型快速帆船。

39. industrial revolution。

40. harridan（泼妇）。

测试18

1. A。直接相对的方块是彼此的镜像。

2. 10。外圈每个数都是里圈与其相连的两个数之和再加上中心的数。因此，4+3+3=10。

3. B。NO SLAM→SALMON（大麻哈鱼）。狗的名称为：LOOPED→POODLE（贵宾犬），BAG EEL→BEAGLE（比格犬），SAIL UK→SALUKI（萨路基猎犬），BASTES→BASSET（巴吉度猎犬）。

4. manners。所有的词都可以加前缀table。

5. E。规律出现在椭圆中的每行圆圈。上面一行交替出现右斜条和左斜条，中间一行重复出现前三个圆圈，底下一行的黑色部分每次顺时针移动一个位置。

6. out of this world。

7. brow。组成的两个新的单词分别是highbrow（对正统的艺术或文化感兴趣的）和browbeat（恫吓，威逼）。

8. all hands on deck。

9. 569和986。其他数字都可以找到数位上的数一样但是顺序不同的另一个，749/479、682/268、516/165、382/238、578/758、129/291。

10. air（空气）。组成fair（合理的，公正的）、hair（头发）、pair（一双，一对）、chair（椅子）和flair（天资，天赋，才华）。

11. D。外面的图形进入里面，里面的图形移至外面，同时改变形状和颜色。

12. A。

13. 3。39+72=111，21+16=37，111 ÷ 37=3。

14. D。每个六边形里的元素由其下紧邻的两个六边形中的元素决定。那两个六边形相同位置出现的圆圈会进入上面的六边形，但是由黑变白或由白变黑。

15. CONDUCTED TOUR。

16. B和E。

17. A和E。

18. 1。每列上的数字之和每次增加1。

19. E。

20. B。

21. C。mantua的意思是“女款外套”。

22. $1^{47}/_{81}$。前一个数字乘以$^{4}/_{3}$得到后一个数字。

23. B。

24. PAPILLON（蝴蝶犬）。

25. 69。6 × 9+7 × 8=110；2 × 7+9 × 11=113；5 × 3+6 × 9=69。

26. JACKAL（胡狼），ALPACA（羊驼）。

27. E。下面两个相邻圆圈中的元素结合成为上面圆圈中的元素，但是相同的元素要去除。

28. D。

29. William Tell Jr had headaches。

30. C。

31. $1^{115}/_{128}$。前一个数字乘以$^{3}/_{2}$得到后一个数字。

32. D。其他单词是torque（转矩）、toucan（大嘴鸟）、toupee（小型遮秃假发）。

33. protract和lengthen，二者都有“延长”的意思。

34. A。

35. B。图形是镜像图形，但是黑白相反。

36. C。每两个相连的六边形里都有三个黑点和五个白点。

37. D。YEHCOK→HOCKEY（曲棍球）。其他组成航海术语的单词分别是：MARINE（海产的）,ANCHOR（锚）,BEACON（灯塔）,PIRACY（海盗行为）。

38. $13^1/_4$。有两个序列$+1^3/_4$和$-1^3/_4$交替：8，$9^3/_4$，$11^1/_2$，$13^1/_4$和10，$8^1/_4$，$6^1/_2$。

39. LENGTHWAYS（纵向）。

40. SOUTHERLY（南方的）。

测试19

1. 12。

2. B。花朵是个完整的物体，其他都是它的一部分。

3. 49，46，47，44。观察上下两行数字：7+9=16，4+9=13，9+2=11，7+2=9。因此，22+24=46，20+24=44，24+25=49，22+25=47。

4. quail（鹌鹑；胆怯）。

5. new clue。

6. C。每三个相邻的六边形都包含三种不同的元素。

7. D。

8. 80。每个数都是由前一个数的前两位数乘以它的第三位数得出。因此，16×5=80。

9. signs of the zodiac。

10. B和D。

11. F。每行每列中最后一个方形中的元素由前两个方形决定。只有在前两个方形中相同位置出现的图形可以进入最后一个方形，但是圆形变成梯形，梯形变成圆形。

12. 5和14。每个数字代表字母表中的对应位置数的字母。每列中的字母拼成3字母的数字词为one，two，six，ten。

13. weaponless。其他词都包含相连的字母one。

14.

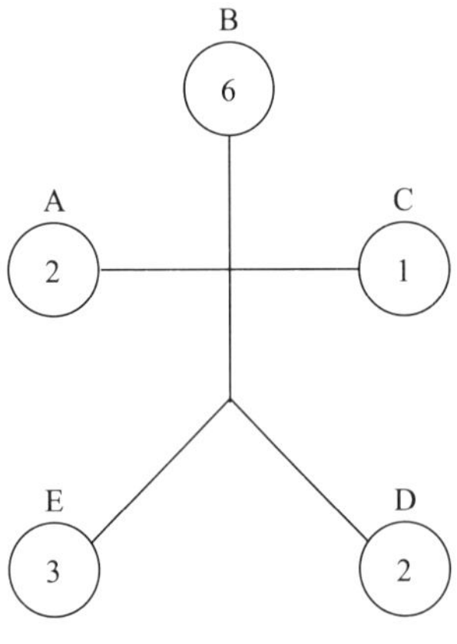

每个图形中，A+C=E，A+C+E=B，B/E=D。

15. D。

16. R。外圈的字母在字母表上位于与其相连的内圈两个字母之间（间隔两个字母）。

17. XYZ=OLD。OLDEST（最古老的，最年长的），FOLDED（折叠），SCOLDS（训斥，责骂），UPHOLD（支持，维持）。

18. B。外面的弧线每次顺时针转90度，中间的弧线每次转180

度，里面的弧线每次转180度。

19. A和C。

20.48英里/小时。假设路程是120英里。前一半路程（60英里）花了60/40=1.5小时；后一半路程花了60/60=1.0小时。因此，120英里的路程一共花了1.5+1.0=2.5小时。因此，平均速度是120/2.5=48英里/小时。

21. MICROSCOPE（显微镜）。

22. BADGER（獾）。

23. A。kibble的意思是“吊桶”，与A的意思最接近。

24. A。其他词都是以一种鱼的英文单词开头的：bass（鲈鱼），sole（鳎鱼），dab（比目鱼），brill（鲽类鱼），cod（鳕鱼），carp（鲤鱼）。

25. CUCKOO（布谷鸟），CHOUGH（山鸦）。

26. wheels within wheels。

27. 1B。

28. HAND。

29. The dimmer the light the greater the scandal。

30. A。jacana的意思是“水雉”。

31. A。TCTALE→CATTLE（牛）。其他的鸟类单词为：CANARY（金丝雀），MERLIN（灰背隼），PUFFIN（海鹦），PEEWIT（凤头麦鸡）。

32. 63。相对的数相乘。

4×3=12　1×6=6　6×7=42

2×6=12　2×4=8　1×3=3

7×9=63　7×8=56　2×9=18

竖向总和：87，70，63。

33. EGGPLANT（茄子）。

34. C。

35. 在前面加两个字母能够组成新词：abalone（鲍鱼），behold（看见），changer（转换开关），damask（锦缎），enforce（强迫）。

36. PECULIAR（怪异的，不寻常的）。

37. TROCHLEA（滑车）。

38. 都包含一种树的名称：ash（梣树），elm（榆树），oak（栎树），lime（酸橙树），plum（李树）。

39. endanger（危及，危害），preserve（保护，维护）。

40. 25岁。

测试20

1. 105千克。250×0.7×0.8×0.75=105。

2. A，advocacy的意思为“支持”。其他单词的意思分别为：suspicion→怀疑，agreement→同意，bias→偏爱，honesty→诚实。

3. C。其他的词都能找到组成字母相同但顺序不同的另一个词。

4. 3。其他的都有一个镜像图形：1/9，2/11，4/12，5/10，6/14，7/15，8/13。

5. 248。其他数字相邻位数的差相同，比如8–5=5–2。

6. 星期二。

7. A。每行每列，只有前两个方块中相同位置出现的黑色部分在最后一个方块中出现。

8. RUMINATE（沉思）。

9.最后四个字母倒着能拼出另一个词。groom/moor，spank/knap，plaid/dial，breve/ever。

10. C。其他项中的三个图形都是相同的或经旋转后可以变成相同的。

11. 4725。去掉括号外出现两次的数字，然后把剩下的数字按照括号外的顺序插入括号内。

12. D。

13. CRANBERRY（蔓越莓），组成的3字母英语单词分别为：ARC，SIR，PEA，CAN，RUB，ODE，FOR，MAR，COY。

14. DESPERADO（暴徒，歹徒）。

15. Measu（re For M）easure。该戏剧的中文名为《一报还一报》。

16. BE ALL AND END ALL。

17. OBDURATE（顽固的，执拗的），AMENABLE（顺从的，顺服的）。

18. C。每个三角形轮流从黑变白，每次逆时针增加一个三角形，这个新三角形一开始是黑色的，然后每次变换黑白。

19. bream（鲷鱼），cod（大西洋鳕鱼），salmon（大麻哈鱼）。

20.上边是16，下边是10920。上边的数是前一个菱形中所有数字的和（1+3+8+4+0）。下边的数是前一个菱形中两个数的积（13 × 840）。

21. 21534或43512。数字1 ~ 5的和是15，因此，根据第一个条件，数字2和4必须在最外边两个圆圈中。

22. B。其他词里都含有一种动物［elk（麋鹿），ram（公羊），dog（狗），cat（猫），rat（老鼠）］字母，但顺序颠倒。

23. $^7/_{648}$。前一个数字乘以 $-^1/_3$ 得到下一个数字。

24. B。

25. KNOCKABOUT（闹剧的）。

26. No matter which way you ride, it is always up hill and against the wind every time, just bad luck。

27. A。下面的两个圆圈合成上面的圆圈，但是相同的元素要去除。

28. C和D。

29. Fools rush in where fools have been before。

30. E。圆点只出现在圆形和三角形中。

31. C，VATRAC→CRAVAT（阔领带）。其他变换字母顺序后的单词是：WILLOW（柳树），SPRUCE（云杉），ACACIA（金合欢树），DEODAR（喜马拉雅雪松）。

32. THIEVISH（偷偷摸摸的），CRIMINAL（犯法的）。

33. CROOK（骗子，牧羊人的曲柄杖）。SHEPHERD'S STAFF的意思为“牧羊人之杖”，ROGUE的意思是“骗子”。

34. E。

35. C和F。

36. C。只有圆形中的黑点和方形中的白点进入六边形。

37. C，PINCHAL→Chaplin（卓别林）。其他名字是：Carter（卡特），Hoover（胡佛），Truman（杜鲁门），Wilson（威尔逊）。

38. E。其他选项都是一种武器。

39. RIGIDITY（坚硬，刚性），MILDNESS（温和，温暖）。

40. 4。$(13-7)\times(8-6)=12$，$(9-5)\times(7-3)=16$，$(9-8)\times(7-3)=4$。

测试21

1. E。E项只有四个小白圆圈，其他项有五个小白圆圈。

2. 28。

3. B。

4. C。四行诗和数字4有关，而其他词都和数字5有关。

5. POSE（姿势），MODEL（模型）。

6. T。中间的字母把四周字母组成的英语动词变成过去时：come/came，know/knew，send/sent。

7. 16。

8. 871，即65/50 × 670。

9. BADGER（獾），MONKEY（猴子），RABBIT（兔子）。缺失的字母可以重新拼成BRIBED MEN（受贿的人）。

10.

1 S	2 H	Y	3 D	E	W
A	4 O	N	I	O	5 N
6 L	A	U	G	7 H	I
O	8 X	9 E	N	O	N
10 N	E	W	E	L	J
11 O	W	E	12 P	E	A

11. C。每行每列第三个圆圈里的元素由前两个圆圈决定，只有在前两个圆圈的相同位置出现的黑点或白点会出现在第三个圆圈里，

但是由黑变白或由白变黑。

12. 10。每行每列中相隔一个的数字之差相等，也就是16–10=10–4。

13. forest（森林），florist（花店）。

14. D，BE TASK→BASKET（篮，筐）。其他项组成的船名称为：TANKER（油轮），GALLEY（桨帆船），LAUNCH（大型汽艇），SAMPAN（小船）。

15. BUNDLE OF LAUGHS。

16. C。左边的部分折叠到右边。

17. B和E。

18. 8612。其他数各个数位上的数字都是越来越小的。

19. TENDER LOVING CARE。

20. ACT YOUR AGE。

21. B。如果你在图形组合中间画一条线把所有的五边形分成两个部分，那么右边是左边的镜像。

22. FRONT。

23. D。

24. VICUNA（小羊驼）。

25. C。A组成MURMUR（低语），B组成MUMBLE（大理石），D组成MULISH（顽固的）。

26. ORTHODOX（普遍接受的），SECEDING（脱离组织的）。

27. E。X加Y得出Z。1加上2得出3，但是相同的标志消失了。

28. D。其他单词倒着拼写都能组成另一个新的单词。

29. HILLTOPS（小山顶）。

30. B。plié的意思是芭蕾舞动作中的“屈膝”。

31. Y，Z。字母都由三条直线组成。

32. YASHMAKS（双层面纱）。

33. IMMODEST（自负的，傲慢的），INDECENT（过分暴露的）。

34. E。

35. When the bell rings there had better be some supper。

36. D，DOLNON→London（伦敦）。其他岛名是：Scilly（锡利群岛），Penang（槟榔屿），Orkney（奥克尼群岛），Cayman（开曼群岛）。

37. ALKALI（碱）。

38. MACARONI（通心粉）。

39. 8。（9+7+1）–（4+3）=10，（8+5+6）–（7+2）=10，（5+8+2）–（6+1）=8。

40. FEEBLENESS（虚弱，微弱）。

测试22

1. D。下边大圆的小圆在上边大圆中都出现了，但是顺时针旋转90度。

2. SEEK, SEED, FEED, FEND, FIND。可能还有其他答案。

3. adroit（精明的，干练的）。

4. AGENT（代理人，经纪人）。

ALIGHT(AGENT)BONNET

1 2 5 12345 4 3

5. 10。从下往上，每三个数字组成的三角形和为21。

6. O。相对的字母是字母表中从前和从后相同数位的字母。

7. B。每行和每列都包含三种不同标志。

8. 当选人获得的票数是（93648+25627+10681+5924）÷ 4=33970

第二名票数是33970–5924=　28046

第三名票数是33970–10681=　23289

第四名票数是33970–25627=　8343

加在一起是　93648票。

9. HA。每个字母在字母表中的位置数连起来是平方数序列1，4，9，16，25，36，49，64，81。

10. GILT。DART、SEND是STRANDED变换字母顺序而得到的；DINE、GILT是DILIGENT变换字母顺序而得到的。

11. H。

12. E。长方形旋转90度，平行四边形翻转并进入长方形，椭圆旋转90度放在长方形下边。

13. lap（环绕；有规律地拍打）。circuit的意思是“环绕”，splash的意思是“拍打着水游”。

14. 7。前两个圆中相同位置的数字相加得出第三个圆中相同位置的数。因此，3+5=8，2+7=9，4+3=7。

15. EXPERIMENTAL（实验性的，试验箱的）。

16. D。plenary的意思是“全体参加的”。

17. GO LIKE HOT CAKES。

18. B和E。

19. 9。上面一行的数加下面一行的数得出中间一行的数，也就是473892+516359=990251。

20. B。奇数图形，六边形每次顺时针减一条边；偶数图形，六边形每次顺时针加一条边。

21. B。

22. A CLUTTERED DESK A MAN OF GENIUS。

23. D。picot的意思是“花边上饰边的小环”。

24. HORRIBLE（极坏的，可恶的），SHOCKING（惹人憎恶的）。

25. Inland Revenue。

26. KNOTHOLE（节孔）。

27. 2C。

28. SHELDRAKE（麻鸭）。

29. 4。取出第二、第三个字母组成的罗马数字分别为：VI、IX、IZ、IV。

30. WILLOW。

31. 0.10。两个数列交替出现：–0.19和+0.19。

（–0.19）0.67，0.48，0.29，0.10

（+0.19）0.69，0.88，1.07，1.26

32. PARAGRAPHS（段落）。

33. RESTRAIN（制止，阻止）,WITHHOLD（拒绝，不给）。

34. E。

35. D。langlauf人意思是“越野滑雪”。

36. 23。第三行是第一行数字反过来，第四行是第二行数字反过来。

37. A。

38. El Salvador（萨尔瓦多，由lover、salad变换字母顺序组成，

正如Bangladesh是由blade、gnash变换字母顺序组成的）。

39. IMPORTANCE（重要性）。

40. 11。相对的数字先相减，然后将得到的3个差值再相加：

6–1=5	8–3=5	7–3=4
7–2=5	9–1=8	9–7=2
9–3=6	4–2=2	6–1=5
16	15	11

测试23

1. D。黑色三角形依次附在每根杆上，白色三角形在两个位置之间来回变换，有点的三角形依次在中间两根杆两端移动（先上后下），圆形依次在内部角上顺时针移动。

2. 8千克，即16 ÷ 2=8。

3. E。

4. B和E。

5.

A M B I	T E M G	I Y C H
T A A O	O M W O	E E M O
F R T D	N O I O	X F E L

每两个小方块紧邻的字母构成的2字母英语单词有BE、MY、

AM、WE、TO、IF（横向）和IT、GO、HE、OF、ON、OX（纵向）。

单词MELODRAMATIC（夸大的，耸人听闻的）沿着四边拼出。

6. D。其他都是由同一个图形旋转得到的。

7. 一年以后。

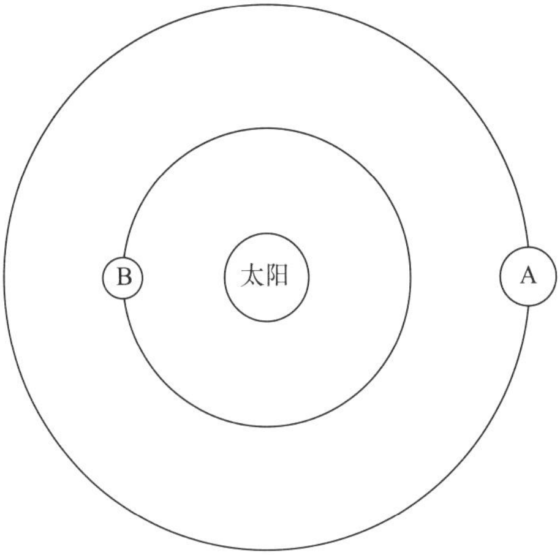

8. TAKE THE BULL BY THE HORNS。

9. A。大圆圈变小，小圆圈变大。

10. E。两两相对的4个字母加中心字母可以组成一种颜色的英语单词：AMBER（琥珀色），GREEN（绿色），AZURE（蔚蓝色），LEMON（柠檬色）。

11. 10。每个两位数都是对面圆圈中三位数各位数字之和。

12. DESDEMONA（苔丝德蒙娜）。组成：MID，ACE，WAS，HAD，HUE，HIM，WHO，BAN，SEA。

13. D。图形每次旋转90度，且不同的部分涂黑。

14. AT THE READY。

15. ABORIGINAL（土著的，土生土长的）。

16. 16。12+16=28，28 ÷ 7=4。

17. banana（香蕉），lemon（柠檬），orange（橘子）。

18. IDENTICAL TWINS。

19. ch（ape）l。

20. SATISFACTORY（令人满意的）。补出的字母是I、F、T和R。

21. LEAF。

22. SHORTAGE（短缺）。

23. 4。从上开始，7 × 28=196；从下开始，4 × 49=196。

24. 9 kg。

左边：	6 × 6=36	右边：	5 × 5=25
	4 × 4=16		9 × 3=27
	36+16=52		25+27=52

25. AEROBATICS（特技飞行）。

26. LAZINESS（懒惰），SLOWNESS（迟钝）。

27. E。X加上Y得出Z，1加上2得出3，但是相同的标志要去除。

28. B。金字塔是个立体图形，其他都是多边形。

29. IRRITANT（刺激物，令人烦恼的事情）。

30. B。dogger的意思是“荷兰双桅渔船”。

31. +12。有两个数列交替出现：+5和–9。–3，+2，+7，+12；+6，–3，–12。

32. –2。23+15–4 × 10=–2。

33. TIMOROUS（羞怯的，胆怯的），FEARLESS（无畏的，大胆的）。

34. C。

35. D。

36. BEETLE（甲虫）。

37. D，BRIDGE（桥，纽带）。其他词是：EGGCUP（蛋杯），JUICER（榨汁机），GRATER（磨碎器），SCALES（厨房秤）。

38. TRUST EVERYBODY BUT ALWAYS CUT THE CARDS。

39. cardinal（红衣主教）。

40. WORKADAY（工作日）。

测试24

1. 330和41。前列数相乘得出后列上面的数，前列数相加得出后列下面的数。因此，30×11=330，30+11=41。

2. C。C项因为组成一个整体的核心部分而必要，其他项则因为是责任而必要。

3. 75。5×75=375，同样，6×41=246，7×52=364。

4. D。其他项中都有一个黑圆圈位于三个相连的圆圈中间。

5. D。

6. WARY（小心的，谨慎的），RASH（轻率的，鲁莽的）。

7. E，past的意思是“过去的”。其他单词的意思分别是：notable→显著的，incorrect→错误的，near→接近的，cultured→有教养的。

8. OPPORTUNE（恰当的）。补出字母P和U。

9. C。NFOLE→FELON。

10.

1 A	D	2 R	O	I	3 T
4 C	H	O	P	5 A	A
T	6 A	L	7 A	S	P
8 M	9 D	E	S	K	10 A
U	O	11 B	I	N	D
12 D	E	M	A	N	D

11. B。该项两边对称，换句话说，如果把这个方块从上到下居中切开，两半边（左边和右边）完全一样。

12. 3。连续三角形中的数字之和是8，9，10，11，12，13。

13. 填入的两个字母分别为SK、EL、ET、ON，它们组成的新的英语单词为SKELETON（骨架）。

14. B。其他词都是用字母表上连续的字母开始和结尾的，比如carried。

15. SPECULATOR（投机倒把者）。

16. D。围绕主体的图形顺序相同。

17. O和H。上下列斜向有两种规律：AbCdeFghiJklmnO和ZyxWvutSrqpoNmlkjiH。

18. D。其他项用罗马数字替换单词中的数字变成RED、LIME、NAVY、GOLD和BLUE，它们都是一种颜色。而TA101用罗马数字替换后可以拼成TAXI（10=X，I=1）。

19. 88。$8 \times 1=8$，$8+0=8$。

20. B。每次把上一行图形顺序颠倒，并去掉颠倒顺序后的第三个图形。

21. C。cairn的意思是“石塚”。

22.这些词都是以一个男孩的名字开头的：Bart，Tim，Pat，Don，Alf。

23. B。按照规律，四个黑方块变成中间的一个白方块，四边有四条线。

24. week（一周），day（一天），year（一年）。

25. 34。每一行中，第一个数字乘以第三个数字，再减去第二个数字，得出第四个数字，即（5×7）−1=34。

26. ADVOCATE（辩护律师），ATTORNEY（律师）。

27. D。下面圆圈中的元素组合成上面圆圈中的元素，但是相同的元素要去除。

28. C。cumulus的意思是“积云”，stratus的意思是“层云”，fumerole的意思是“气孔”，nimbus的意思是“雨云”，故选C。

29. ALL WORK AND NO PLAY MEANS YOU MAKE MONEY HAND OVER FIST。

30. WINNOW（簸，扬）。

31. B。fogle的意思是“丝绸手帕”。

32. A STATE OF CONFUSION。

33. 84。（7×4）×9÷3=84，（6×8）×10÷5=96，（3×7）×8÷2=84。

34. B。

35. D，RUBLEO→ROUBLE（卢布）。其他词为：EARWIG（蠼螋），SCARAB（圣甲虫），TSETSE（舌蝇），HORNET（马蜂）。

36. $1^{7}/_{8}$，后一个数比前一个数大$^{1}/_{2}$。

37. DAHLIA（大丽花）。

38. MERE（边境，小湖泊）。BOUNDARY的意思是“边境”，LAKE的意思是“湖泊”。

39.

17	6	12	8	22
24	13	14	9	5
11	7	1	25	21
3	23	18	19	2
10	16	20	4	15

40. GRUDGINGLY（不情愿地，勉强地）。

测试25

1. A。在每一列中，每条线都从上到下顺时针移动45度。

2. 69237。

A	B	C	D	E		E	C	B	D	A
1	2	5	9	3		3	5	2	9	1
7	2	9	3	6		6	9	2	3	7

3. 同义词：生长，萌芽。

反义词：枯萎。

4. 走秀，梦游。关联词为“走路”，用猫步走路即为走秀，睡觉时走路即为梦游。

5. C。A和B图形相似，但起始位置不同，D和E同理。

6. conserved。The institution houses collections of objects of artistic, historic and scientific interest, conserved and displayed for the edification and enjoyment of the public。

7. B，irreverent的意思是“不敬的”。其他单词的意思分别是：obverse→对立的，feeble→衰弱的，candid→坦率的，facile→轻易的。

8. B。散布具有“分散”的意思，其他项都有“集中”之意。

9. B。横向和纵向前两个方块中的元素组合成最后一个方块中的元素。

10. 22和24。有两种交替的规律：从19开始，隔一个数字+2，+3，+4，+5；从20开始，隔一个数字+2，+4，+6，+8。

11. landrace（长白猪），calendar（日历）。

12. KP。有两种规律：从A开始，ABcDefGhijK；从Z开始，ZYxWvuTsrqP。

13. D。其他项都是由同一个图形旋转得到的。

14. 先前的，对立面。

15. 47632。其他项都是三位数连着它们的平方根，比如361连着其平方根19。

16. WNW（西西北）WSW（西西南）SSW（南西南）SSE（南东南）SE（东南）ESE（东东南）ENE（东东北）NNE（北东北）

17. CLARINET（单簧管），HARP（竖琴），TRUMPET（喇叭）。

18. 8。112双鞋=224只鞋，224÷28=8。

19. fedora。其他词的前两个字母是月份词March、April、May、June、July、August的前两个字母。

20. 后背，腿。

21. C开关不管用。

22. H。

23. 皮肤，毛发。

24. If you are printing on glossy *media* or transparencies, place a support *sheet*, or a sheet of plain *paper*, beneath the *stack*, or load only one sheet at a time（你如果在光面材质或透明胶片上印刷，那么要在一摞材质的下方垫一个辅助层或一张白纸，否则每次只能印制一张）。

25. 星期二。

26. able，end。每个词都可以用加粗的词做前缀：parable和legend。

27. A。每行每列方块中的线条都在不同位置（线条每次下移一个位置，当到达底部后下次重新回到顶部）。

28. 干燥，凝固。油漆会干，水泥会凝固。

29. CABBAGE（卷心菜），BROCCOLI（西蓝花），BEANS（大豆，豌豆）。

30. D，implement的意思是“实施”。其他单词的意思分别是：modify→修改，conserve→保存，exalt→提拔，countermand→取消。

31. OPINION（意见，看法），VIEWPOINT（观点）。

32. 8字母英语单词是RESTRAIN。组成的新的英语单词分别是：HERE/RELY，HOST/STAR，AURA/RANK，COIN/INCH。

33. B和C。

34. D。第一列和第三列是相同图形顺序相反，第二列和第四列亦然。

35. 同义词：原谅，宽恕。

反义词：谴责。

36. Data processing is used for a wide variety of applications, including the processing of seismic data for oil and mineral exploration, the analysis of new product design, the processing of satellite imagery, and the analysis of data from scientific experiments.

37. 莽撞，冒失。

38. B和D。

39. bleak。It is a largely agricultural country of varied scenery from bleak moorland, loughs and islands to the beautiful coastline around West Bay.

40. A，sealed的意思是“密封的”。其他英语单词的意思分别是：reclusive→隐居的，audacious→鲁莽的，sceptic→多疑的，close→亲密的。